AF590174

Colonies de Vacances

COMPTE-RENDU

DU

Congrès National de Paris 1910

Illustrations et Renseignements divers
recueillis par le Trésorier-Adjoint,

F. GIBON,
Rédacteur au Ministère de l'Instruction publique et des Beaux Arts

PRIX : 3 francs
Ce Volume est à toutes les Sociétés, et chez les Membres adhérents
Dépôts : Chez M. BASCLE, Imprimeur, 247, rue Saint-Jacques,
Chez M. F. GIBON, 5, rue de Beaune, Paris.

COLONIES DE VACANCES. — **Le CONGRÈS**

M COMTE

M. LORRIAUX,
fondateur de l'Œuvre des 3 Semain

COLONIES DE VACANCES. — *Eu ants* [illegible]

Colonies de Vacances

COMPTE-RENDU
DU
Congrès National de Paris 1910

Illustrations et Renseignements divers
recueillis par le Trésorier-Adjoint,

F. GIBON,
Rédacteur au Ministère de l'Instruction publique et des Beaux Arts

PRIX : 3 francs
Ce Volume est à toutes les Sociétés, et chez les Membres adhérents
Dépôts : Chez M. BASCLE, Imprimeur, 247, rue Saint-Jacques,
Chez M. F. GIBON, 5, rue de Beaune, Paris.

CONGRÈS NATIONAL

DES

Colonies de Vacances

Faculté de Médecine. — 30 Septembre, 1er et 2 Octobre 1910

Journée du 30 Septembre 1910

Séance d'ouverture — Lecture des Rapports sur

La Statistique ; les Transports ; l'Hivernage des Enfants ; le Placement

Le Congrès réunissant près de 300 personnes s'ouvre sous la présidence de M. L. Comte, assisté de M. Bédorez, Directeur de l'Enseignement de la Seine, et de M. le Professeur Gariel, représentant du Touring-Club.

— I —

DISCOURS de M. Louis **Comte.**

Avant de céder la place au bureau qui doit présider ce Congrès, permettez-moi de vous fournir quelques explications sur ce que nous avons essayé de faire afin de donner à cette manifestation en faveur des Colonies de vacances toute l'ampleur que mérite une cause qui est inspirée par les obligations de la conscience la plus délicate, la plus sévère et du cœur le plus chaud.

Lorsque, en 1906, au Congrès de Bordeaux, je reçus la mission, en ma qualité de secrétaire-général, d'organiser à Paris le premier Congrès national, je m'étais bien promis de tenir ma parole, mais certaines circonstances, sur lesquelles je ne crois pas nécessaire d'insister, me firent, au contraire, une obligation de renvoyer à une date ultérieure l'organisation de ce Congrès.

Cependant, comme j'étais bien obligé de tenir ma parole, je m'exécutai, et en 1909, je provoquai, au Musée Social, une grande réunion, à laquelle furent convoqués des représentants de toutes les œuvres parisiennes, en vue de nommer un Comité qui aurait pour but, précisément, d'organiser ce Congrès que nous attendions depuis déjà quatre ans.

Le Comité fut en effet composé de 70 personnes. Inutile de vous dire que la plupart des membres de ce Comité s'empressèrent de ne jamais assister à nos séances, ce qui arrive en général en province, et à Paris en particulier. Mais cela ne nous a pas empêchés de travailler. Nous nous sommes mis courageusement à l'œuvre, parce que nous avions à cœur de faire réussir cette manifestation.

Notre premier soin fut d'abord de fixer une *date*.

Nous avions pensé aux vacances de Pâques, pour réunir le plus grand nombre de congressistes possible, mais nos amis de Paris nous firent observer qu'il valait mieux choisir une autre date. Nous renvoyâmes donc le Congrès à la date qui nous réunit aujourd'hui. Et il me semble que cette date a été très bien choisie, puisque nous avons pu grouper un grand nombre de congressistes, et que la plupart des œuvres de Colonies de vacances, ou tout au moins les plus importantes, sont représentées.

Plusieurs se sont abstenues, parce que, nous ont-elles écrit par l'intermédiaire de leurs représentants, elles n'avaient pas, les unes d'argent, et qu'elles préféraient garder le peu qu'elles avaient pour envoyer un ou plusieurs enfants de plus à la campagne : la raison est bonne, nous n'avons qu'à nous incliner.

D'autres encore nous ont fait comprendre qu'elles n'envoyaient pas de délégué, parce que, par suite de leurs convictions religieuses ou philosophiques, elles ne croyaient pas trouver ici, dans ce Congrès, le respect dû à leurs opinions. C'est une erreur ; ici, nous nous réunissons sur le terrain de la *solidarité humaine*, nous faisons abstraction de toutes nos convictions, et nous croirions manquer à notre devoir si nous portions, en quoi que ce soit, atteinte au respect dû aux convictions d'autrui.

Quelques œuvres se sont enveloppées dans un splendide isolement et ont refusé de faire partie de notre Congrès parce qu'après tout, disaient-elles, elles fonctionnaient très bien, et n'avaient nullement besoin des lumières d'autrui. Eh bien ! nous aurions eu besoin des lumières de ces œuvres si bien organisées ; nous regrettons qu'elles n'aient pas pensé à cela.

Vous avez préféré à ce geste de *solitaires* substituer le geste plus cordial de *solidaires*, et vous avez eu raison, Mesdames et Messieurs, et nous sommes convaincus que les œuvres auxquelles je fais allusion profiteront malgré tout des décisions que nous allons prendre pendant ce Congrès. Ce sera notre revanche et leur punition. *(Applaudissements).*

Je dois tout particulièrement me féliciter de ce que, dans ce Congrès, il y a un très grand nombre de médecins. Nous ne sommes, Messieurs, que vos modestes collaborateurs, vous êtes le cerveau qui pense, qui fait agir ; nous, nous sommes les mains qui essayent d'exécuter. Nous vous sommes très reconnaissants d'avoir bien voulu nous apporter vos lumières, votre science au service de vos cœurs très chauds.

Nous sommes aussi tout particulièrement reconnaissants à Monsieur le Directeur de l'Enseignement primaire de la Seine, que l'on est toujours certain de rencontrer quand il s'agit d'être au premier rang pour soutenir une cause juste, d'avoir bien voulu honorer de sa présence cette séance d'inauguration du Congrès. *(Bravos).*

Nous remercions aussi M. Gariel, représentant du Touring-Club. Il nous est particulièrement agréable de songer que cette grande organisation, qui a fait tant de bien, que nous aimons tous, a bien voulu, elle aussi, s'intéresser à notre Congrès. *(Applaudissements.)*

Et je voudrais également, Mesdames et Messieurs, remercier deux hommes sans lesquelles la manifestation dans ce milieu n'aurait pu avoir lieu aujourd'hui, car sans eux nous n'aurions pas pu avoir les adresses des œuvres qui ont adhéré au Congrès : MM. Delpy et Plantet, qui ont élevé un monument merveilleux aux Colonies de Vacances.

Nos remerciements et notre reconnaissance doivent aussi aller à M. Vimard, secrétaire général-adjoint et M. Gibon, notre Trésorier, qui, eux aussi, se sont donné énormément de mal pour que notre Congrès ait tout le succès qu'il mérite. *(Bravos et applaudissements).*

Ce sont des jeunes, des vaillants, et ce sont, ce qui vaut peut-être mieux, des désintéressés. Quand on a la jeunesse avec soi, on a l'avenir. *(Applaudissements).*

M. Auscher, notre Trésorier en titre, a été obligé de s'absenter, pour un long voyage au Japon ou en Chine (on peut confondre quand on n'est pas professeur de géographie) mais M. Auscher est un homme qui a le cœur si près de la poche qu'en vérité souvent chez lui les deux se confondent, de sorte que nous n'avons qu'à nous réjouir de cette communication qui existe entre ces deux organes vitaux de notre Congrès : le cœur et la poche. *(Rires, applaudissements).*

Mesdames, Messieurs, je remercie, en terminant, le Gouvernement de la République Française d'avoir bien voulu prouver sa sympathie pour l'œuvre que nous entreprenons, en acceptant, M. le Président du Conseil et M. le Ministre de l'Instruction publique, la présidence d'honneur de ce Congrès.

Je vous remercie, Mesdames et Messieurs, d'être venus en si grand nombre, et je suis convaincu qu'ici nous ferons de la bonne besogne. Les mobiles qui nous font agir sont trop désintéressés pour que nos efforts ne soient pas couronnés de succès. Nous travaillons en effet, pour les petits, pour tous les petits qui ne pourront jamais nous rendre le peu de bien que nous essayons de leur faire. Nous nous occupons de ces pauvres enfants dont la plupart sont victimes des fatalités économiques et des hérédités ancestrales, et nous voulons rétablir en leur faveur l'équilibre des énergies vitales afin de leur procurer avec un peu de santé et de forces beaucoup de joie saine et très pure.

Inspirés par des mobiles aussi élevés, vous méritez de réussir, et c'est au succès de votre belle et noble tâche que travaillera, j'en suis sûr, ce premier Congrès national des colonies de vacances que je déclare ouvert en vous souhaitant la bienvenue. *(Applaudissements prolongés).*

*
* *

ALLOCUTION de **M. Gariel**, délégué du Touring-Club.

Mesdames, Messieurs,

Lorsque votre Bureau a demandé au Touring-Club de se faire représenter à ce Congrès, le Conseil d'administration a été un peu embarrassé et je dirai même que, au premier abord, il était peu disposé à donner une réponse favorable ; il se demandait, en effet, quelles relations existent entre le Touring-Club et les Colonies de vacances dont il reconnaissait d'ailleurs tout l'intérêt. Mais si le Touring-Club devait envoyer des délégués dans tous les Congrès intéressants, le nombre des membres du Conseil serait insuffisant ; aussi le Conseil d'administration ne décide-t-il d'envoyer des délégués que dans les Congrès dont l'objet a un certain rapport avec le but que poursuit le Touring-Club.

Ce rapport nous ne l'avons pas vu tout d'abord pour le Congrès actuel ; en effet, le Touring-Club a pour but de développer le Tourisme en France, et il n'y a pas de rapports réels entre le Tourisme et les Colonies de vacances.

Mais, à la réflexion, nous avons songé que le Tourisme n'a pas d'existence, que c'est une abstraction qui n'a de nom que parce qu'il y a des touristes : s'il n'y avait pas de touristes, il n'y aurait pas de tourisme.

Or, pour avoir des touristes, il faut avoir des hommes et des femmes bien portants, vigoureux, capables de supporter des fatigues plus ou moins considérables, suivant le genre de tourisme auquel on s'adonne ; et par ce côté, il nous a semblé que nous pouvions nous intéresser aux œuvres des colonies de vacances, car ces œuvres ont précisément pour but de donner aux générations futures un certain nombre d'individus plus forts et mieux portants qu'ils ne l'auraient été si ces colonies n'avaient pas existé ; nous avons donc pensé que les enfants auxquels s'intéressent vos œuvres sont une clientèle future pour le tourisme et, je le répète, c'est par ce lien que nous nous sommes rattachés à ce Congrès.

J'ajouterai qu'il y a un autre point de vue qui mérite d'être signalé.

C'est un fait d'observation que lorsqu'on n'a pas voyagé, lorsqu'on ne s'est pas déplacé, lorsqu'on ne connait que le petit coin où on est né, on n'a pas le désir de voyager, tandis qu'il en est tout autrement, en général, lorsqu'on a commencé à se déplacer, l'idée venant de se déplacer davantage : plus on a voyagé, plus on veut voyager. Or, précisément, la grande majorité des enfants des colonies de vacances, si vous n'aviez pas existé, seraient restés cantonnés pendant leur enfance et leur jeunesse dans la ville, le village, le hameau où ils sont nés et peut-être, plus tard, n'auraient-ils pas eu l'idée de se déplacer.

Au contraire, dès le premier âge, vous leur donnez l'occasion de voir autre chose que ce qu'ils ont toujours vu, et, peut-être aussi, cela suffira-t-il pour les engager, plus tard, à profiter de toutes les occasions de se déplacer, c'est-à-dire pour faire du tourisme.

Ce sont ces raisons, liens que je reconnais un peu ténus, qui nous ont paru suffisants toutefois, pour rattacher votre Congrès, dont nous connaissions d'ailleurs la haute portée sociale, au Touring-Club et décider celui-ci à se faire représenter, et c'est en son nom que j'ai le grand honneur de prendre la parole dans cette séance.

Je suis chargé, par le Conseil d'administration, de vous présenter nos remerciements et de souhaiter à ce Congrès un succès imposant et aux œuvres qui y sont représentées, toutes les prospérités possibles.

*
* *

M. **Raoul Vimard**, secrétaire adjoint.

Mesdames, Messieurs,

Chargé de vous indiquer, en peu de mots, quelle a été l'activité du Comité d'organisation du Congrès, je suis vraiment très heureux de prendre aujourd'hui la parole devant vous.

Et ma joie tient, je crois, à deux causes.

Elle tient à ce fait que vous êtes là, que vous êtes venus, que nous vous voyons, que nous vous parlons — et que, par conséquent, la fatigue de mon ami Gibon et de ceux qui ont assumé toute la besogne matérielle n'a pas été vaine.

Et ma joie tient à cette autre cause que je puis enfin faire votre connaissance et me présenter à vous, ce qui nous permet à vous et à moi, qui avons échangé sans nous connaître, tant de lettres et d'avis, de nous examiner réciproquement et de voir si l'aspect de notre correspondant répond ou non au type que, d'après nos notions graphologiques, nous avions imaginé.

Mesdames, Messieurs, le Comité d'organisation du Congrès a été élu le 22 novembre 1909 à la salle du Musée social, au cours d'une réunion organisée sur l'initiative de M. Comte et présidée par M. le Sénateur Beauvisage; à cette réunion étaient représentés l'Alliance d'hygiène sociale, la Ligue de l'Enseignement, le Touring-Club de France et un très grand nombre d'œuvres municipales et privées de Paris et de la Province.

Cette réunion, exécutant un vœu du Congrès de Bordeaux, décida d'organiser à Paris un Congrès National des Colonies de Vacances; les dates en furent ultérieurement fixées aux 1er, 2 et 3 avril 1910.

Le Comité d'organisation élu à cette Assemblée comprenait

70 personnes environ, mais une dizaine se récusèrent ultérieurement, et le bureau se trouva finalement ainsi constitué :

Président :

M. Louis Comte (Enfants à la Montagne de Saint-Etienne).

Vice-Présidents :

MM. Paris (Conseiller municipal de Paris, Colonies des enfants de Paris).
Seignette (Œuvre mutuelle de l'Association des Instituteurs).

Secrétaire général :

M. Louis Deshayes (Œuvre municipale de Méru).

Secrétaire général-adjoint :

M. Raoul Vimard (Patronage laïque de Courbevoie).

Secrétaires :

MM. Coulombant (Œuvre parisienne des enfants à la montagne).
Jean Dubois (Les saines vacances).
Renard (Caisse des Ecoles du Ve arr.).
Mourre (Œuvre Mutuelle de l'Association des instituteurs.
Momméja (Œuvre des enfants à la montagne).

Trésorier :

M. Auscher (Comité du tourisme en montagne du T. C. F.).

Trésorier-adjoint :

M. Gibon (Colonie de la Côte d'Emeraude).

M. Deshayes ayant dû, pour une raison toute personnelle, résigner ses fonctions, après nous avoir fait allouer une subvention de 100 fr. par le Conseil général de l'Oise, fut remplacé dans le bureau par M. Delpy (Œuvre des cures rurales de Champrosay).

La première occupation du Comité fut d'élaborer le programme. Vous le connaissez ; c'est celui même qui s'exécute actuellement et qui a été arrêté dès le 1er décembre 1909.

Puis des commissions, qui malheureusement, ne purent se réunir assez fréquemment, furent chargées :

La 1re, de l'organisation matérielle ;

La 2e, du programme et des règlements ;

La 3e, de la propagande et des rapports sur la presse ;

La 4e, de la statistique ;

La 5e, des finances.

A peine le bureau avait-il commencé ses travaux que la vie de Paris se trouva subitement arrêtée ; l'eau avait coupé presque toutes les communications ; en outre, la nécessité de porter secours aux inondés prima pour la plupart d'entre nous, toute autre préoccupation, et l'on peut dire qu'à cette époque, le projet de Congrès pour avril fit naufrage et sombra.

Nous décidâmes alors de reporter cette solennité au mois d'octobre, aux dates actuelles, c'est-à-dire à une époque où l'expérience des colonies de 1910 pourrait être utilisée et viendrait enrichir la documentation des congressistes.

Successivement, deux circulaires très pressantes furent adressées aux 640 œuvres signalées dans les précieux ouvrage de MM. Plantet et Delpy, qui nous servit vraiment, pendant toute cette période, de vade-mecum indispensable.

Malgré nos sollicitations, nous n'avions encore enregistré, au 1er août dernier, que les adhésions de 75 œuvres environ. C'est alors que M. Comte voulut nous aider puissamment en sollicitant personnellement un grand nombre d'œuvres; son initiative et son activité nous secondèrent si heureusement, qu'aujourd'hui nous pouvons vous annoncer que notre Congrès comprend 150 œuvres adhérentes et 118 adhérents individuels.

Nous considérons ce résultat comme un très grand succès, d'abord parce que ces chiffres n'ont pas encore été atteints, (ce qui est d'ailleurs naturel, puisque le nombre des œuvres va croissant), ensuite, parce qu'un très grand nombre des œuvres signalées par MM. Plantet et Delpy sont disparues après n'avoir duré qu'un an ou deux, ou n'existent que sur le papier et ne fonctionnent qu'irrégulièrement, ou ne sont que des filiales d'œuvres plus importantes auxquelles elles se bornent à verser une subvention et à envoyer des enfants, sans s'intéresser vraiment aux questions techniques qui nous préoccupent et qui sont à l'ordre du jour du Congrès.

Le Comité avait pris l'engagement de publier un fascicule contenant des rapports documentés sur les questions inscrites au programme. Il a tenu sa promesse. Il lui a été seulement impossible, à cause de l'éloignement des rapporteurs et de la correspondance à échanger avec eux pour la correction des épreuves, d'adresser par la poste ce volume aux congressistes. L'édition n'est sortie des ateliers de brochage que mardi dernier, et encore nous nous étions adressés à un imprimeur qui a été particulièrement diligent, quoiqu'il nous ait accordé un tarif de faveur.

Sans doute, nous avons pu commettre quelques erreurs, omissions ou maladresses ; veuillez tous nous excuser ; veuillez nous accorder que nous aurions pu faire pire ; veuillez même reconnaître, tenant compte du peu de ressources dont nous disposions, que nous ne nous sommes pas trop mal tirés de la tâche que l'Assemblée du Musée Social nous avait confiée.

En outre des cotisations, nous avons reçu des dons très généreux de notre trésorier M. Auscher, du Conseil général de l'Oise, des Compagnies d'assurances la Prévoyance, la Préservatrice, la Foncière Transports et Accidents, l'Union industrielle du Nord ; et des subventions nous seront sans doute accordées par le Ministère de l'Instruction publique et le Conseil municipal de Paris.

Permettez-moi de remercier en votre nom nos bienfaiteurs ; grâce à eux, nous avons pu faire face malgré la très grande modicité de notre budget à des dépenses multiples et indispensables.

Et nos remerciements vont encore à M. le Président du Conseil, à MM. les Ministres de l'Instruction publique et du Travail et de la Prévoyance sociale, qui ont accepté la présidence d'honneur du Congrès ; aux Compagnies de chemins de fer qui nous ont accordé très largement les permis sollicités ; au Docteur Madeuf, qui a mis à notre disposition un matériel de dactylographie et un nombreux personnel, à M. le Doyen de la Faculté de médecine et à M. le Vice-Recteur, qui nous offrent l'hospitalité ; à la Presse qui a bien voulu s'intéresser à notre œuvre, enfin à tous les amis connus ou inconnus qui ont fait une énergique propagande en faveur de notre Congrès.

J'aurais bien voulu remercier aussi les rapporteurs, mais je suis du nombre. Mettons que je ne parle que pour les autres : oui, nous leur savons beaucoup de gré d'avoir pu nous fournir des travaux aussi considérables à une époque où ils étaient tellement occupés et préoccupés par les œuvres auxquelles ils se dévouent.

Le Congrès n'eût-il publié que le volume des rapports, qu'il eût déjà fait œuvre utile et que nos peines n'eussent pas été vaines.

Mais vous saurez accroître cette utilité et donner beaucoup plus de prix à cette réunion par vos discussions, vos délibérations et vos vœux ; aussi, nous avons la conviction profonde que, grâce à vous le Congrès de Paris de 1910, comptera comme un événement notable dans l'histoire des Colonies de Vacances.

Le Congrès nomme ensuite son bureau : il maintient en fonctions le bureau du Comité d'organisation.

La première question est la Statistique et la parole est donnée au Rapporteur **M. Eugène Plantet**, Secrétaire d'ambassade honoraire, qui donne lecture de son rapport :

On doit à Mme Raoul de Félice, Présidente de l'Association pour le développement des Colonies de vacances, de Versailles, la première publication ayant pour but de propager, en France, l'institution de ces Colonies de vacances, si prospères à l'étranger. Son étude comparative remonte à 1899. Alors, nous apprit-elle, la France n'assurait des vacances qu'à 21 enfants pauvres sur 100.000 habitants. A la même époque, le Danemark en procurait à 552, l'Angleterre à 116, la Suisse à 104, l'Allemagne à 85, la Belgique à 38. Nous n'arrivions qu'au sixième rang, ce qui n'était vraiment pas notre place dans cet ordre de bataille, ou pour mieux dire, dans la lutte des sociétés contemporaines contre le dépérissement de leur race.

Hâtons-nous de le prouver, ces chiffres n'offrent plus qu'un intérêt rétrospectif. Dans ce genre d'assistance des enfants chétifs et pauvres, nos progrès furent des plus rapides. En effet, en 1910, la France assure les précieux avantages des vacances et des cures d'air, non plus à 21, mais à 186 enfants par 100.000 habitants. Suivons, pas à pas, ces progrès :

En 1901, M. le Doyen Landouzy établissait, dans *la Presse Médicale*, une comparaison entre la France et l'Allemagne. Il opposait aux 8.216 colons pauvres, de toute la France, en 1900, les 32.000 écoliers allemands, dont 4.700 de Berlin, bénéficiaires d'un séjour en montagne, à la campagne ou au bord de la mer.

En juin et juillet 1903, M. Arthur Delpy, Secrétaire de la Société internationale pour l'étude des questions d'assistance, publiait, dans la *Revue philanthropique*, un rapport contenant une nouvelle statistique sur les Colonies de vacances en France. Il en ressortait qu'en 1902, les vingt Mairies de la Ville de Paris n'envoyaient, en colonies, que 5.329 enfants des écoles communales, et qu'en tenant compte des œuvres privées, on n'arrivait, pour Paris seulement, qu'au chiffre de 8.500 colons. D'autre part, au Congrès de la Ligue de l'enseignement de 1903, M. André, Président de l'Œuvre des voyages scolaires, de Reims, évaluait à 14.000 le nombre des petits Français envoyés en colonies en 1902.

En juin et juillet 1905, M. Eugène Plantet, membre du Conseil de l'Office central des œuvres de bienfaisance de Paris, faisait connaître, dans la *Réforme sociale*, un nouvel inventaire des Colonies de vacances pour l'année 1904. Ce travail sur les Colonies, tant municipales que privées, était suivi, peu après, de la publication d'une Carte des Colonies de vacances en France, dressée par M. le Doyen Landouzy et M. le Dr Sersiron, pour le Congrès international de la tuberculose.

On comptait alors en 1904 :

à Paris......	62 œuvres,	dont 20 municipales,		avec 12.704 colons	
dans les Départs	88	—	19	—	9.612 —
soit au total..	150	—	39	—	22.316 —

Ainsi la progression du nombre des enfants colonisés, de 1901 à 1904, était de 14.100, soit de 4.700 colons de plus par année.

Le premier Congrès international des Colonies de vacances, tenu à Bordeaux en 1906, entendait un rapport, dû à Mme Frank-Puaux, Présidente de l'Œuvre de la Chaussée du Maine, et comprenant une nouvelle statistique pour l'année 1905. D'après ce rapport, on comptait en 1905 :

à Paris.....	86 œuvres,	dont 20	municipales,	avec 15.469	colons
dans les Dép^ts	104	— 23	—	11.137	—
soit au total...	190	— 43	—	26.606	—

D'une année à l'autre, se manifestait donc une augmentation de 4.290 enfants colonisés.

En 1907, une minutieuse enquête de MM. Plantet et Delpy leur a fait découvrir un grand nombre d'œuvres nouvelles, notamment celles annexées aux Patronages et autres œuvres de jeunesse. L'ouvrage qu'ils ont publié récemment sur les *Colonies de vacances* (1) comprend les chiffres suivants pour l'année 1907 :

	Paris		
20	œuvres municipales des Caisses des écoles avec .... colons	6.649	
178	œuvres privées et annexes de Patronages, avec .... colons	18.541	25.190
	Départements		
81	œuvres municipales, avec......... colons	7 116	
251	— privées et annexes de Patronages, avec .... colons	21.105	28.221
530	œuvres, au total, pour environ........... colons		53.411

Enfin, le Comité d'organisation du Congrès d'aujourd'hui m'a fait l'honneur de me charger de présenter ici la statistique la plus intéressante, celle de l'année 1910. Grâce à l'extrême obligeance des Maires, Présidents, Présidentes, Diresteurs et Directrices des œuvres, auxquels j'ai adressé, cet été, mon questionnaire — obligeance à laquelle il convient de rendre un hommage très reconnaissant — j'ai pu établir les chiffres suivants :

1910

Paris

265	20 œuvres municipales des Caisses des Ecoles, avec.......... colons	7.583	
	245 œuvres privées et annexes de Patronages, avec........ colons	25.193	32.776

Départements

440	95 œuvres municipales, avec.. colons	13.077	
	345 — privées et annexes de Patronages, avec........ colons	27.013	40.090

705 œuvres, au total, pour environ............. colons		72.866

Rendons hommage au zèle persévérant, à l'activité féconde de certaines œuvres imposant l'attention par le nombre de leurs pupilles, ou réalisant des prodiges avec de très faibles ressources. Nous citerons ici les œuvres qui adoptèrent le plus d'enfants en 1910 :

Paris : L'Œuvre de la Chaussée du Maine, 3.100 colons; — les Sœurs de Saint Vincent-de-Paul, 2.380; — les Trois semaines, 2.150; — l'Œuvre israélite des séjours à la campagne, 835; — les Bonnes vacances, 685; — L'Œuvre parisienne des enfants à la montagne, 530; — les Vacances scolaires, 500; — la Ligue fraternelle des Enfants de France, 500; — l'Œuvre d'Hivernage dans le Midi, 440; — le Nid des bois, 480; — l'Œuvre Grancher, 420; l'Œuvre des Colonies scolaires de vacances, 390; — Le Rayon de soleil pour la jeune fille, 330; — le Cercle amical du Cher et de l'Indre, 300; etc.

Citons à part les colonies familiales de repos pour tous les âges : le Rayon de soleil 2.200 colons; — la Nature pour tous, 900; — le Syndicat des employés du commerce et de l'industrie, 342; — le Cercle du travail féminin, 400; etc.

Départements : L'Œuvre de M. Comte et ses filiales, 2.423; — le Lazaret de Cette, 750; — l'Œuvre catholique de St-Etienne, 740; l'Œuvre du Grau du Roi, 703; - la Fédération des Patronages laïques de Bordeaux, 600; - les Enfants à la Montagne de Clermont-Ferrand, 555; — l'Œuvre Montpelliéraine, 470; — les Petits Toulousains, 450; — les Petits Angevins, 386; — l'Œuvre maritime de Palavas, 360; — les Mairies de Lyon, 1.668; — de Marseille, 1.005; — du Hâvre, 850; — de Nantes, 550, etc.

Ainsi la France a passé, en dix ans, de 1900 à 1910, du chiffre global de 8.200 à celui de 72.866 enfants colonisés. L'augmentation moyenne, dans ces trois dernières années, correspond à 6.485 unités environ par an.

Le Congrès de 1910 peut être fier d'enregistrer ces résultats. Il doit surtout en attribuer l'honneur à ceux qui furent à la peine, et qui, de tous côtés, directeurs d'œuvres ou souscripteurs, se sont appliqués à remplir l'un des devoirs sociaux les plus nécessaires, les plus impérieux, les plus touchants de notre époque.

Evidemment le public s'intéresse de plus en plus, chaque année, au sauvetage des enfants chétifs. Pourtant nous sommes encore très loin de ce qui peut, de ce qui doit être réalisé dans cette croisade. Si nous cherchons le pourcentage des colons des écoles de la Ville de Paris, nous trouvons ceci : Sur les 148.000 enfants de 7 à 13 ans, non seulement inscrits (158.000), mais présents en moyenne dans les écoles primaires municipales, 7.583 sont colonisés cette année par les soins des Caisses des écoles, soit dans la proportion de 5,12 %. On voit tout ce qui reste du domaine de l'initiative privée pour répondre aux appels émouvants des mères! Mais on constate aussi, par les exemples de tant de gens de bien, tout ce que cette initiative a su réaliser hier, et tout ce qu'elle nous fait espérer pour demain. A Copenhague, 50 % de la population scolaire va, tous les ans, se *refaire* hors de la cité. Imitons donc le Danemark. Et puisque, chez nous, les enfants ne se comptent plus que dans la proportion de 2,7 par ménage, au moins gardons, fortifions à tout prix, dans nos *Ecoles buissonnières*, ces trop rares petits Français !

Récapitulation

1881........	3	colons (première œuvre)
1900........	8.216	—
1902........	14.000	—
1904........	22.316	—
1905........	26.606	—
1907........	53.411	—
1910........	72.866	—

***

DISCUSSION du rapport de **M. Plantet.**

M. Comte. — Nous vous remercions beaucoup de votre très intéressant rapport. Ce qui serait très intéressant de faire si vous le pouviez ce serait de savoir combien d'enfants représentent toutes les œuvres qui font partie du Congrès. Il faudrait donc que chaque œuvre ici représentée indique le nombre exact d'enfants qu'elle envoie à la campagne, à la montagne ou à la mer.

M. Plantet. — Monsieur le Président, il me sera très facile de faire ce que vous me demandez lorsque j'aurai la liste ; je pourrais donc très facilement vous la donner au moment où l'on pubiera le compte rendu officiel du Congrès : je mettrais en regard de chacune des 150 œuvres adhérentes, les chiffres qu'elles ont envoyés.

M. Goué. — J'émettrai le vœu que M. Plantet ayant établi un annuaire voulût bien le communiquer aux œuvres qui certainement l'achèteraient afin de se tenir au courant.

M. l'Abbé Vallier. — Je voudrais simplement faire remarquer que nous ne sommes pas aussi en retard sur Copenhague si on comprend toutes les espèces d'œuvres qui envoient les enfants hors de la cité. Il y a en France une foule d'œuvres qui font cela et je ne sais si elles sont comprises dans le nombre des « Colonies de Vacances ». Nous ne sommes peut-être pas aussi inférieurs que nous voulons le dire. Nous avons toujours l'habitude de mettre la France un petit peu au-dessous des autres nations et je suis très heureux de relever la chose.

M. le sénateur Beauvisage. — Etant donné ce que vient de dire M. l'abbé Vallier il serait peut-être bon de nous assurer si ce sont des œuvres de promenades ou de logements d'enfants à distance de la ville ou de véritables Colonies de Vacances dont il s'agit. Je crois donc qu'il serait très intéressant que les membres du Congrès susceptibles d'aller voyager en Danemark voulussent bien se procurer des renseignements à cet égard. La France occupe maintenant un rang très honorable dans la série des pays qui pratiquent les « Colonies de Vacances ».

M. Plantet. — Dans le livre qui a été imprimé ne sont pas comprises ces Colonies qui n'envoient leurs enfants qu'un jour à la campagne. Ce sont des demi-colonies qui, je le répète, ne sont pas comprises dans mon chiffre de 73.366 colons.

M. Delpy. — Nous avons crû devoir parler du Danemark pour inciter les Français à développer les Œuvres de « Colonies de Vacances. » Nous pourrons malgré tout nous renseigner. J'ai été dernièrement à Copenhague, mais je n'ai pas eu le temps de m'occuper de cela. Il nous sera très facile d'avoir des renseignements très exacts sur ce que font les enfants.

S'ils sont vraiment en colonie d'été ou en excursion et nous le transmettrons au Congrès.

M. Charraux fait observer que les chemins de fer donnent le parcours gratuit en Danemark et en Hongrie.

M. Lechantre. — Il nous a été dit qu'il n'avait pas été compté dans le rapport de M. Plantet les œuvres qui envoient des enfants en promenade dans la journée ; mais il y a d'autres œuvres qui envoient pendant un mois tous les jours des enfants en promenades ; à Saint-Quentin par exemple, indépendamment des enfants de l'Œuvre des enfants à la Campagne, la Ville envoie pendant un mois tous les jours des enfants en promenade.

Il y a certains patronages qui envoient tous les jours un petit nombre de jeunes gens en promenade et d'autres une ou deux fois par semaine pendant les vacances. Cela correspond à huit, à douze promenades au plus. Ce n'est pas une Colonie à proprement parler.

M. Comte. — Ces œuvres s'appellent en Allemagne des Œuvres de « demi-Vacances », du moment que les enfants rentrent chez eux le soir, on ne peut pas dire que ce soit des Colonies de Vacances.

M. Lechantre. — Dans quelles conditions la ville de Saint-Quentin envoie-t-elle les enfants en promenade ? Il y a à Saint-Quentin deux œuvres qui envoient pendant un mois des enfants à la campagne et la ville a organisé des excursions scolaires qui ont lieu pendant un mois tous les jours : le matin on conduit les enfants en promenade, à midi on leur offre un petit repas et l'après-midi on les reconduit. Je demanderai donc simplement si on a compté pour le Danemark ces œuvres comme Colonies de Vacances ou si on les a comptées pour la France.

M. Bedorez, directeur de l'Enseignement. — Ce n'est pas le nombre d'enfants qui sont sortis plus ou moins de la ville qu'il importe de connaître : c'est le nombre de journées et de nuits que les enfants ont passées hors de la ville. Si vous envoyez des enfants huit jours et s'ils ne couchent pas en dehors de chez eux, vous ne pouvez pas comparer le chiffre que vous obtiendrez à celui qui sera obtenu avec les Colonies scolaires proprement dites qui sont d'une durée de trois semaines ou un mois.

Je crois que ce qui serait intéressant à connaître si cela pouvait être établi, c'est le nombre de jours ou de nuits que les enfants hospitalisés par les Colonies scolaires passent hors de la ville. Par exemple à Paris toutes les classes de vacances ont une pomenade qui n'entre pas en ligne de compte avec nos Colonies scolaires. Je crois par conséquent que pour établir vraiment la comparaison entre nos œuvres et celles des autres pays, il serait nécessaire de connaître non pas celles qui envoient le plus grand nombre d'enfants, mais celles qui font passer le plus de journées en dehors aux enfants.

M. André, inspecteur primaire de la Seine. — Je voudrais répondre en quelques mots aux questions qui ont été posées et aux réflexions qu'elles ont provoquées.

Je pense, avec MM. Plantet et Delpy, qu'il faut comprendre dans la statistique des bénéficiaires des Colonies de Vacances, les enfants qui vont, chaque jour, pendant plusieurs semaines, se promener et jouer hors des villes, dans les grands parcs ou jardins, dans la campagne ou dans les bois, dès lors qu'ils reçoivent au grand air, une distribution de pain et de lait, ou toute autre nourriture.

Ces groupes d'enfants forment en effet des *colonies urbaines* ou *demi-colonies.*

M. le Professeur Landouzy les recommande à la sollicitude des municipalités des grandes agglomérations.

A Nantes, grâce à un généreux philanthrope M. Durand-Gasselin, plusieurs centaines d'écoliers et d'écolières à qui l'air de la mer serait plutôt nuisible, sont transportés quotidiennement dès le matin, pendant trois semaines, à Doulon-les-Nantes.

Chaque élève apporte son déjeuner et à 4 heures, du pain et du lait lui sont donnés à discrétion. Le retour à la maison s'effectue vers 7 heures du soir.

A Besançon, et à Nogent-sur-Marne aussi, tout près de Paris, on pratique également le système des demi-colonies.

Sans doute, ce système ne saurait remplacer complètement les autres, mais incontestablement, il a une heureuse influence sur la santé de l'enfant.

Il y a donc lieu, à mon sens, de faire figurer les demi-colonies ou colonies urbaines dans la statistique générale des Colonies de Vacances.

Quant au nombre des enfants qui en Danemark sont envoyés, pendant cinq ou six semaines, à la campagne chez des fermiers ou des cultivateurs, il est réellement considérable.

J'ai publié, il y a trois ans, dans une Revue spéciale — celle de l'Œuvre des V. S., dont vous avez pu voir quelques numéros exposés dans le petit amphithéâtre — j'ai publié, dis-je, un article sur les Colonies de Vacances en Danemark et des renseignements qui m'ont été fournis alors par des personnes très autorisées, il résulte qu'en 1882, le nombre des écoliers de Copenhague envoyés au grand air était déjà de 7.000. En 1900, il était de 14.000 et en 1906, sur les 45.000 enfants qui fréquentaient les écoles de la capitale danoise, 18.000 ont profité des bienfaits du grand air, soit 40 %.

Je pense donc que MM. Plantet et Delpy ont donné des chiffres assez exacts.

Mme Benoist. — A Montpellier, l'Œuvre Municipale envoie les enfants de 5 heures du matin à 2 heures de l'après-midi à la campagne.

M. Lechantre. — Le repas que l'on donne à ces enfants vaut environ 0,15 à 0,20. Il y a 4 surveillants à 150 fr. par mois.

M. Engel. — S'il m'était permis de revenir sur ce qu'a dit M. Charraux tout à l'heure, je voudrais appuyer de toutes mes forces son vœu, c'est-à-dire la « *gratuité du passage des enfants.* »

Vœux relatifs à la Statistique

Que l'ouvrage de MM. Eugène Plantet et Arthur Delpy sur les Colonies de vacances et Œuvres de grand Air soit grâce au concours bienveillant des Œuvres et à l'envoi régulier de leurs comptes rendus, complété et mis à jour sous forme de supplément en vue du futur Congrès des Colonies. (M. Gradel).

Qu'un Annuaire des Œuvres de Colonies de vacances exis-

tant en France et même à l'étranger soit édité sous les auspices du Congrès. (M. Goué.)

Que les Congrès des Colonies de vacances portent à l'avenir la mention « Colonies de vacances et Œuvres d'enfants et d'adultes. (Mme Weigert.)

Que dans les régions qui n'envoient pas encore d'enfants en colonies de vacances, les pouvoirs publics et l'initiative privée veuillent bien organiser des œuvres pour les y envoyer et qu'une active propagande soit menée dans ce but. (M. Delpy.)

Le Congrès,

Reconnaissant à l'unanimité les bienfaits d'un séjour prolongé hors des villes,

D'autre part, constatant que l'ingratitude de la saison contraint la plupart des Œuvres à fixer le retour de leurs colons vers le 15 septembre,

Emet le vœu :

Que la date de début des vacances scolaires soit fixée au 14 juillet. (M. Bonnet.)

Que toutes les Œuvres de colonies de vacances constituent des Comités de dames qui s'occuperont, non seulement de recueillir les dons mais aussi de la préparation des trousseaux des enfants et des soins maternels dont ces enfants ont besoin. (M. André.)

— III —

Transports

M. Joel Gradel, rapporteur :

Mesdames, Messieurs,

Il y a plus de quatre ans que la question du Transport des Colonies de vacances est à l'ordre du jour de nos Congrès.

A Bordeaux, en 1906; à Saint-Quentin, en 1908; à Toulouse, en 1909, la question a été étudiée et des démarches ont été faites auprès de M. le Ministre des Travaux Publics et de MM. les Directeurs des Compagnies de chemins de fer.

Mais aucune des améliorations demandées ne s'est réalisée. C'est pourquoi, sans nous lasser, nous remettons pour la quatrième fois notre ouvrage sur le métier.

La diversité des tarifs appliqués, en France, aux Colonies de vacances, est une cause d'étonnement pour tous.

Les réseaux du Nord et du Midi ne veulent pas accorder plus de 50 0/0 à nos œuvres et traitent nos enfants comme des... pompiers. L'Est donne 66 0/0. Le P. L. M., le P. O., l'Ouest devenu réseau de l'Etat, l'Etat lui-même, font bénéficier les Colonies de vacances d'un tarif réduit de 75 0/0.

On pourrait supposer, n'est-il pas vrai, que les Compagnies qui sont les plus généreuses, sont celles qui font les plus brillantes affaires.

Et l'on comprendrait alors que les réseaux les plus sourds à ses plaintes réitérées soient ceux où les actionnaires touchent les dividendes les moins rémunérateurs.

Mais l'on ne comprendrait plus du tout que les réseaux où les bénéfices sont les plus élevés soient précisément ceux où l'on se montre inflexible en faveur des œuvres qui s'occupent de la santé des enfants pauvres, de la santé de ces mêmes enfants qui, dans quelques jours, devront être des ouvriers capables et résistants.

C'est cependant cette anomalie qui existe. Et c'est cette anomalie que nous voudrions entreprendre de faire cesser.

Nous ne voulons pas, dans un rapport qui doit plutôt servir d'indication aux membres du Congrès, donner les bénéfices ou les pertes réalisés par les Compagnies de chemins de fer.

Qu'il nous suffise cependant de dire que ces chiffres se trouvent dans certains annuaires statistiques spéciaux et qu'ils sont ainsi à la merci de quiconque veut se renseigner.

C'est en fouillant ces annuaires et en établissant des comparaisons que les directeurs de Colonies de vacances des régions peu favorisées, puiseront un regain nouveau de ténacité nécessaire pour ne pas lâcher, avant satisfaction, le desideratum tant de fois émis.

Toutes les Compagnies de chemins de fer ne savent peut-être pas ce que nous sommes. Disons-le. A quelque parti politique que nous soyons attachés, de quelque confession religieuse que nous soyons adeptes, nous sommes tous, sans exception, les soldats désintéressés de la petite armée du Bien. Contre la tuberculose qui taille sans répit dans notre corps social ses membres les plus jeunes, nous opposons une méthode d'action directe. Et nous mettons les prétuberculeux hors de l'atteinte néfaste des agglomérations.

Nous nous livrons à une besogne considérable, à un véritable surmenage intellectuel et physique. Les responsabilités qui pèsent sur chacun de nous sont des plus lourdes, et il faut reconnaître une dose de courage des plus élevée à tous ceux qui osent en assumer le poids. Aucun de nous ne craint le contact de certains enfants, mal éduqués, mal nourris, par contre, bourrés des superstitions paternelles, des préjugés stupides que ne peut vaincre l'école.

Provoquer les dons, les recueillir; organiser le recrutement de la colonie de vacances; assurer les visites médicales, les pesées; découvrir, après maintes recherches, le village propice à la villégiature des enfants ; entrer en relations avec les nourriciers pour le prix de la pension à payer, pour leur faire accepter certains préceptes d'hygiène;

convoquer les propres parents des petits colons, leur causer, répondre aux mills et une questions qu'ils posent; écrire aux... compagnies de chemins de fer pour les billets, pour le trajet, pour les wagons et ne pas recevoir de réponse dans le temps qui nous est nécessaire pour la préparation des derniers et nombreux détails qui précèdent le départ des enfants... Telle est, en raccourci, l'occupation de chacun de nous.

Je ne crois pas qu'il soit besoin de le dire : si nous étions payés pour accomplir cette besogne des plus dures, aucun de nous ne la ferait. S'il y avait au bout de notre dévouement pour les enfants des autres, un peu de reconnaissance de la part des parents, peut-être nous estimerions-nous quittes. Mais, hélas! il n'y a même pas, sauf de rares exceptions, la reconnaissance des enfants eux-mêmes.

Personne, par même les Compagnies de chemins de fer, ne croit à notre désintéressement absolu. Que de fois les railleurs et ceux qui se croisent les bras ne disent-ils pas que nous cherchons des décorations, car ils ne peuvent dire que nous cherchons un salaire, puisque, non seulement nous dépensons notre temps, mais aussi tout l'argent que nous ne portons pas au café ou au jeu.

Tout de même, il faut reconnaître que nous serions bien bêtes pour nous donner tant de peines, endurer tant de fatigues, essuyer tant de sarcasmes, dans le but de gagner un misérable bout de ruban.

Non, Messieurs les railleurs, non, Messieurs les blasés, et... Messieurs des Compagnies de chemins de fer, la vérité est tout autre. Tout ce que je viens d'énumérer, c'est-à-dire les choses qui peuvent être expliquées, ajoutées aux choses qui ne peuvent s'expliquer — soucis, tracas, découragements momentanés — tout cela, nous le faisons *gratuitement*.

Ce capital, nos forces, notre jeunesse, notre dévouement nous appartient, il est vrai; mais nous l'avons placé de telle manière que les gros intérêts qu'il rapporte, c'est la caisse des autres qui en profite...

Et maintenant, dites, Messieurs les administrateurs des Compagnies de chemins de fer, croyez-vous que nous ayons tort de demander, pour nos œuvres, le 1/4 de place? Si vous étiez à notre place n'en feriez-vous pas tout autant?

Comment, dans le même pays, différents tarifs peuvent être appliqués aux Colonies de vacances? Un réseau peut être généreux et un autre peut ne pas l'être?

Et puis, à côté de cela, si l'on examine ce qui se passe dans les pays voisins, laissez-moi vous le révéler, Messieurs les Administrateurs, la comparaison est plutôt humiliante pour notre amour-propre national.

Le Danemark et la Hongrie donnent le parcours gratuit aux œuvres d'enfants. La Suisse fait payer si peu que cela ne compte pour ainsi dire pas du tout. L'Italie a des tarifs tellement réduits que, si les parcours effectués sont très longs, la somme à payer en arrive à être dérisoire.

Eh bien! savez-vous, Messieurs les Administrateurs des Compagnie Françaises, si j'étais à votre place, j'aurais un beau geste. Et je dirai : vous demandez le 1/4 de place, voci la gratuité, avec... en plus, nos remerciements, notre reconnaissance pour l'œuvre que vous avez entreprise...

Ne nous illusionnons pourtant pas. Certes, un tel geste serait beau, mais nous devons, dans la mesure de nos moyens, aider à sa réalisation.

On ne nous croirait pas, et l'on aurait raison, si nous disions aux Compagnies de chemins de fer et aux représentants de la Nation que nous sommes las de nous heurter, chaque année, aux mêmes difficultés, que nous sommes fatigués de demander chaque année les mêmes choses, c'est-à-dire le 1/4 de place et un peu moins de sans-gêne à notre égard de la part des Compagnies de transport. On ne nous croirait pas, du moins pour le moment, mais sans engager l'avenir, je puis dire que cette année j'ai reconnu, à quelques symptômes, une certaine lassitude parmi plusieurs œuvres de vacances. Cette lassitude est due, entièrement, aux relations trop difficiles que nous avons avec les Compagnies de chemins de fer.

Il y a donc lieu d'agir au plus tôt si l'on ne veut pas voir, dans quelques régions, les Colonies de vacances tomber les unes après les autres comme les fruits mûrs d'un arbre furieusement secoué.

C'est pourquoi, Mesdames et Messieurs, je viens proposer à vos suffrages le vœu suivant, que je dépose sur le bureau :

Le Congrès,

Considérant que les multiples démarches faites à la suite des Congrès de Bordeaux en 1906, de Saint-Quentin en 1908, de Toulouse en 1909, tant auprès de MM. les Directeurs des Compagnies de chemins de fer que de M. le Ministre des Travaux Publics, n'ont donné aucun résultat.

Décide de faire imprimer séparément le rapport présenté par M. Joël Gradel et d'en remettre un exemplaire à chacun de MM. les Députés et Sénateurs.

Décide, en outre, de désigner une Commission qui sera chargée de s'aboucher avec les Commissions parlementaires compétentes pour leur exposer les desiderata exprimés par les œuvres de vacances et solliciter le dépôt d'un projet de loi, en vue de faire élaborer, au plus tôt, un tarif très réduit, exclusivement réservé aux Colonies scolaires et à leurs surveillants.

***

Docteur **Bourellle**, rapporteur :

Le Congrès national des Colonies de vacances, tenu à Paris en octobre 1910,

Considérant que si l'intérêt commercial incite les Compagnies de transport à élaborer un tarif spécial en faveur des enfants et adultes envoyés au grand air par les œuvres de Colonies de vacances, l'intérêt national crée pour elles, un devoir de participer avec ces œuvres à la protection de la race !

Considérant l'intérêt porté à l'envoi des enfants au grand air par les réseaux de l'Etat, du P.-L.-M. et de l'Orléans, qui accordent aux Colonies de vacances, le bénéfice du quart de place ;

Considérant, d'autre part, que l'administration des chemins de fer de l'Etat collabore très effectivement à l'œuvre nationale accomplie par les associations de Colonies de vacances, en accordant, en plus du quart de place, le retour individuel des enfants, et la gratuité pour la préparation des Colonies,

Emet le vœu,

Que les Compagnies de chemins de fer français veulent bien faire insérer dans leur tarif collectif G. V. n° 8, les dispositions comprises dans le tarif G. V., n° 8 du réseau des chemins de fer de l'Etat.

Dans le rapport que j'ai présenté au Congrès des Colonies de vacances tenu à Bordeaux en 1906, j'ai fait l'historique des conditions du transport des enfants envoyés en Colonies de vacances, en France et à l'étranger, je n'y reviendrai pas.

J'examinerai, dans ce travail, de quelle façon devrait être compris le transport des enfants en Colonies de vacances, et je m'efforcerai d'en déduire ce que légitimement les œuvres du grand air peuvent demander aux entreprises de transport.

I. — Exposé de la question.

Dans l'envoi des enfants au grand air, deux motifs peuvent être invoqués, pour demander aux Compagnies de transport une diminution de leurs tarifs courants :

1° Le nombre important des enfants : c'est la raison commerciale ;

2° La nécessité d'envoyer au grand air les enfants chétifs vivant dans des maisons privées d'air et de soleil, et de sauver la race qui risque de s'étioler : c'est la raison nationale.

Ces deux raisons sont excellentes, mais à la condition d'être jointes. Séparées, elles peuvent paraître ou sèche, ou creuse. Unies, elles ont une force incomparable.

II. — Les Raisons commerciales.

Il est naturel, à un client, de demander une réduction sur le prix d'une marchandise ou sur l'exécution d'un travail, quand il a l'intention de répéter fréquemment sa commande.

Dans toutes les branches de l'industrie et du commerce, le prix de gros est toujours inférieur au prix de détail.

Depuis longtemps, les Compagnies de transport, grandes commerçantes, ont élaboré des prix de gros et des prix de détail, si je puis dire. Elles accordent, depuis de nombreuses années, des réductions de 40 et 50 0/0 aux sociétés de musique, de gymnastique, de vélocipédie, de sport, aux élèves des lycées et collèges, et tout simplement, sur la plupart des réseaux, aux groupes composés d'un certain nombre de personnes, réunies pour la circonstance dans un but déterminé (trains de pèlerinages, trains de plaisir, trains bretons, trains auvergnats, etc...).

Dans le même ordre d'idée, les Compagnies ont favorisé l'exode des citadins aux villes d'eaux et aux plages, par l'établissement de billets spéciaux comportant des réductions fort importantes.

Si l'on traitait cette question comme une simple affaire, on trouverait des raisons très fortes de demander aux Compagnies de transport une réduction sur leurs tarifs, en faveur des enfants envoyés au grand air par les Colonies de vacances.

En effet, cette année 1910, près de 75.000 enfants ont été envoyés, en France, à la montagne, à la plaine ou à la mer. Ce chiffre est éloquent. Il est réparti entre 700 associations. Si l'on ajoute à ces chiffres les parents, les surveillants, on arrive à un total voisin de 80.000 voyageurs. Un groupe semblable est plus que suffisant pour permettre aux Compagnies de consentir le prix de gros aux Colonies de vacances.

III. — Les Raisons d'ordre national

Si la raison commerciale était la seule — et j'ai montré son importance — elle procurerait aux œuvres de Colonies de vacances, de 40 à 65 0/0 de réduction, selon les cas, réductions accordées aux pompiers, aux orphéonistes, aux excursionistes, aux pèlerins. Mais les raisons commerciales ne doivent pas être placées au premier rang, pour les Colonies de vacances.

Les raisons nationales et humanitaires qui ont présidé à la création des Colonies de vacances, sont résumées dans le désir de développer l'esprit et le corps des jeunes enfants, et de collaborer, de la façon la plus efficace, à l'amélioration de la race.

Les œuvres de Colonies de vacances s'imposent de lourds sacrifices pour atteindre ce but. Leurs administrateurs consacrent gratuitement une partie de leur temps, à une œuvre de véritable défense nationale. Leur action est des plus fécondes, et l'unanimité s'est faite pour en proclamer les bienfaits.

Ces raisons peuvent donc peser d'un grand poids dans l'élaboration des tarifs collectifs des Compagnies de chemins de fer. Elles s'ajoutent aux raisons commerciales et les complètent.

Nous ne pouvons, en effet, mettre une telle œuvre — si grande dans ses conséquences immédiates pour la santé des enfants, et ses conséquences éloignées pour l'avenir du pays — sur le même pied que les Sociétés de sport, de musique ou de pompiers, qui se rendent à telle localité pour gagner un prix à un concours.

Le rôle national joué par les Colonies de grand air, est à rapprocher de celui joué par l'Armée.

Celle-ci ne vaudra, que préparée par celles-là. Et toute nation dépérira, dont la race n'aura point été protégée dès l'enfance.

Quelle institution supérieure aux Colonies de grand air, préparera une génération robuste d'adultes ?

Or, quelle est la réduction accordée par toutes les Compagnies de chemins de fer aux militaires, et par la plupart d'entre elles, aux jeunes enfants envoyés au grand air? C'est la même, le quart de place, la plus forte réduction obtenue sur les tarifs en vigueur.

Elle montre en quelle estime particulière les Compagnies tiennent les Colonies de vacances, puisqu'elles les mettent sur le même pied que l'Armée nationale.

IV. — Ce que les Colonies de vacances peuvent raisonnablement demander aux Compagnies de transport.

La réponse à cette question est presque entière dans le tarif G. V. (grande vitesse) n° 8, que l'administration des chemins de fer de l'Etat et les chemins de fer P.-L.-M. appliquent sur leur réseau, et celui que les chemins de fer de Paris à Orléans ont présenté, tout récemment, à la signature du Ministre des Travaux publics.

Si l'on prenait, dans ces trois tarifs, les points les plus favorables aux Colonies de vacances, nous aurions, je crois, un tarif idéal. Mais, tels qu'ils sont, ils présentent des avantages considérables, pour lesquels on ne saurait trop féliciter et remercier les Compagnies, en raison du gros effort qu'elles ont consenti en faveur de nos œuvres.

Le tarif G. V. n° 8, traite du nombre et de l'âge des enfants, du parcours, des surveillants, de la validité des billets, de la composition et de la vitesse des trains.

(1) Le prix du transport est du 1/4 du prix des billets simples à place entière, c'est-à-dire de 25 0/0 nets.

(2) Le nombre minimum d'enfants admis à bénéficier de ce tarif est de 10 sur l'Etat et l'Orléans, de 12 sur le P.-L.-M. Sur les trois réseaux, les enfants de 3 à 7 ans comptent pour un enfant.

Le réseau de l'Etat donne, depuis cette année, une concession considérable, avec le retour individuel des enfants sous certaines conditions indispensables de contrôle,

(3) L'Orléans demande un parcours minimum de 50 kilomètres; le P.-L.-M., de 30 kilomètres; l'Etat ne prévoit pas de minimum de parcours.

(4) Sur les trois réseaux, les surveillants sont admis aux mêmes avantages que les enfants, à raison de 1 pour 10 enfants sur l'Etat et l'Orléans, et sans limitation de nombre sur le P.-L.-M.

En plus, l'Etat accorde un voyage gratuit pour préparer la colonie.

(5) Sur les trois réseaux, la validité des billets est de deux mois.

(6) L'Etat et l Orléans autorisent tous les trains. Le P.-L.-M. demande un supplément pour les express.

Ce tarif diffère seulement dans les détails dans les trois grands réseaux de l'Etat, d'Orléans et du P.-L.-M. Il présente l'avantage d'être applicable à une étendue considérable du territoire, comprenant la plus grande partie des côtes et des montagnes de notre pays.

Les enfants qui se rendent sur les bords de la Manche, de l'Océan ou de la Méditerrannée, dans les Alpes, le Jura, le Plateau Central ou dans les plaines du bassin de la Loire, en bénéficient.

Mais, si la majorité des œuvres de Colonies de vacances se rendent dans ces régions, un nombre fort important de jeunes enfants est aussi envoyé dans le Nord, l'Est et le Midi.

Un tarif applicable aux Colonies de grand air, et s'inspirant des raisons commerciales et des raisons nationales que j'ai exposées plus haut, ne saurait tarder à y être élaboré, sur la base du quart de place.

La conséquence en sera l'augmentation immédiate du nombre des jeunes colons. Les Compagnies de chemins de fer développeront, par là, les forces vives du pays. Elles se doivent d'accomplir cette œuvre nationale et de collaborer avec les associations de Colonies de vacances, à la protection de l'enfance, et à l'amélioration de la race française.

*
* *

DISCUSSION des rapports de MM. **Joel Gradel** et **Bourreille**

Dr Boureille. — Il est vraiment anormal que les 2/3 des Compagnies de France accordent 75 % de réduction, alors que d'autres n'accordent que 50 ou 66 et même d'autres rien du tout.

M. Renard. — Les chemins de fer de l'Ouest avant que ce ne soit l'Ouest-Etat accordaient la réduction de 50 % aux personnes de la commission qui voulaient visiter les enfants. Cette année, ni le P.-L.-M., ni l'Etat ne veulent accorder demi-place aux membres de la commission. Nous avons donc absolument perdu cette réduction.

— L'Etat a donné à certaines Sociétés, le passage gratuit pour 10 enfants et pour un surveillant.

Mme Savy lit une lettre adressée au maire de Sèvres par l'Administration des chemins de fer de l'État, accordant le passage gratuit d'un surveillant.

M. Neau. — De 1879 à 1885, les Colonies scolaires des Caisses des Ecoles de Paris ont voyagé de Paris aux Sables-d'Olonne avec réduction de 90 %. Cette faveur a été supprimée lorsque les Colonies sont devenues plus nombreuses et je ne sais pas s'il ne serait pas possible de retrouver cette faveur en faisant concorder tous les efforts qui ont lieu en ce moment pour les voyages réduits. Il y aurait lieu de faire un appel à toutes les personnes ayant une influence sur l'Etat pour que pareille situation soit régularisée. Une chose plus surprenante encore: la ville de Nantes fait voyager ses enfants gratuitement tous les jours.

On pourrait peut-être obtenir une réduction générale qui donnerait satisfaction à toutes les œuvres qui s'occupent des Colonies de Vacances et d'Œuvres de plein Air.

M. Goué (de Châteauroux). — Je tiens à rendre ici un hommage public à la Compagnie d'Orléans, et à la gracieuseté de ses employés. Ainsi, je dirige un Colonie qui fait le voyage de Châteauroux à Carnac. Eh bien, la Compagnie nous accorde 75 % de réduction, ce qui n'est pas mal. Il y a des Compagnies qui se montrent récalcitrantes, mais je crois nécessaire de signaler la bonne volonté de la Compagnie d'Orléans.

Je demanderais donc qu'on ajoute aux vœux que le Congrès va émettre, la gratuité pour les bagages. En effet, les enfants sont obligés d'emporter un petit trousseau dans leur valise, nous payons les tarifs de grande vitesse, et nous dépensons environ 300 francs de bagages chaque année. *(Tumulte.)* Je le répète, je paie environ 300 à 360 francs par an, uniquement pour les bagages indispensables, que les enfants sont obligés d'emporter.

Je demande donc que le Congrès émette le vœu que la gratuité pour les bagages soit accordée.

M. l'Abbé X... — J'ai quelquefois 2.000 kgs de bagages, et je ne paye que deux ou trois sous, départ Paris, gare d'Austerlitz, jusqu'à Vic-sur-Cère.

M. l'Abbé Mainguet. — Nous voyageons également sur l'Orléans. Cette année encore, il nous a fallu emmener des lits, et nous avons payé 186 francs de supplément de bagages, rien que pour les lits, en petite vitesse.

Je demande que les Compagnies de chemins de fer veuillent bein accorder le tarif de petite vitesse, tout en emmenant les bagages dans les trains de voyageurs, qui emmènent les enfants.

M. Albisson. — L'année dernière et cette année-ci, l'Œuvre dont je fais partie a dû payer, sur la Compagnie P.-L.-M., 1/4 de place, avec augmentation d'un supplément pour les express, ce tarif me paraît absolument illégal.

J'émets donc le vœu que le Congrès veuille bien appuyer de son autorité, la demande que je fais : que la Compagnie P.-L.-M. veuille bien nous accorder les tarifs des autres Compagnies, car ce tarif supplémentaire arrive à faire encore une certaine somme, lorsque le nombre des enfants est assez élevé.

COLONIES DE VACANCES. — *Enfants à la Montagne.*

COLONIES DE VACANCES. — *Enfants à la Montagne.*

M. Maurin (de Bordeaux). — J'ai entendu dire tout à l'heure que pour le transport des enfants, on avait droit à un surveillant voyageant gratuitement, pour accompagner une dizaine d'enfants, c'est une erreur, nous avons droit à un serveillant au même tarif que les enfants, mais non gratuitement.

M. l'Abbé Legendre. — Il y a certaines grandes villes qui ont une banlieue très étendue, qui souvent même va jusqu'à la mer. Or, ces banlieues jouissent d'un privilège au point de vue des prix des chemins de fer. Tous les voyageurs, quels qu'ils soient, ont un tarif réduit pour aller, par exemple, de Bordeaux à Arcachon. Or, voici ce qui s'est passé : Une année, j'ai demandé à la Compagnie une réduction pour ma Colonie de Vacances, et la Compagnie m'a fait le plaisir de me signaler que si je suivais la côte, je paierai plus cher encore que les voyageurs ordinaires, parce qu'ils avaient un tarif réduit, et que la Compagnie calculerait la réduction qu'elle voulait m'offrir, sur le tarif plein Je demanderais donc au Congrès de vouloir bien prévoir ce cas des banlieues privilégiées et demander que le tarif réduit soit accordé sur le tarif déjà réduit.

M. Engel (d'Oran). — Il y a une question qui nous intéresse spécialement : c'est la question des transports maritimes. En effet, nous payons par enfant 14 francs, aller et retour, et les frais totaux nous reviennent environ à 70 francs. Il serait donc très intéressant qu'ainsi qu'on le fait par exception à Alger, nous ayons, d'une façon définitive, droit à la gratuité du transport de Marseille à Oran, et d'Oran à Marseille.

Un Congressiste. — Je demande la permission de présenter une considération spéciale à l'appui du vœu du Docteur Bourreille, au sujet de l'assimilation des Œuvres d'adultes aux Colonies scolaires, j'y vois en effet une indication sociale très précieuse, mais malheureusement la réalisation de ce projet est encore bien lointaine : si les vacances sont nécessaires aux enfants, si elles sont bonnes pour les favorisés du sort, elles sont tout au moins aussi nécessaires et devraient être connues des familles ouvrières, dont la vie est faite de labeur, de privations et de souffrances.

Dr Monod. — La question qu'on vient de traiter est très étendue, et une foule de vœux séparés ont été émis. M. Gradel demande que ses conclusions, à lui, soient publiées, et distribuées à tous les sénateurs et députés, mais il me semble qu'il serait nécessaire de nommer une sous-commission qui mette tout au point. Il faudrait aussi donner la plus large publictié possible à la chose, et il serait nécessaire, en effet, d'atteindre les sénateurs et les députés, pour tâcher d'obtenir des tarifs à peu près communs à toutes les Œuvres.

Mme Benoist. — Etant donné que dans mon Œuvre des Mères, les mères partent avec l'enfant, au moment où ce dernier est malade, elles sont obligées de voyager seules. Je demande donc au Congrès de vouloir bien demander à la Compagnie P.-L.-M., d'accorder aux mères voyageant ainsi isolément, la réduction de 75 % qu'elle accorde aux enfants voyageant en groupes.

M. Gillard (de Toulouse). — Je voudrais appeler l'attention du Congrès sur une question que vient de soulever à l'instant M. le Dr Monod, et qui me paraît soulever aussi le vœu de Mme Benoist. Pour ma part, je viens d'apprendre des choses très intéressantes sur les heureuses *Colonies de Vacances* privilégiées. J'ai appris que certains réseaux faisaient des concessions magnifiques, et cependant vous vous plaignez de n'avoir pas assez. C'est très bien, mais je vous demanderai d'apporter une certaine méthode dans le travail, et de songer aux autres Réseaux qu'on n'a pas nommés, et qui nous traitent d'une façon abominable.

Si l'on commence par demander des réductions à l'Etat ou au P.-L.-M., de concessions à la Compagnie d'Orléans, quand viendra le Réseau du Midi? Nous avons quelque chose comme 50 Œuvres dans le Midi ; je ne connais pas exactement le nombre d'enfants qu'elles envoient en vacances, mais tout ce que je sais c'est qu'elles sont traitées comme des galériens. Pour la question de transport, nous avons demandé, il y a quelque temps, environ deux mois, de nouvelles réductions. On nous a répondu qu'aucune concession ne pouvait être faite, que c'était un principe absolu, et qu'on s'en tenait à la réduction de 50 % en abrégeant seulement le délai de demande qui était de trois semaines.

De plus, on nous impose les trains les plus abominables et les plus lents. Il nous arrive d'être obligés de faire partir les enfants à quatre ou cinq heures du matin, et le train n'arrive qu'à trois heures de l'après-midi. Nous sommes obligés de rester dans des gares deux ou trois heures, et forcés de voyager dans des wagons qui ne sont pas à couloirs.

Quant au Surveillant, il circule avec les enfants à l'aller et au retour, mais après (je suis le Secrétaire général, et je suis chargé de l'inspection des enfants, je suis donc très bien placé pour le savoir), je voyage comme un simple particulier et, par conséquent, tous les surveillants voyagent comme des simples particuliers. Quand il faut, ce qui est fréquent, que j'aille d'un endroit à l'autre, je suis souvent obligé de payer parce que je n'ai pas le droit de circulation dans tel ou tel train, ce qui fait que par correspondance ou téléphone je me rends compte qu'un enfant s'est cassé le bras, ou qu'il a une fièvre, et qu'il faut le soigner.

Je demande qu'il y ait une méthode de travail qui soit par le Congrès proposée à la Commission des Transports et dont voici le principe : commencer par demander à tous les Réseaux, à peu près la même chose, et sans se préoccuper tout d'abord des détails, c'est-à-dire aller au plus pressé.

J'appelle encore une fois l'attention du Congrès sur ces malheureux méridionaux qui sont très mal traités par le Midi.

L'Administration des Contributions Indirectes rivalisant avec la Compagnie des chemins de fer du Midi, pour le zèle, frappe d'un droit de circulation, les enfants des Colonies de Vacances qui circulent en voitures pour se rendre à domicile, et alors comme les voituriers paient des quittances, c'est notre caisse qui doit payer les voituriers. Il y a là un abus. Je demande qu'il plaise au Congrès de vouloir bien approuver ce vœu :

Le Congrès des Colonies de Vacances :

Considérant les frais de transport déjà fort élevés que supportent le budget des différentes Œuvres,

Considérant l'exigence des Contributions Indirectes qui imposent un droit de circulation de 15 centimes par enfant,

Emet le vœu :

« *Que le transport des pupilles de Colonies de Vacances soit exonéré de tout impôt.* »

M. l'Abbé Legendre. — La question des Contributions Indirectes ou Directes va certainement revenir pendant le cours de ce Congrès. Je tiens à dire non seulement que les Contributions Indirectes mettent souvent nos budgets à l'épreuve, mais aussi que les Contributions Directes nous font payer une patente.

M. Gradel. — Le Congrès de Saint-Quentin a émis beaucoup de vœux, et bien entendu, parmi ces vœux, il y en avait pour le transport.

Nous avons été voir le Directeur que la Compagnie de l'Est : après une discussion très courtoise et très gentille, de part et d'autre, il n'a pas voulu s'engager, mais il a promis le voyage gratuit pour les surveillants.

Il nous a été donné, et dans les conditions suivantes: nous avions demandé des wagons à couloirs, les œuvres qui sont obligées de prendre plusieurs lignes ne sont pas certaines, puisqu'on ne leur permet pas toujours des wagons à couloirs, de ne pas se trouver en face de wagons à cloisons, de telle sorte qu'il faudrait emmener plusieurs surveillants pour pouvoir les mettre dans ces wagons à cloisons. Or cette considération avait amené le Directeur de la Compagnie du Nord à nous donner le parcours gratuit pour les surveillants. L'année dernière cette faveur nous a été accordée. Cette année, elle nous a été refusée.

Le 7 juillet 1909, toujours sur l'initiative de la Fédération Nord et de l'Est, une délégation qui était composée de M. Louis Comte et de moi-même, demandait le quart de place pour tous les réseaux où on ne l'a pas.

Nous avons aussi fait une démarche auprès de M. Chéron, Sous-Secrétaire, et de M. Charrier. Ces Messieurs ont encore fait des promesses très bienveillantes pour que les Œuvres n'ayant pas le quart de place l'obtiennent.

Je rappelle le vœu qui termine mon rapport.

M. l'Abbé Lebourque. — Il y a deux sortes de Colonies de Vacances : celles qui envoient des enfants à la campagne, à la montagne, ou à la mer pendant les mois d'août et de septembre, et celles qui envoient des enfants pour huit jours seulement aux Vacances de Pâques. Nous envoyions à ce moment 35 à 40 enfants. Sous prétexte que ce n'était pas l'époque des vacances proprement dite, on nous a refusé la réduction de 75 %. Je dépose donc le vœu suivant :

Que les mêmes réductions pour le transport des enfants soient accordées aux vacances de Pâques comme aux vacances des mois d'août et de septembre.

Il me semble que cette idée est intéressante et peut être généralisée.

M. Parent. — Cette année je dirigeais une Colonie de Vacances, et quand nous nous sommes présentés pour enregistrer nos bagages, la veille du départ, à la gare de Lyon, on nous l'a formellement interdit. Nous avons été obligés de remettre au lendemain l'enregistrement des bagages à une heure très matinale : 7 heures 10, et nous avons été obligés de débourser environ 3 francs ; cette somme est minime, je le veux bien, mais je désire simplement émettre le vœu :

Que les Compagnies de chemins de fer veuillent bien en général autoriser l'embarquement des bagages au plus tard la veille, si elles ne veulent pas accepter deux ou trois jours à l'avance.

Egalement à propos de la Compagnie P.-L.-M. je suis un peu mal venu. Il y a des Compagnies qui accordent 75 % de réduction pour les transports des enfants en Colonies de Vacances, mais pour voyager par des trains express, elles augmentent ce quart de place. Je voudrais donc émettre le vœu qu'il n'y ait pas d'augmentation de tarif pour les trains express.

M. le Dr Bourreille. — Je veux simplement dire un petit mot sur quelques points :

Il y a des choses fantastiques dans la Compagnie de l'Ouest, et ce n'est pas seulement dans les wagons qu'on peut le constater, mais aussi dans les tarifs. Tout n'est pas encore fait dans l'homologation des tarifs entre l'Ancien Etat et le Réseau de l'Ouest racheté. On a demandé deux ans et c'est pourquoi il y a certaines erreurs de commises : dans certains cas la gratuité est accordée au surveillant, et dans certains autres, elle ne l'est pas. Je crois qu'il n'y a qu'une chose à faire, c'est d'attendre que les deux ans soient révolus, c'est-à-dire attendre le 31 décembre prochain. Espérons qu'à ce moment-là les différences n'existeront plus.

A un autre point de vue qui concerne les 30 kilogs de bagages, je puis dire que les personnes qui ont payé pour les bagages ont été volées ; chaque enfant a droit à 30 kilogs sur n'importe quel réseau, je crois même que la Compagnie du Midi accorde 30 kilogs, et si la Compagnie du Midi accorde 30 kilogs, il est certain que les autres Compagnies l'accorderont. Le troisième point concerne la gratuité à demander, ou une très forte réduction. On a dit que certains réseaux accordaient la gratuité ; je vais peut-être vous dire une chose qui vous paraîtra fantastique :

Je ne crois pas qu'il serait convenable de demander plus de 75 % de réduction ; cette réduction est honnête, c'est celle que l'on accorde aux militaires, c'est-à-dire la plus forte, et je crois qu'elle est suffisante, et, Messieurs, nous devons songer quelquefois aux actionnaires des Compagnies car si les actionnaires des Compagnies n'existaient pas, nous n'aurions rien du tout parce que les Chemins de fer n'existeraient pas.

J'envisage qu'il n'y a qu'un seul réseau de racheté : l'Ouest, et qu'il y en a encore cinq non rachetés ; ces cinq réseaux appartiennent à des particuliers qui se nomment des actionnaires, et nous n'avons pas le droit de dire à ces réseaux : transportez-nous pour rien, car alors il serait aussi logique de demander aux hôteliers qui nourrissent des enfants de les nourrir pour rien ; nous pourrions dire aussi aux gens qui habillent des enfants : il faut les vêtir pour rien.

Si on veut adopter ces théories, cela nous mène bien loin, c'est possible; mais je crois que nous ne réunirons pas l'unanimité sur ce chapitre-là. Je pense donc qu'il vaut mieux demander une réduction raisonnable et non la gratuité.

Je crois que les Compagnies ont beaucoup fait à ce point de vue et qu'il serait raisonnable de ne pas être trop exigeants.

Vœux relatifs aux Transports

Vœux proposés par la Sous-Commission d'étude nommée à la Première Séance du Congrès.

Le Congrès,

Considérant que la plus grande variété existe dans les conditions et les tarifs appliqués par les diverses Compagnies de chemin de fer aux colonies de vacances ;

Considérant que certaines de ces conditions rendent très difficile et très onéreux l'envoi des jeunes colons ;

Considérant que l'unification de ces conditions est absolument indispensable et urgente ; qu'elle seule peut garantir le fonctionnement normal des colonies dans toutes les régions et assurer leur développement si nécessaire au progrès physique et moral de la race française ;

Considérant qu'il y a lieu de poursuivre cette unification par tous les moyens (à savoir : la propagande la plus énergique dans la presse et dans les conférences, des démarches auprès des Pouvoirs exécutif et législatif, etc.) ;

Emet le vœu :

Que toutes les Compagnies de chemin de fer français veuil-

lent bien faire homologuer un tarif commun G. V. n° 8 contenant les dispositions et la réduction insérées dans le tarif actuel G. V. n° 8 de la Compagnie la plus favorisante,

Et donne mission à sa commission exécutive permanente de poursuivre, par tous les moyens, la mise à exécution de ce vœu.

Vœux spéciaux.

Que le transport (y compris la nourriture aller et retour) entre l'Algérie et la France, pour les enfants envoyés en France par les Œuvres de Colonies de vacances Algériennes, soit gratuit ou très peu onéreux, comme actuellement le fait se produit pour le département d'Alger. (M. Engel et Mme Gavault.)

Que les Compagnies de navigation accordent la gratuité ou le 1/4 de place pour les transports, à l'aller et au retour des petits colons et de leurs surveillants. (Dr Calvet.)

Que les formalités de la délivrance des billets collectifs soient simplifiées et que notamment en août, au moment des départs de toutes les Colonies de vacances, ces billets soient délivrés à un bureau spécial, et non aux guichets ouverts au public, ou aux bureaux de renseignements trop encombrés à cette époque. (MM. Cantrelle et Coudurier.)

Le Congrès,

Considérant les frais de transport déjà fort élevés que supportent les budgets des différentes œuvres,

Considérant les exigences manifestées par l'Administration des Contributions Indirectes, qui impose un droit de circulation de 0 fr. 15 par enfant,

Emet le vœu :

Que le transport des pupilles des Colonies de vacances soit exonéré de tout impôt. (M. Gillard.)

Que le quart de place en chemin de fer soit réservé, comme aux militaires, aux enfants des sociétés, sans limite de nombre et que le même tarif soit accordé aux délégués, chargés des excursions, sur présentation de leur carte d'identité.

(M. Lallemand.)

Le Congrès,

Considérant que de nombreuses colonies sont obligées d'emporter avec elles le matériel nécessaire, et qu'elles sont amenées à payer des excédents de bagages, parfois trop élevés.

Emet le vœu : que les Compagnies de chemin de fer étudient avec bienveillance la possibilité d'accorder, pour le transport des bagages en excédent, la réduction de 75 %, qu'elles accordent déjà aux colons. (Abbé Mainguet.)

Que les Compagnies veuillent bien autoriser l'enregistrement des bagages la veille du départ et que l'augmentation du 1/4 sur le tarif réduit accordé aux colonies soit appliqué uniquement pour les trains dans lesquels les voyageurs de 3e classe ne sont admis qu'avec un droit supplémentaire.

(M. Parent.)

Que l'organisateur puisse aller et venir avec le permis gratuit ou réduit ,pour visiter les enfants, les ramener au besoin en cas de maladie à l'aide de billets individuels, afin de ne pas payer deux fois le voyage du même enfant. (Mme Savy.)

Que les Compagnies remettent aux membres des Comités des Colonies des billets de 1/4 de place ou de 1/2 place au minimum pour aller visiter les colons. (M. Renard.)

Que les Compagnies de chemins de fer introduisent dans leurs tarifs spéciaux applicables au Colonies de vacances, une disposition relative aux surveillants dont le séjour sera inférieur à celui des jeunes colons, et qui sont obligés de

voyager isolément dans un seul sens, soit au retour, après avoir accompagné les enfants à l'aller, soit à l'aller, afin de rejoindre les colonies et d'accompagner les enfants au retour.
(M. Coudurier.)

Que les Compagnies de chemins de fer accordent les mêmes conditions aux colonies de vacances pendant toute l'année.
(Abbé Lebourque.)

Que les Compagnies de chemin de fer calculent les réductions accordées aux Colonies de vacances sur le tarif spécial des banlieues des grandes villes, et non sur le tarif général, lorsqu'une colonie se rend à un endroit compris dans ces banlieues.
(Abbé Legendre.)

Que les Compagnies de chemins de fer accordent aux femmes et enfants de l'Œuvre des Mères, partant isolément, la réduction de 75 % qu'elles accordent aux enfants voyageant en groupe.
(Mme Benoist.)

Le Congrès,

Etant donné le grand intérêt social qui s'attache à la formation et au développement d'Œuvres de vacances populaires;

Etant donnée l'importance croissante du nombre de voyageurs participant aux départs organisés par ces Œuvres ;

Vu les avantages considérables accordés par les Compagnies de chemin de fer à des groupements dont le cractère, sportif ou autre, est loin d'avoir le même mérite que celui des Œuvres de vacances populaires :

Vu les encouragements prodigués aux Œuvres de vacances par les pouvoirs publics,

Emet le vœu :

Que les Compagnies de transports en chemin de fer insè-

rent dans leur tarif, G. V. 8, à la suite des groupements ci-dessus désignés les Œuvres de vacances et d'excursions populaires pour que ces Œuvres participent de droit à la réduction sur tout transport en corps.

Et charge le Comité d'organisation du Congrès de faire une démarche en ce sens auprès du Ministre des Travaux publics, pour arriver le plus rapidement possible, et dans l'intérêt général, à la solution de cette question d'une importance capitale pour le développement des Œuvres de vacances.

(M. Violletto.)

— IV —

HIVERNAGE DES ENFANTS

Dr Madeuf, rapporteur :

A Bordeaux, en avril 1906, le Congrès des Colonies de vacances avait, sur ma proposition, émis le vœu suivant :

« *Le Congrès, considérant que 80 enfants d'Algérie sont venus passer l'été dernier en France, émet le vœu que les sociétés des Colonies scolaires mettent à l'étude un projet de Colonies d'hivernage en Algérie.* »

Sur cette invitation, la propagande a continué.

Par exemple, : dans des conférences publiques qu'il fit en 1908 à Paris, sous la présidence de M. Colin, député d'Alger, M. F. Gibon, votre trésorier-adjoint, publiait les moyens très pratiques ci-dessous, de réaliser l'*hivernage des enfants* dans la France d'Outre-Méditerranée :

1° Des instituteurs d'Algérie et de Tunisie reçoivent en placement familial, des enfants dont ils continuent l'éducation (on ne peut pas faire de placement familial chez les indigènes ni chez les grands colons).

2° Des institutions dans la banlieue d'Alger reçoivent des groupes d'enfants qui peuvent suivre leurs études, même l'enseignement supérieur, puisqu'il y a des Facultés à Alger.

3° Les voyages peuvent être réglés d'une façon très économique (une trentaine de francs par enfant de Paris à Alger) . . . .

Moi-même, j'ai traité à ces conférences et dans d'autres, la question du transport maritime des enfants qui peuvent éviter le *mal de mer.*

Il faut croire qu'il y a plus loin de France en Algérie que d'Algérie en France, car si les œuvres algérienne, oranaise, etc., envoient maintenant plusieurs centaines d'enfants passer l'été dans nos montagnes, peu de petits Parisiens vont encore passer l'hiver en Algérie. C'est qu'il y a la *mer à traverser* . . . la mer, terreur irraisonnée des mamans !

Mais la quantité des amateurs est considérable quand il s'agit d'aller seulement à Nice : un certain nombre des adhérents à ce Congrès (œuvres particulières ou municipales) ont pu voir par eux-mêmes l'hiver dernier le succès de l'hivernage auprès de la population de Paris et de la banlieue, puisque nous avons groupé un total de 438 enfants qui ont fait un séjour de cinq semaines ou deux mois à la *Côte d'Azur.*

Ces enfants ont été fournis par des œuvres de vacances, car l'hivernage est le complément des Colonies de vacances.

DIFFICULTES DE L'HIVERNAGE POUR LES ŒUVRES SCOLAIRES

Les colonies scolaires ayant lieu pendant les vacances peuvent prendre tous les enfants ; elles ne font exception, malheureusement obligatoire, que contre les malades (pour éviter la contagion).

Mais l'hivernage ayant lieu au moment des classes, le recrutement est plus difficile, car les parents ne permettraient pas à leurs enfants en bonne santé d'interrompre leurs études sous prétexte d'aller passer de bons moments au soleil du midi. Il n'en est plus de même lorsqu'un enfant relève de maladie : bronchite, grippe, rhumatismes, entérite, etc.

S'il est obligé de passer sa convalescence dans un petit appartement, voire dans un taudis, cet enfant ne pourra pas se rétablir facilement, ni vite.

Il faudrait qu'il puisse, comme le riche, prendre le train, et aller dans ce beau pays du soleil rester toute la journée en plein air. Ce qu'on ne peut faire à Paris en hiver, même si on est fortuné.

C'est toujours possible par l'Œuvre d'hivernage qui a des départs collectifs successifs : en novembre, décembre, janvier, février, ou mars, car les convalescences n'ont pas lieu au même moment.

Mais une œuvre seule n'est pas assez importante pour pouvoir fournir tous les mois, au moins, un nombre suffisant d'enfants ayant droit au voyage collectif à prix réduit. Une autre difficulté : c'est que les colonies scolaires, qui disposent de beaucoup de personnes au moment des vacances d'été, ne pourraient pas aussi facilement avoir les mêmes concours pendant l'année scolaire.

Il faut donc que l'Œuvre d'hivernage soit surtout une œuvre de groupage ; chaque œuvre ou personne ayant un enfant convalescent le fait inscrire pour le plus prochain départ, bénéficiant de tous les avantages du transport en commun, que connaissent toutes les Colonies de vacances.

Arrivé dans le Midi, chaque enfant peut reprendre sa liberté et rejoindre le groupe duquel il fait partie, suivant sa situation de fortune ; il peut aussi être placé directement par l'Œuvre.

Actuellement, toutes les œuvres françaises envoient à peine 75.000 enfants en colonies de vacances sur dix millions de petits Français, c'est-à-dire moins d'un centième, — et beaucoup plus en auraient besoin ; — or, autant auraient besoin de l'hivernage.

Et cet hivernage est réalisable pour toutes les œuvres.

L'Œuvre d'hivernage a des correspondants sûrs pour celles qui n'ont pas de relations personnelles. Ces correspondants se sont signalés par leur zèle et leur dévouement.

Certains ont pris à leur charge, sans un sou d'indemnité, pendant deux mois, des enfants que nous leur avions adressés ; en même temps, ils surveillaient les groupes d'enfants de la région, comme s'ils avaient été les directeurs ou les administrateurs de toute la Colonie. Les familles peuvent donc avoir confiance dans le placement par l'Œuvre d'hivernage.

Pour les enfants pauvres, il y a des pensions de famille ou des institutions répondant à la dépense que l'on peut faire pour eux ; s'il s'agit d'enfants de familles aisées ou riches, il y a des dispositions spéciales leur permettant d'être comme chez eux, soit placés isolément dans une famille si les parents le préfèrent, soit dans de petites pensions avec les enfants de leur conditions.

Tous peuvent continuer leur instruction et leur éducation dans leur manière habituelle.

Grâce à l'hivernage, la Côte d'Azur sera peuplée d'un grand nombre d'écoles ou d'institutions destinées à recevoir les enfants convalescents ou chétifs et non seulement de France, mais aussi de l'étranger.

Car, nul doute que les œuvres scolaires de l'étranger ne cherchent à bénéficier de toute l'organisation de notre hivernage.

BUT DE L'ŒUVRE D'HIVERNAGE

L'Œuvre d'hivernage a pour but de procurer, pendant l'hiver, un peu de soleil, source de vie, aux enfants délicats.

Combien de pauvres petits ne peuvent supporter l'hiver rigoureux, et combien de parents regrettent de ne pouvoir emmener leurs enfants au beau soleil de la Côte d'Azur. Ce rêve, que beaucoup de familles ne peuvent réaliser, est accompli par l'Œuvre d'hivernage.

Les enfants chétifs, pâlots, convalescents, peuvent aller se refaire des couleurs et prendre des forces au beau soleil du Midi, c'est maintenant possible à tous, même de condition modeste.

Envoyer des enfants de familles pauvres, ou même aisées, faire un hivernage, c'est leur rendre rapidement la santé, c'est transformer les faibles en enfants forts, c'est augmenter la richesse nationale, c'est même assurer notre propre santé, en nous donnant pour voisins, à la maison, dans la rue, des bien portants au lieu de tuberculeux.

Nous avons été les promoteurs de la propagande en Algérie pour l'envoi d'enfants à la montagne en France, et actuellement plus de 300 enfants bénéficient de cette Œuvre. Il faut absolument renverser le problème : il faut que les enfants souffreteux, chétifs, pâles, étiolés, qu'on appelle les *refroidis*, viennent se réchauffer au beau soleil de l'Algérie ou du Midi.

Répétons-le : *Donner l'air et le soleil à l'enfant chétif qui en a le plus besoin à l'époque de l'année où ils sont le plus rares et cependant le plus nécessaires, voilà le but de l'Œuvre d'hivernage.*

L'*air pur* n'est donné qu'avec le soleil ; mais comme le soleil nous quitte pendant la mauvaise saison, il arrive qu'en hiver, dans la plupart des écoles et des familles (même riches) on lésine sur l'aération : soit par pauvreté du logement exigu, soit par économie de chauffage, soit par crainte exagérée des refroidissements et des courants d'air.

D'ailleurs, donner de l'air, c'est le but *principal* de toutes les Colonies de vacances. Elles sont charitables pour les familles pauvres et nombreuses, elles enlèvent les enfants en vacances à la mauvaise école de la rue. Mais elles ont d'abord pour but la *santé physique* qu'elles obtiennent par la bonne *nourriture* saine, le bon *repos* et surtout par la *bonne respiration :* le bon air, l'air pur, le bol d'air, le rayon de soleil : voilà le principe de toutes les œuvres. En hiver, c'est le soleil qu'il faut donner.

LE SOLEIL, C'EST LA SANTE POUR TOUS

On ne parle pas ici en bactériologistes, du *soleil-lumière*, grand microbicide, le meilleur des antiseptiques et des toniques (ce qui a cependant son importance), nous voulons parler surtout du *soleil calorifère*, celui qui décide quelquesfois instituteurs, mamans ou nourrices, à ouvrir la fenêtre.

L'hivernage est d'ailleurs un besoin inné de tous temps, l'homme et les animaux ont recherché la chaleur pendant l'hiver, et l'ont fui pendant l'été ; voyez les animaux et oiseaux migrateurs, les riches qui vont passer l'hiver à la Côte d'Azur.

En Algérie, on voit encore les Arabes gagner les hauts-plateaux pendant l'été, et le Sahara pendant l'hiver. Chez nous, les riches réalisent ce problème, qu'ils soient convalescents ou malades, ou uniquement par plaisir.

L'homme fatigué à besoin du plein air et du soleil, et il serait logique, dans l'intérêt même du pays, que les enfants, les adultes puissent aller passer leur convalescence au bon soleil du Midi.

ENFANTS QUI DOIVENT BENEFICIER DE L'HIVERNAGE

Ce sont d'abord les enfants chétifs, qui, au lieu de rester faire leurs études dans les collèges du Nord, pourraient aller dans le Midi. Il est à souhaiter aussi que des pensions s'y créent, au bord de la mer, car bientôt les écoles et les pensions qui existent, seront insuffisantes.

Mais où l'Œvre d'hivernage rend de grands services, c'est quand elle prend l'enfant au lendemain d'une maladie, et le transporte en quelques heures au grand soleil. A Paris il ne se rétablirait pas, mais encore deviendrait facilement tuberculeux et sémerait la tuberculose tout autour de lui.

C'est le cas de dire qu'en matière d'hygiène, chacun est solidaire de son voisin. De même qu'en hygiène on obtient le concours d'un grand nombre de personnes en leur faisant peur avec la tuberculose des autres. de même, nous espérons nous servir de tous les mobiles qui peuvent déterminer les gens à s'occuper de l'Œuvre d'hivernage, intérêt du pays, santé des enfants, intérêt des personnes chez lesquelles les enfants sont placés, danger que font courir les enfants prétuberculeux aux petits camarades, dans les jardins publics, les écoles des grandes villes, etc.

En résumé, l'hivernage serait certainement utile à tous, mais il n'est indispensable et possible pour les enfants maladifs, souffreteux, anémiés, prétuberculeux et convalescents, de toutes les classes : aisées ou pauvres.

Pas plus qu'aux Colonies de vaçances, il ne s'agit d'emmener en hivernage des enfants malades, dangereux à tous les points de vue, mais que les médecins se souviennent seulement des Colonies d'hivernage quand, dans la saison froide, ils penseront d'un enfant :

« *Il lui faudrait du soleil, de l'air.* Si les parents avaient les moyens ou s'ils n'étaient pas si tenus par les affaires, le bureau, l'atelier, je leur dirais de l'envoyer à Nice ou à Pau. »

Après avoir expliqué au père que l'enfant peut se fortifier à la Côte d'Azur sans coûter plus cher qu'à la maison, et que son transport à Nice coûtera moins qu'un transport familial de Paris à Versailles, il faudra rassurer la maman ; l'enfant hivernant n'est pas perdu, une lettre, un télégramme, un coup de téléphone viennent plus vite de Nice à Paris que d'un village de Seine-et-Oise.

AVANTAGES DE L'HIVERNAGE POUR LES AUTRES ŒUVRES DE VACANCES

Les œuvres qui ne seront jamais assez importantes pour faire des départs réguliers de convalescents, peuvent bénéficier du groupage de l'Œuvre d'hivernage actuelle, et donner ainsi à tous leurs adhérents le bénéfice du séjour dans le Midi, dans des conditions exceptionnelles, avec le minimum de frais, et le maximum de garanties.

Dès à présent, il faut que les œuvres fassent savoir à leurs adhérents qu'ils peuvent envoyer leurs enfants convalescents ou chétifs, dans le Midi, que l'Œuvre d'hivernage les groupe, les transporte dans les meilleures conditions, et les place de même.

« *La montagne et la mer sont à tous* », a dit M. Comte, Nous ajoutons : « *Le soleil luit pour tous*, il faut qu'il continue à chauffer pour tout le monde, *même en hiver.* »

TRANSPORT DES ENFANTS

Comme dans la plupart des œuvres, les enfants sont transportés par groupes dans des wagons réservés avec leurs accompagnateurs (dont un médecin), ce qui les fait voyager dans les meilleures conditions de confortable, d'agrément et de sécurité.

Inutile d'expliquer à des œuvres de vacances l'économie des voyages collectifs (qui est leur principe même), ni de détailler la dépense énorme que nécessite l'envoi *particulier* d'un enfant aussi loin (doubles voyages d'accompagnateur à plein tarif, etc...). L'Œuvre ne paie pour le transport d'un enfant aller et retour à la Côte d'Azur, qu'une trentaine de francs.

Notre groupage permet de nombreux voyages collectifs à prix

réduits, l'accompagnement par des personnes habituées, la réception par des personnes très dévouées qui placent et surveillent les enfants.

Le voyage est agréable aux enfants. Les organisateurs des Colonies de vacances en connaissent seuls les inconvénients. Pourtant l'expérience nous a montré que le long voyage Paris-Nice n'est pas aussi difficile que peuvent le craindre ceux qui ont conduit des wagons d'enfants à quelques heures seulement de Paris.

Après les ennuis de l'embarquement et la turbulence des premiers kilomètres, le calme vient vite. En partant à midi de Paris, les enfants ont tout le soir le spectacle du voyage dans les wagons à couloirs, et c'est un plaisir pour tous. On mange à Dijon.

Puis, la nuit vient interrompre la fatigue du spectacle. Les enfants s'endorment... et se réveillent à Marseille, où un déjeuner bien chaud est servi par diverses sociétés.

Enfin, la dernière partie du voyage qui devrait devenir fatigante est, au contraire, un enchantement continuel pour de petits Parisiens ; c'est la mer, la belle campagne d'oliviers, la verdure partout, ce sont les fleurs, c'est toute la Côte d'Azur.

Certes, le voyage est fatigant pour les grandes personnes, les surveillants... mais c'est si délicieux de voir toutes ces joies d'enfants extasiés, de les entendre s'appeler, se crier : « Ah viens donc voir ces fleurs ! » — Oh Monsieur, venez donc voir cette drôle de plante ! » — Oh, oh, viens donc voir des oranges plein un arbre ! », etc... que ce plaisir seul vaudrait le voyage.

J'insiste sur cette remarque faite sur plus de 400 enfants ayant fait Paris-Nice et retour, que le voyage les fatigue moins que nous ; ils ont un bon sommeil quand de grands voyageurs sont courbaturés, et nos petits Parisiens se promenaient alertement dès l'arrivée, dans les jardins ou sur la plage avec leurs parents nourriciers, ce pendant que leurs accompagnateurs étaient obligés d'aller se coucher.

PLACEMENTS D'HIVERNAGE

Tous les modes de placement ont été et seront employés : d'un côté l'internat dans des petites pensions, d'un autre côté le placement familial.

A l'heure actuelle on peut placer des enfants à 1 franc, 1 fr. 50 par jour et plus.

D'ailleurs, dans le cas de groupage d'enfants provenant d'autres œuvres, chacune de ces œuvres peut reprendre son autonomie à l'arrivée, si elle ne veut pas laisser l'hivernage placer les enfants suivant les meilleures adaptations philisophiques, sociales ou pécuniaires.

Il serait à désirer que chaque œuvre puisse avoir son placement propre, mais en ce qui concerne le voyage, il est probable qu'aucune autre œuvre ne pourra donner seule à dates périodiques fixes, un nombre suffisant d'enfants convalescents pour assurer leur transport dans les mêmes conditions d'économie et de sécurité que nous avons réalisées.

Les voyages deviendront plus fréquents et avec le concours des *Colonies d'hivernage*, des insuccès pédagogiques anciens pourront devenir des réussites prochaines.

Dans l'état actuel, le budget de la Colonie d'hivernage est analogue à celui d'une Colonie de vacances ordinaire, et (à part les frais de scolarité) une œuvre peut envoyer un enfant hiverner à la Côte d'Azur avec la même dépense que pour son envoi en villégiature d'été (moyenne de 1 fr. 50 par jour, tout compris, voyage, assurance, etc.).

Un de nos meilleurs adhérents va d'ailleurs créer une école de plein air sur la Côte d'Azur.

UTILITE GENERALE DE L'HIVERNAGE

L'Hivernage doit être connu de tous, car, tous peuvent en avoir besoin pour un parent, un ami ou même pour soi-même. C'est donc l'intérêt de M. Tout-le-Monde de faire le plus de propagande possible pour l'Œuvre d'Hivernage des enfants.

AIDONS AUSSI LES CLASSES MOYENNES

Une faute des Colonies scolaires c'est de ne s'occuper que des enfants pauvres ; (les très riches peuvent s'offrir en famille la montagne, la mer et la campagne, et la Côte d'Azur) alors que les travailleurs qui ne demanderaient rien aux œuvres, que de bénéficier simplement de leur organisation, s'en voient éliminés impitoyablement.

Il faut donc que les œuvres ouvrent davantage leurs portes et qu'elles n'hésitent pas à admettre ceux qui peuvent payer une partie des frais généraux : ceci leur permettra d'envoyer davantage d'enfants pauvres à la montagne.

Voilà pourquoi l'Œuvre des Enfants au Midi ne veut pas se *limiter* à la classe pauvre ; elle veut aussi permettre aux classes moyennes d'envoyer leurs enfants chétifs ou convalescents continuer leurs études dans le Midi, ou simplement, y passer leur convalescence.

SUCCES DE L'HIVERNAGE DES ENFANTS

Les enfants unissent les parents dans une famille, les Œuvres d'enfance devraient unir les citoyens sans distinction de parti, philosophie, politique, fortune.

Soyez utiles aux enfants ; ils ne connaissent pas encore la méchanceté, laquelle est souvent développée par la lutte pour la vie ; rendez leur la vie plus facile, et ils resteront meilleurs..

S'occuper des enfants, c'est travailler pour tous les citoyens et toute la société. C'est l'état d'esprit qui règne aux Colonies d'hivernage où arrivent de tous côté des adhésions : des communes, des syndicats, des œuvres... donnent aussi leur allocation. La question est donc lancée et le mouvement ne peut que s'accentuer, car on marche toujours derrière le succès.

Beaucoup d'enfants iront désormais au soleil d'hiver : le passé de l'Œuvre, sa ténacité, le succès qu'elle a obtenu grâce à ses collaborateurs et à ses moyens d'action l'assurent en effet du succès définitif.

L'INTERET DES PAYS D'HIVERNAGE

Ce serait pour les pays du Midi (Côte d'Azur, Algérie, Corse) une bonne affaire commerciale en même temps qu'une bonne action, que de développer l'hivernage des enfants.

Ils s'attireraient très vite les enfants des classes moyennes, et même les enfants riches, dont les parents ne peuvent voyager pour un motif quelconque.

Il y a dans les villes du Midi, toute une organisation à développer.

A notre avis, du moins, rien n'avait encore été tenté avec réussite pour l'enfant pendant l'hiver. Mais l'hivernage est lancé. Il va certainement se créer une quantité d'institutions, pensions, etc...

Souhaitons que ce soient d'abord des personnes dévouées aux œuvres qui créent des pensions, car elles ne cherchent pas seulement à gagner de l'argent, elles apporteront aussi des concours zélés et intelligents.

L'Algérie, la Tunisie ou la Corse, mieux connues gagneront de nouveaux colons dans nos jeunes voyageurs qui deviendront des propagateurs.

Les étrangers qui envahissent le Midi pendant l'hiver utiliseront notre organisation pour leurs enfants chétifs, et Nice et Cannes pourront devenir, si elles le veulent, des villes universitaires internationales comme l'est actuellement Lausanne, en Suisse. Puis les écoles de plein air devraient y fleurir.

L'ASSISTANCE PUBLIQUE DEVRAIT AUSSI ORGANISER UN HIVERNAGE

L'Assistance publique fait beaucoup pour la convalescence de ses malades, après le traitement d'hôpital ; elle les envoie au Vésinet ou à Vincennes au repos et surtout au bon air.

Pour les enfants, de même, elle a créé à Berck, au bord de la mer, un hôpital où elle entretient 1.200 petits malades.

Comment se fait-il que jusqu'à présent elle n'ait pas songé, pendant l'hiver, à envoyer ses malades (grands ou petits) passer leur convalescence dans le Midi ?

Les dépenses ne seraient pas plus grandes qu'à ses autres asiles, sauf les frais de voyage, mais comme la convalescence serait plus courte, il y aurait compensation ou meilleur résultat, car le séjour dans le Midi serait plus utile aux malades.

Souhaitons que M. Mesureur prenne cette généreuse initiative qui aurait l'approbation de tous.

LA PRESSE FRANÇAISE DOIT S'INTERESSER A L'HIVERNAGE

Il est difficile à une œuvre d'intervenir auprès de chaque rédaction et de l'intéresser à sa propagande particulière.

Pourtant, la presse française pourrait comprendre qu'à propos de l'hivernage des enfants, il s'agit d'une affaire nationale. Notre Côte d'Azur serait encore plus merveilleuse pour les petits que pour les grands.

Nos grands journaux, si lus à l'étranger, devraient faire connaître à leurs lecteurs que notre Côte d'Azur reçoit également les enfants de tous pays, qu'il va s'y créer des institutions universitaires pour toutes les conditions, même les plus riches.

Faire connaître l'Œvre d'hivernage, c'est rendre service aux enfants de tous pays, en même temps qu'aux habitants de la Côte d'Azur.

Il n'existe rien pour l'enfant pendant l'hiver, en Angleterre, en Allemagne, ni en Belgique, etc., car ces pays n'ont pas de climat d'hivernage.

L'Œuvre des enfants à la montagne pourra devenir l'œuvre des ouvriers à la campagne, de même que l'Œuvre d'hivernage pourra faire créer de très utiles installations pour la convalescence rapide des pauvres pendant l'hiver.

FAISONS DE LA PROPAGANDE POUR L'HIVERNAGE

Il faut, ainsi que le disait le Dr Lagelouze, de la publicité, encore de la publicité, toujours de la publicité, c'est-à-dire, de la propagande.

Il faut surtout arriver à créer un grand mouvement parmi les hivernants internationaux qui profitent déjà de notre Côte d'Azur, non seulement à cause des ressources qu'ils procurent, mais encore par la propagande qu'ils feront de tous les côtés.

APPEL AUX CONSEILS DE TOUS

Le questionnaire ci-dessous a été adressé à un certain nombre de Colonies de vacances et de grand air de France et d'étranger. Il peut également servir de plan pour la discussion de ce rapport, et je prie MM. les Congressistes d'en prendre connaissance.

(Dans l'intérêt général de l'hivernage, je serais content de recevoir, en tous temps les observations que l'on voudra bien me faire et je serai heureux d'être utile à tous ceux que la question intéresse).

Votre Œuvre a-t-elle eu à s'occuper des enfants pendant l'hiver?.....................................

Si oui, qu'en avez-vous fait, où les avez-vous envoyés? Quand et combien? En un mot, envoyez tous les renseignements ....

Si vous n'avez pas encore eu occasion de vous occuper de cette question importante, êtes-vous partisan de vous y intéresser?.....................................

Dans ce cas, quels sont les desiderata que vous formuleriez? Nous possédons aux environs de Cannes, de Nice et d'Alger, des endroits et des concours prêts à recevoir les enfants en hiver, et leur assurer tous les soins nécessaires; nous nous mettrons à votre disposition pour vous fournir tous renseignements nécessaires ....

Connaissez-vous en France d'autres essais d'hivernage des enfants dans le Midi, l'Algérie ou la Corse? ....

Et à l'étranger? ....

Renseignements à ce sujet; résultats obtenus?......

Connaissez-vous des adresses des personnes s'intéressant à l'hivernage?.....................................

Connaissez-vous des ouvrages ou articles sur l'hivernage? ....

Connaissez-vous d'autres centres de placement?....

Quels sont leurs avantages spéciaux?...............

A quelles personnalités locales peut-on s'adresser pour renseignements? ....

Quel serait, d'après vous, le meilleur moyen pour faire pénétrer dans le public cette idée de l'œuvre d'hivernage des enfants?.....................................

Quel serait, d'après vous, le moyen pratique de développer la convalescence des classes moyennes ou pauvres dans le Midi, pendant l'hiver, comme en tous temps (L'Assistance Publique leur fait passer leur convalescence à Chatou ou au Vésinet.)

Comment pourrait-on favoriser ou provoquer une œuvre pour le transport économique et le séjour à bon marché des convalescents.....................................

Dans une œuvre comme la vôtre, quel est le nombre d'enfants qui auraient besoin :
d'un hivernage convalescence (environ un mois).
ou d'un hivernage scolaire (environ 4 ou 6 mois)?.

Connaissez-vous, dans votre œuvre ou dans votre entourage, des enfants ou jeunes gens pouvant aller dans une école de plein air sur la Côte d'Azur? ....

Des membres de votre Œuvre ayant l'habitude des voyages d'enfants, et allant l'hiver à Nice, voudraient-ils profiter des voyages collectifs, à charge de collaboration dans la surveillance ?............

A quelles dates ces départs leur conviendraient-ils le mieux.? ....

Qu'ajouteriez-vous à ce questionnaire?..............

AUTRES RENSEIGNEMENTS

La Côte d'Azur est l'endroit le plus propice à l'hivernage des enfants, mais ce n'est pas le seul possible. Si la ville de Marseille installe ses colonies maritimes de l'Estaque, elle pourrait peut-être y recevoir quelques petits hivernants..

Il y a encore du côté du Gulf-Stream certains établissements appartenant à des œuvres de vacances populaires, mais inutilisés l'hiver parce que les sociétaires parisiens sont rentrés au travail. Ces établissements sont situés dans un climat relativement propre à l'hivernage.

Je demande à ces sociétés dans quelles conditions elles pourraient nous aider.

CONCLUSIONS

Je prie le Congrès de vouloir bien adopter les vœux suivants :

1° L'hivernage des enfants étant le complément des Colonies de vacances, qu'une propagande active soit faite pour sa diffusion dans les mêmes conditions

2° Que l'Etat, l'Assistance publique, la Ville de Paris, et d'autres grandes villes étudient la création dans les endroits le plus convenables à la convalescence de leurs enfants, d'installations d'hivernage analogues, par exemple aux hospices de Vincennes et du Vésinet

3° Que les Caisses des Ecoles soient autorisées à affecter une fraction (par exemple un dixième) de leur budget des Colonies scolaires aux Colonies d'hivernage et dans les mêmes conditions ;

4° Que l'Administration désigne de préférence pour conduire ses enfants des instituteurs en instance de congé de convalescence pour climatothérapie.

Colonies Maritines

RAPPORT de M. **Delibes**, adjoint au Maire de Marseille.

MESDAMES, MESSIEURS,

Le Comité d'organisation du Congrès National des Colonies de Vacances a bien voulu me désigner pour rapporter sur l'organisation des Colonies Scolaires Maritimes, et je tiens, avant toute chose, à le remercier bien sincèrement tout à la fois de l'honneur qu'il me fait et du plaisir qu'il me cause. Il me permet, en effet, d'apporter, en mon nom personnel, au nom de notre Œuvre municipale des Enfants à la Montagne, au nom de toutes les Sociétés similaires de Marseille, et du Sud-Est de la France, l'expression de notre profonde gratitude à M. le Pasteur Comte, pour l'œuvre si féconde et toujours nouvelle que tendent à réaliser les efforts incessants, le dévouement inlassable de celui qui peut, à juste titre, être considéré comme l'apôtre infatigable des Colonies de Vacances et du droit des Petits au grand air et à la vie. C'est lui qui nous a démontré la nécessité de créer une importante colonie maritime, commune à toutes les œuvres de la région du Sud-Est et appelée à recevoir non seulement les pupilles de ces œuvres, mais encore, par réciprocité, les enfants des paysans qui accueillent si hospitalièrement les nôtres. L'œuvre des Enfants à la Montagne doit avoir pour complément l'œuvre des Enfants à la Mer. Il est donc nécessaire de créer, au bord d'une plage marine, un établissement qui puisse recevoir les enfants rachitiques, les lymphatiques, les scrofuleux, ainsi que certains anémiés, auxquels le séjour de la montagne ne pourrait être suffisamment profitable, ou serait même contraire. Mais l'idée préconisée par M. Comte, la pensée dont il est l'initiateur heureux, doit atteindre un autre résultat, amener une fusion plus complète entre l'élément citadin et l'élément montagnard de notre cher pays, et leur apprendre à se mieux connaître, mieux s'apprécier. La création projetée ne doit donc pas être envisagée uniquement et exclusivement au bénéfice des enfants des villes, bien que, en raison même des milieux morbides où ils évoluent, ils soient plus spécialement désignés pour faire appel à une cure marine qui, souvent, les rend méconnaisables, les transforme et les sauve; il faut aussi prévoir un certain nombre de places pour les enfants des paysans qu'un séjour à la mer serait de nature à guérir d'affections rebelles à l'action de l'altitude et leur procurer les bienfaits d'un traitement solaire, balnéaire et climatérique. Nous montrerons ainsi à nos collaborateurs de la montagne que nous n'entendons pas nous borner à demander des services aux populations montagnardes, mais que notre sollicitude s'étend à tous les petits déshérités de la fortune.

Par sa situation même, Marseille était tout naturellement indiquée pour s'occuper de cette organisation et, en juin 1909, notre sympathique secrétaire, M. Mus, déposa, au Congrès d'Avignon, un avant-projet très complet sur cette question si intéressante, qui fut d'ailleurs reprise au Congrès de Valence, en mars dernier; nous étions, toutefois, restés jusque-là dans la période des tâtonnements. Mais, désireux de s'acquitter de la mission qui leur fut donnée par la Fédération Régionale, le Rapporteur et notre Comité s'efforcèrent de trouver, soit dans les environs immédiats de Marseille, soit sur les plages voisines, des locaux à louer, susceptibles de recevoir la nouvelle Colonie. Ces recherches furent vaines. Tous les immeubles visités par nous, ou bien étaient insuffisants, ou bien nécessitaient des réparations, des transformations très onéreuses, ou bien, tel l'Orphelinat de Saint-Cyr, avaient un caractère d'incertitude absolue, quant à la date d'entrée en jouissance. Nous en arrivâmes donc à cette conclusion, qu'il fallait écarter toute idée de location, et partant, l'obligation qui s'imposait de recourir à un projet de construction. La banlieue de Marseille, telle que l'Estaque, du côté Nord, où il n'existe pas de véritable plage pour les bains, et où les travaux du canal du Rhône vont apporter des modifications importantes sur cette partie de la côte, Bonneveine du côté Sud, en raison de la cherté des terrains et de la trop grande fréquentation de l'agglomération urbaine, nous ont paru présenter des inconvénients sérieux. Nous avons donc porté nos vues sur le littoral un peu éloigné de Marseille, où les côtes nous offraient diverses plages, mais la plupart manquant d'eau potable ou de facilités d'approvisionnements, notre choix s'est enfin arrêté sur la Plage des Lecques, dont l'orientation et la position font à la fois une résidence d'hiver et une villégiature d'été.

Située presque au centre de la baie de la Ciotat, blottie dans un nid de verdure au fond de son golfe, dominée par une vaste ceinture de collines qui la protège contre les vents du nord, recevant directement la brise du large qui tempère la chaleur en été, la Plage des Lecques réunit incontestablement des avantages de premier ordre. L'air marin, ni trop sec, ni trop vif, y est d'une pureté remarquable, et embaumé par les pins qui descendent presque jusqu'au rivage. La plage, sans galets, d'une étendue de près de deux kilomètres, est fort belle, son sable est d'une finesse et d'une douceur exquises et l'eau d'une transparence et d'une limpidité parfaites. Le village est pourvu d'une alimentation d'eau potable et de toutes les commodités voulues au point de vue des approvisionnements. Ajoutez à cela des promenades nombreuses, des excursions faciles et sans danger pour les enfants, dans un paysage radieux, où la nature semble avoir réuni avec amour tout ce dont sont faits nos rêves de repos, de calme et de bonheur.

Le terrain, dont nous avons eu soin de nous assurer la propriété éventuelle par une promesse de vente régulière au prix de 1 franc le mètre, et dont nous avons fixé d'avance la superficie à 5.000 mètres, appartenant à M. Victor Benet, est compris dans la propriété qu'il possède sur la route de la Madrague, à environ 60 mètres de cette route, qui longe la mer des Lecques aux Baumelles, où subsistent encore des vestiges de ce qui fut l'antique cité de Taurœntum, l'une des nombreuses colonies de Phocée sur la côte Ligurienne.

L'emplacement choisi, nous avons fait faire une étude par

l'architecte en chef de la ville de Marseil de manière à avoir une idée aussi exacte que possible de l'importa e des dépenses résultant de la construction. Suivant les plans qui nt été dressés à titre d'avant-projet, les bâtiments sont disposés pou recevoir 150 enfants (75 de chaque sexe).. Ils comprennent :

1° Un bâtiment central, avec entrée, bure u, économat, vestibule, cuisine et dépendances; à l'étage, 6 chamb es pour surveillants et surveillantes;

2° Deux ailes semblables, comportant, au re de-chaussée, un réfectoire pour 80 personnes et un dortoir de 30 lits.

Dans une annexe, escaliers, W.-C., pour la nu et une salle de lavabos; au premier étage de chacune des ailes, un dortoir de 45 lits, avec W.-C., et lavabos, soit 75 lits de cha ue côté et 150 en tout.

Le cube d'air prévu par lit est de 20 mètres cubes, c qui nous paraît suffisant pour des enfants ne séjournant que la nuit ans les dortoirs. Des galeries ouvertes font communiquer, de chaq côté, le pavillon central avec les escaliers et les diverses locau En raison des travaux et manipulations auxquels donnent lieu les services généraux, une cour de service, close de mur, avec lavoir, bûcher et séparant les bâtiments des deux sexes, serait dégagée par un chemin spécial et n'aurait aucune communication avec les cours des enfants.

Pour chaque section, en effet, une cour spécial de 370 m. q., complantée d'arbres, et entourée de clôtures légères, servirait aux ébats des enfants en dehors des heures de promenades.

Le projet est établi de façon à envisager une série d'agrandissements successifs. Le projet primitif prévoit 150 enfants.

2° *Variante pour 200 enfants.* On construirait, dans ce cas, deux ailes, en retour d'équerre, et les réfectoires s'agrandiraient aux dépens des dortoirs du rez-de-chaussée.

3° *Variante pour 250 enfants*, avec premier étage sur les deux ailes ci-dessus.

4° *Variante pour* 300 *enfants*, en construisant deux ailes à rez-de-chaussée, dans le prolongement du bâtiment central.

5° *Variante pour* 400 *enfants*, ces mêmes ailes recevant également un premier étage.

Dans chacune de ces solutions, les réfectoires seraient agrandis suivant les besoins, jusqu'à occuper, dans le dernier cas, tout le rez-de-chaussée du bâtiment principal du projet primitif. La construction serait d'une extrême simplicité tout en étant solide et suffisamment confortable. Ainsi, le rez-de-chaussée seul serait en maçonnerie, l'étage serait à faces de bois, c'est-à-dire monté avec traverses et poteaux en bois et remplissage en briques creuses de 0,11 d'épaisseur. Les enduits seraient en mortier, à 3 couches, lissés et blanchis; le soubassement en enduit grenu au mortier et ciment; le sol du rez-de-chaussée serait carrelé en carreaux rouges, et le premier étage planchéié, avec toitures en tuiles plates.

Les prix de revient seraient :

Pour le devis, *pour* 150 *enfants* :

1° Emplacement, frais d'acte, aménagement....	10.000
2° Construction, projet primitif................	65.000
3° Mobilier, lits, tables, armoires et batterie de cuisine, vaisselle et divers..............................	20.000
SOIT UN TOTAL DE..........	95.000
Pour 200 *enfants*, les frais supplémentaires seraient de 22.000 francs (11.600 francs pour la construction et 10.400 francs pour le mobilier) ou un total de........	117.000
Pour 250 *enfants*, l'augmentation serait de 35.000 francs (17.400 bâtiments, 17.600 mobilier), ou un total de 95.000 plus 35.000)...............	130.000
Pour 300 *enfants*, elle s'élèverait à 30.000 fr. de plus, (bâtiments 18.000 fr., 12.000 fr. mobilier), ou un total de (130.000 plus 30.000)...............	160.000
Enfin, *pour* 400 *enfants*, la dépense supplémentaire serait de 27.000 fr. de construction et de 28.000 fr. de mobilier, soit un total de (130.000 plus 55.000 fr.).	185.000

Reste maintenant la partie la plus délicate pour la mise à point de notre œuvre, et en assurer l'exécution complète et le fonctionnement régulier : la question financière. A notre avis, nous nous trouvons en face de deux solutions, ou bien demander à chacune des œuvres de notre Fédération de participer aux frais nécessités par la création nouvelle, dans des conditions, et à un prorata à déterminer, d'après l'importance de chaque société, et le nombre d'enfants qu'elle pourrait envoyer chaque année à notre colonie maritime. Toutefois, cette première solution nous paraît aléatoire; il serait désirable que le capital nécessaire à la construction et les frais de premier établissement ne fussent à la charge d'aucun groupement. Il serait à souhaiter que l'Etat consentît à intervenir et, par une subvention correspondante sur les frais du Pari-Mutuel, nous permît ainsi de mener rapidement notre œuvre à bonne fin.

Il ne nous est pas possible d'être fixés, dès à présent, et d'une façon définitive, sur le prix de revient d'une journée pour le séjour des enfants au bord de la mer; cependant, si nous prenons pour base les dépenses faites dans notre Colonie de Marseille à l'Estaque, nous croyons que, pour une colonie de 150 enfants, elle serait de 1.25 par tête, frais de surveillance compris.

Nous avons cru devoir, pour le moment, nous en tenir au projet de bains de mer pendant les vacances seulement, à raison de deux séries de 150 enfants, y séjournant 30 jours, parce que nous avions le très vif désir de résoudre le problème en le simplifiant, et d'arriver devant le Congrès National avec une solution concrète. Poursuivons d'abord l'accomplissement de cette première partie de notre tâche, et nous verrons plus tard à parachever notre œuvre, par la réalisation d'un grand Sanatorium Méditerranéen, où les enfants seront reçus à toute époque de l'année, et pourront, été comme hiver, se fortifier, se régénérer aux pénétrantes senteurs des algues et des effluves marines. En terminant, permettez-moi, Mesdames et Messieurs, de m'excuser auprès de vous, d'avoir retenu, trop longtemps peut-être, votre bienveillante attention : à vous de vous prononcer sur les voies et moyens pour aboutir le plus promptement possible, soit que vous décidiez de faire appel aux divers groupements, pour faire face, dans la mesure de leurs forces respectives, à l'effort financier indispensable pour l'organisation de notre Colonie Maritime; soit, au contraire, que le Congrès sollicite avec confiance le concours des Pouvoirs publics (concours qui ne lui fera certainement pas défaut, en raison du but poursuivi, auquel ils ne sauraient rester indifférents), pour obtenir une large et sérieuse subvention, permettant à l'idée si heureuse de création d'une colonie scolaire maritime, Régionale ou Nationale, de prendre enfin corps, de sortir du domaine du rêve pour entrer dans la période d'exécution, de réunir dans un large sentiment de solidarité fraternelle et sociale, tous les petits : paysans, citadins, montagnards, et de leur donner autant que nous le pourrons, au doux murmure de nos flots toujours bleus, sous notre ciel toujours pur, au chant toujours mélodieux de nos cigales provençales, leur part de joie, de soleil et de santé.

DISCUSSION sur les rapports du Dr **Madeuf** et de M. **Delibes**.

M. Gaudier, maire de Clichy. — Je ne me suis pas beaucoup occupé des Colonies pendant l'hiver, je m'occupe dans la commune de Clichy, essentiellement des *Colonies scolaires* d'été.

Une circonstance pénible, tout à fait spéciale (et cependant heureuse d'un côté) les inondations, nous ont permis d'apprécier toute la valeur des *Colonies d'hivernage*, et si j'ai tenu à assister à ce Congrès, c'est surtout pour apporter toute ma gratitude à ceux qui, au commencement de l'année, ont bien voulu se mettre à la disposition des communes inondées et accepter nos pauvres enfants. C'est un sentiment de reconnaissance qui m'a amené parmi vous, et c'est ce sentiment que je tiens à exprimer ici.

Je ne prendrai pas part à la discussion : tout ce que je tiens à vous dire c'est que nous avons envoyé beaucoup d'enfants dans le Midi, grâce à l'Œuvre d'hivernage, et que tous ces enfants sont revenus dans un état de parfaite santé, si bien que nous sommes décidés à faire tous les sacrifices nécessaires pour tâcher d'envoyer ainsi, tous les ans, des enfants au Midi.

Je tiens à vous dire que s'il y a une commune particulièrement reconnaissante à l'Œuvre d'hivernage, c'est celle de Clichy ; et s'il y avait un sacrifice à faire, elle serait certainement la première à le faire.

Je vous demande donc de vous entendre, et de continuer pendant l'hiver, vos Œuvres, déjà si belles pendant l'été et je tiens absolument à vous le répéter : si vous avez une commune reconnaissante dans le département de la Seine (tout en étant persuadé que vous en avez beaucoup), c'est celle de Clichy, et j'ai tenu à vous apporter sa reconnaissance sincère et véritable.

M. Neau. — Vous avez entendu, tout à l'heure, vanter, et à juste titre, la *Côte d'Azur*. Ce n'est peut-être pas le seul littoral qui mérite d'attirer notre attention : il y a d'autres points qui, sans avoir toutes les qualités de la Côte d'Azur, ont des qualités qui ne sont peut-être pas beaucoup inférieures.

Alors que le train était arrêté par la neige dans le Midi, l'hiver dernier, il n'y avait pas du tout de neige sur la partie de ce littoral, située entre les embouchures de la Loire et de la Gironde. Il peut y avoir d'autres endroits qui ressemblent à celui-là, mais je ne les connais pas de la même façon. Ce point se trouve situé sur la côte de la Vendée, près des Sables-d'Olonne.

La partie qui nous intéresse en ce moment, a une forme elliptique, dessinée sur ses deux grands côtés par l'Océan, et par une chaîne de collines qui préserve la petite région de tous les vents froids du Nord et de l'Est.

De plus, les rideaux de pins qui couronnent les dunes voisines de l'Océan, préservent également ce lieu de tous les vents humides et trop vifs de l'ouest. En outre, la nature sablonneuse du terrain fait absorber l'humidité d'une façon excessivement rapide, aussi ne voit-on là-bas jamais d'excès d'humidité. La douceur que procure à cette contrée, comme d'ailleurs, à toute la côte de l'Océan, le Gulf-Stream, vient encore s'ajouter à tous ces avantages.

Il y a là quelque chose d'utile à faire connaître, et je crois que le Congrès peut en tenir compte et en faire bénéficier les Œuvres qui auraient des enfants ayant besoin d'une cure à la fois marine et forestière, car le littoral, vous le savez, est bordé de pins.

M. Gautheron. — C'est le cas de dire que chacun prêche pour sa paroisse. On vient de vous préconiser l'Océan ; c'est sur le soleil du Midi que je désire attirer votre attention, et je ne regrette qu'une chose, c'est de ne pas pouvoir vous en apporter, ici, un échantillon, qui vaudrait beaucoup mieux que toutes les descriptions que je puis vous faire.

Tout à l'heure, le Docteur Madeuf vous a entretenu de ce sujet si intéressant : les *Colonies d'hivernage*. Il me semble, en effet, qu'il y a beaucoup à faire de ce côté.

Jusqu'à présent, et cela commence à être à l'ordre du jour, on a beaucoup préconisé les Colonies scolaires pendant les vacances, il est incontestable que cela est excellent, mais je crois que ces Œuvres de Colonies scolaires qui ne durent que trois semaines, un mois, sont insuffisantes. Sans doute, elles font énormément de bien aux enfants, et pour ma part, j'ai constaté des résultats merveilleux : par exemple des enfants qui arrivaient au bord de la Méditerranée avec des jambes déviées, ou avec des ganglions, et qui, après un traitement de trois semaines, pendant trois années consécutives, revenaient avec des jambes bien droites, et des ganglions résorbés.

Si donc en trois semaines, on peut arriver à un tel résultat, il me semble que si l'on faisait suivre à certains enfants un traitement permanent, pendant plusieurs mois, pendant l'hiver, on arriverait à des résultats considérables.

Notre collègue qui m'a précédé à la tribune n'a pas voulu vous parler, par modestie, d'un établissement qu'il dirige et moi-même, maintenant, je suis très embarrassé.

Je ne vous parlerai donc pas de l'établissement que je dirige, mais de celui que je voudrais diriger ; dès lors, je crois qu'il n'y aura plus de question de modestie en la matière, et je pense que je pourrai proposer au Congrès une chose, ou en tous cas, lui esquisser un programme.

Si les Colonies de vacances voulaient entrer dans cette vue : prendre deux, trois enfants, s'entendre entre elles pour les grouper et les diriger sur le Midi, nous pourrions, dans le Midi, organiser ainsi une œuvre permanente.

L'établissement, non pas que je dirige, mais je voudrais diriger, est construit depuis 1889, et il a abrité environ 25 à 30.000 enfants, et nous en recevons tous les ans 750 à 900. Eh bien, mon rêve serait de transformer cette œuvre qui ne dure que quelques mois, en œuvre permanente, et nous pourrions ainsi soigner certaines maladies, comme l'*anémie*, la chlorose ; puis ensuite nous pourrions guérir radicalement les scrofuleux, la tuberculose chirurgicale, les ganglions ; ceux aussi atteints

COLONIES DE VACANCES. — *EPINAL*

COLONIES DE VACANCES. — *Œuvres sociales du nouveau Clichy*

de déviation de la colonne vertébrale ou des jambes; je suis convaincu qu'après un traitement de deux ou trois mois, toutes les maladies que je viens de citer seraient guéries.

Vous envoyez des enfants à la campagne, à la montagne ou à la mer pour trois semaines, un mois; ces enfants seront certainement ainsi immunisés contre certaines maladies; mais ne pourriez-vous pas aussi envoyer à la mer, des enfants, qui, sans être très malades, sont pourtant atteints de certaines maladies, et les guérir ainsi radicalement?

Evidemment cela coûterait beaucoup plus cher pour ceux-là que d'envoyer quelques enfants pour une période déterminée à la campagne, mais vous arriveriez à des résultats merveilleux; je demande donc au Congrès et aux *Colonies d'hivernage*, représentées ici, de travailler dans ce sens, et j'ajoute que si nous arrivons à grouper un nombre de quarante enfants, par exemple, pour les envoyer dans le Midi, à Cette, 40 enfants dont la pension reviendrait à 1 fr. 50 par jour, nous pourrions, d'ores et déjà, commencer cette œuvre qui rendrait des services considérables.

M. Goué. — Je désirerais demander à M. le Docteur Madeuf, quelques explications sur son œuvre, et la communication que vient de faire M. Gautheron.

Je dois dire que le rapport du Docteur Madeuf est extrêmement intéressant; son œuvre est profondément humanitaire. Un grand nombre d'enfants tombent malades pendant l'hiver de la coqueluche, de rougeole, de la scarlatine, maladies plus ou moins graves, et il est certain que la plupart, pour ne pas dire tous, auraient besoin d'un séjour dans le Midi pour se rétablir complètement, mais l'honorable orateur qui m'a précédé, parle, il me semble, d'un établissement tout à fait différent.

Il existe des sanatoriums. La Colonie de Vacances que je dirige leur envoie ainsi des enfants (2 ou 3), qui sont atteints de scrofule. S'agit-il d'établissement similaire? Evidemment la communication a son intérêt, mais il me semble que celle du Dr Madeuf est plus intéressante, en ce sens qu'il parle, je crois, d'établissements destinés à recevoir des enfants n'ayant aucune tare, des enfants faisant simplement un séjour dans le Midi pour se rétablir, et à mon avis, cette œuvre pourrait être agrandie : ce serait l'Œuvre d'*union*, de fédération des *Colonies de Vacances*. Je demanderais donc au Dr Madeuf quel est le caractère de l'œuvre qu'il a préconisée tout à l'heure.

Dr Madeuf. — Voilà 12 ans que je prêche pour cette Œuvre.

M. Comte peut vous dire qu'en 1898, je lui ai proposé de faire en même temps de la propagande pour son œuvre admirable, et de renverser le problème.

Nous avons fait une très grande propagande pour essayer d'envoyer des enfants de France en Algérie, mais malheureusement il est à croire que l'Algérie est plus loin de la France que la France de l'Algérie, car nous avions tout organisé, nous avions préparé la cage... mais... nous n'avions pas beaucoup d'oiseaux à mettre dedans !

Je crois que dans la question du « Lazaret de Cette », nous nous trouvons en présence d'une chose nouvelle, très utile. M. Gautheron, tout à l'heure, a parlé comme un véritable médecin, et il a présenté le « Lazaret de Cette », qui est une colonie d'été, comme pouvant devenir une colonie d'hiver; mais je crois que M. Gautheron ne voit que des enfants qui passeraient deux ou trois mois dans le Midi, pendant l'hiver. Je voudrais, moi, qu'à l'avenir, les enfants puissent aller continuer, ou terminer leurs études dans ce beau pays.

Notre collègue de Châteauroux a demandé davantage d'explications. Je vous dirai simplement qu'un de nos correspondants, excessivement dévoué, sur lequel nous pouvons compter, nous écrit une lettre, dans laquelle il nous dit : « En tous cas, « vous pouvez informer le Congrès que, grâce à vous, une « organisation est en action, dès cet hiver, sur tout le littoral « d'Hyères à Menton. Vous avez le placement familial, vous « avez l'Amicale des Instituteurs, et, chose très curieuse, vous « savez que toutes les fois qu'il se crée quelque chose de nou- « veau, il y a des gens *pour* et des gens *contre*, eh bien ! là- « bas, à Nice, les mêmes qui, au début, nous ont attaqués, mar- « chent derrière nous, aujourd'hui.

« Vous pouvez, par conséquent, choisir le mode de placement « que vous voudrez : vous aurez des pensions ; pour le place- « ment familial, vous pourrez vous adresser aux instituteurs, « aux gens qui ont déjà reçu des enfants, et qui ne demandent « qu'à en reprendre. »

Ici, j'ouvrirai une parenthèse : nous avons tort, je crois de nous occuper de la classe à laquelle appartiennent les enfants que nous envoyons en Colonies de vacances. En effet : lorsque quelqu'un tombe dans la rue, nous ne nous occupons pas de son vêtement ; que ce soit un ouvrier, que ce soit une personne de la classe moyenne, que ce soit une personne riche, nous nous empressons de lui porter secours.

J'estime donc que les enfants de la classe moyenne doivent bénéficier de l'*hivernage*, comme les enfants pauvres, et nous ne devons pas hésiter à leur venir en aide. L'Hivernage est créé pour rendre service à tous, sans exception.

De même que M. Comte a pu dire : « *La montagne appartient maintenant à tous* », de même nous pourrons dire désormais : « Le soleil luit pour tout le monde, même en hiver ».

Et je voudrais arriver après les œuvres d'enfance, à généraliser l'Hivernage, à permettre aux ouvriers fatigués, convalescents, de gagner le Midi, dans les meilleures conditions d'économie. Ce serait une bonne affaire : et pour les ouvriers qui se rétabliraient beaucoup plus vite, et pour le pays d'hivernage, qui y trouverait aussi son bénéfice, et encore pour la France qui ainsi retrouverait des citoyens bien portants, revenant avec une provision de santé, de forces et d'énergie, et par suite une source de richesse pour le pays.

M. Granier. — Je voudrais simplement émettre l'idée de créer quelque part, soit dans le Midi, soit sur l'Océan, un centre où nous pourrions envoyer les enfants malades, pour leur permettre de se rétablir.

Il y a aussi un second point sur lequel je tiens à insister : ce serait de prévoir les maladies des enfants, et alors de les envoyer dans certaines œuvres. Je prétends que nous n'avons pas besoin d'une quantité d'œuvres ; nous pouvons parfaitement, tous tant que nous sommes, transformer nos Colonies d'été en Colonies d'hiver.

Maintenant, toutes mes colonies d'été sont rentrées depuis le 28, parce que, j'ai tenu à être tranquille pour venir parmi vous, mais j'ai parfaitement laissé quelques enfants, et il est absolument facile de les faire rester, car leur séjour ne revient qu'à 25 francs par mois, et nous traitons les enfants absolument comme l'indiquait le Docteur Madeuf, sans distinction de classes.

Nous prenons l'enfant qui est malade ou qui est anémié, et je prétends que nous pourrions aussi appeler la Maman. En effet, une mère de famille qui a cinq enfants, dont les deux petits sont malades, pourrait parfaitement les accompagner ; nous recevrions ainsi la mère et les cinq enfants, et leur séjour se prolongerait autant qu'il serait nécessaire, jusqu'à guérison des petits. Le Papa, pendant ce temps, se contenterait de faire sa soupe lui-même.

Je crois que nous pouvons parfaitement, dans chacune de

nos régions, du Havre par exemple, où nous avons 4 ou 5 Œuvres de Colonies de Vacances d'été, nous entendre pour qu'il existe une Œuvre d'Hiver qui recevrait les enfants de toutes les autres Œuvres, et s'il était nécessaire de recourir aux Œuvres du Midi, nous nous entendrions toutes pour envoyer nos enfants dans le Midi.

Je crois, que nous avons tort de nous adresser à la classe uniquement besogneuse. Je prétends qu'il y a une classe excessivement intéressante : c'est la *classe moyenne*, et nous pouvons parfaitement l'intéresser à notre Œuvre, en lui demandant une petite participation.

Mme Benoit. — Je voulais simplement dire ce que M. Granier vient d'exprimer. Dans notre Œuvre de Montpellier, nous avons pu souvent laisser des enfants passer tout l'hiver dans les fermes où ils avaient été pendant l'été. Souvent des enfants de familles tuberculeuses, sont restés dans les fermes pendant deux et trois ans, et dans ces conditions-là, les enfants ne coûtent que 18 francs par mois.

Je crois donc qu'il serait possible sans avoir des maisons organisées d'utiliser les fermes où vont les enfants pendant l'été pour les y laisser l'hiver.

M. Goué. — Je suis très reconnaissant à M. le Docteur Madeuf de sa communication. L'œuvre est très intéressante et mérite d'être utilisée. Je suis d'ailleurs convaincu qu'elle le sera.

M. l'abbé Joissant. — C'est une Œuvre voisine de celle de mon honorable prédécesseur que je désire vous entretenir, d'une œuvre qui fonctionne, je crois, comme la sienne, puisqu'elle reçoit toute l'année des enfants, et même des familles d'enfants délicats.

Cette Œuvre s'adresse surtout aux enfants de familles riches, mais à côté de ces enfants de familles riches, il y a aussi des enfants d'officiers subalternes, des fils de professeurs, de fonctionnaires, dont les milieux sont quelquefois beaucoup plus miséreux que ceux des ouvriers dont il est toujours question dans cette séance.

Or les enfants de familles riches que je reçois chez moi, paient un prix de pension élevé, et c'est avec cette somme que nous pouvons recevoir les fils de fonctionnaires, d'officiers, qui sont obligés d'envoyer leurs enfants dans des collèges au même titre que leurs confrères riches, ils sont obligés de tenir un certain rang, et leur misère est certainement aussi intéressante, sinon davantage, que celle des milieux ouvriers, car il faut bien se persuader que certains ouvriers gagnent de 10 à 12 francs par jour. *(Tumulte)...*

Or, cette Œuvre existe. Le Docteur Madeuf souhaitait que cette Œuvre descende dans le Midi ; c'est aussi mon vœu de plusieurs années. J'ai beaucoup fouillé la Côte d'Azur, mais malheureusement je n'ai trouvé aucun concours pour réussir à transférer cette Œuvre l'hiver, et cependant, cette Œuvre fonctionne très bien à Arromanches.

Il est certain que les 50 enfants que j'ai pendant l'été nous suivraient pendant l'hiver, si nous pouvions fonder quelque chose de semblable à la Côte d'Azur.

M. Neau fait ensuite une communication relative aux « Pins Maritimes » des Sables d'Olonne, dont il fait la description à l'aide du plan cadastral, et de photographies.

Cet établissement peut recevoir des Colonies d'été et *d'hiver*, mais il ne reçoit pas de malades. On y continue l'éducation des enfants.

M. Comte, demande l'avis des Docteurs, la question paraissant médicale.

Dr Meyer. — La question médicale ayant été mise en cause, vous trouverez naturel qu'un médecin qui pendant trois années a fait passer la visite des enfants envoyés à la montagne, prenne aujourd'hui la parole.

Comme il faut envoyer à la montagne des enfants qui ne soient pas malades, pas infirmes, naturellement beaucoup d'enfants se trouvent éliminés. D'autre part, nous voyons que des *climats différents*, amèneraient dans l'état des enfants malades des améliorations considérables : pour les uns la campagne serait bonne, pour les autres la montagne est indispensable, et pour un très grand nombre, par exemple les scrofuleux, l'air de la mer est absolument indiqué.

Dr Calvet. — Comme médecin, je crois en effet qu'il est nécessaire d'avoir pour certaines classes d'enfants, des *Colonies d'Hivernage*, mais comme administrateur je dois vous dire que très souvent ce sont les fonds qui manquent, et que jusqu'ici nous avons dû nous borner à faire des *Colonies de Vacances.* Je crois donc qu'il est difficile de résoudre la question de Colonies d'Hivernage à ce Congrès de Colonies de Vacances qui touche simplementi les Œuvres de *plein air.*

Dr Beauvisage. — Je me proposais justement de dire quelques mots des écoles de plein air au cours de cette discussion, parce que je voyais le lien étroit qu'il y a entre les Colonies d'Hivernage et les *Ecoles de plein air.*

Les Colonies d'Hivernage n'étant pas limitées *à priori* à la durée des Vacances scolaires, donnent naturellement d'avance l'idée qu'elles peuvent se prolonger autant qu'il sera nécessaire pour la santé de l'enfant; et si l'on doit laisser un enfant pendant 4, 5 ou 6 mois pour sa santé, pour son hygiène, pour ses forces, alors qu'il n'est pas malade au point d'être condamné au repos complet, on se dit : Il ne faut pas que cet enfant soit privé d'instruction, d'éducation, pendant une période aussi prolongée: de là le lien étroit entre les Colonies d'Hivernage qui, selon moi, entraînent l'organisation d'un enseignement, ou plutôt d'une éducation, et les *Ecoles de plein air.* Il en a été organisé une à Lyon, qui a je crois été la première en France, et qui a été très imitée depuis quelques années qu'elle existe.

On a beaucoup cité certaines écoles de plein air qui n'étaient que des Œuvres de promenades, ramenant les enfants coucher tous les jours chez eux, dans leur taudis et leur nid à microbes, tandis qu'à Lyon, dans un château appartenant à la ville, pendant les mois de scolarité d'abord, les deux ou trois premières années, en mai, juin et juillet, et cette année pour la première fois, pendant la période des vacances, c'est-à-dire pendant cinq mois en tout, il y a deux Colonies de chacune deux mois et demi, qui ont occupé cet immeuble et qui ont reçu en même temps des soins intellectuels et des soins hygiéniques. Il est certain que cette institution d'écoles de plein air pourrait bien s'organiser pour fonctionner toute l'année.

Il n'y a peut-être à cela que des difficultés toutes matérielles, des questions qui se posent à propos de tous les établissements, tous les immeubles de Colonies de vacances, qu'on pourrait songer à transformer en **Colonies d'hivernage** : il y a seulement la question de température, du chauffage, de la défense contre le froid.

On souffre dans bien des endroits en se disant : Nous avons, un immeuble que nous utilisons pendant deux mois de vacances pour y envoyer des écoliers pendant la période des vacances, et, pendant les dix autres mois de l'année, cet immeuble ne sert à rien ; ce n'est pas naturel. De toutes parts on se fait cette réflexion, et tous ceux qui ont ainsi un immeuble à leur disposition doivent tâcher de l'utiliser.

Ce qui me paraît, à mon avis, très naturel, en ce qui concerne les Colonies d'hivernage, qui ne peuvent pas être, dans bien des cas, les mêmes que les Colonies de vacances scolaires, c'est d'insister sur la division du travail, qu'il y ait d'une part des propriétaires d'immeubles, propriétaires individuels, ou sociétés organisées à cet effet, qui construisent, installent des immeubles leur appartenant et qui donneraient satisfaction aux besoins des Œuvres qui veulent placer des enfants, et d'autre part des Œuvres qui recruteraient des enfants à placer, rassemblant les ressources nécessaires pour payer le propriétaire, la société.

Voilà, je crois, ce qu'il faut rechercher, et voilà pourquoi, il ne faudrait pas accorder une trop grande importance à la question commerciale, et qu'il s'agisse de l'établissement de Cette, de l'établissement des Sables d'Olonne ou de tout autre établissement, nous n'avons pas à envisager ici la question commerciale, voilà un établissement qui ne fonctionne que pendant l'été; pourquoi ne fonctionnerait-il pas pendant l'hiver, il y a telle Œuvre qui pourrait envoyer des enfants pendant l'hiver, et tel établissement qui pourrait en recevoir, il n'y a qu'une chose à faire, c'est d'envoyer les enfants de cette Œuvre dans l'établissement en question. Il faut reconnaître que les personnes qui sont à la tête de ces établissements sont des collaborateurs qui ne sont pas assez riches pour recevoir des enfants pour rien, ce que d'ailleurs on ne peut pas demander.

Recevons donc avec reconnaissance les communications des personnes qui sont à la tête de ces organisations, qui répondent, à ce qui doit être le modèle à suivre dans l'avenir.

A la Municipalité Lyonnaise, à plusieurs reprises, on est venu nous offrir certains immeubles plus ou moins éloignés. J'ai estimé qu'une Œuvre Lyonnaise, formée par des concours de bonne volonté qui consacrent une partie de leur temps, mais ne peuvent pas le consacrer tout entier à l'administration de cette Œuvre, j'estime qu'une Colonie de Vacances ne peut pas être propriétaire d'un immeuble à 100, 200 ou 300 km. de sa résidence, d'un immeuble qui justement ne fonctionnerait que pendant 2 mois et serait pendant 10 mois de l'année abandonné, soit fermé complètement, soit aux soins d'un gardien-concierge qui l'exploiterait à son profit, mais de Lyon, nous n'aurions pas pu être au courant de ce qui se serait passé dans cet immeuble. J'en tire donc cette conclusion : « Il faut que l'immeuble appartienne à quelqu'un qui soit de la région. »

Il est préférable que les Œuvres soient *locataires ;* aux Colonies d'hivernage, il faudra organiser pour les enfants un enseignement particulièrement hygiénique, un enseignement de *plein air* qui ne sera pas l'enseignement habituel et qui pour moi doit être l'enseignement idéal.

M. Séhé. — Si l'on excluait l'initiative privée, je dois vous avouer que nous n'arriverions pas au résultat que nous cherchons pour nos Colonies de Vacances. Je suis allé voir aux Sables d'Olonne quel était le meilleur moyen pour permettre aux enfants d'y séjourner l'été et l'hiver. Je dois rendre justice à M. Neau, qui a eu le courage de créer un établissement modèle mi-adulte et mi-scolaire. Je trouve qu'il faut encourager par tous les moyens possibles et aider de tout notre pouvoir des établissements de ce genre, de façon à obtenir le maximum de résultats.

***

Mme Martial. — Je signale à toutes les personnes qui s'occupent d'Œuvres que la *Croix-Blanche*, a été établie pour mettre un lien permanent entre les Œuvres qui s'occupent de l'enfance et toutes les personnes qui s'intéressent à l'éducation matérielle et morale de l'enfant, « je tiens à dire que nous serons très heureux de recevoir toutes les communications que ces Œuvres voudront bien nous faire de façon à les publier et à renseigner ainsi tous nos abonnés sur des questions aussi intéressantes. »

Il suffira que chacun nous écrive avant le 10 de chaque mois, et je le répète nous nous ferons un plaisir de publier ces communications.

Vœux relatifs à l'Hivernage

Que les colonies salines puissent être combinées avec les colonies de vacances de moyenne altitude. (Dr Gonot.)

Que les locaux d'été des Colonies de vacances puissent partout où la chose sera possible, servir pendant l'hiver aux convalescents anémiés, etc... et, que dans certaines circonstances les mères de famille soient autorisées à accompagner leurs enfants. (Pasteur Granier.)

Que les colonies d'hivernage soient ouvertes aux indigents et à la classe moyenne en comptant sur sa participation pécuniaire qui sera indéniable ; que dans chaque région il y ait entente entre les Œuvres pour décider de la Colonie qui resterait ouverte pendant l'hiver. (Pasteur Granier.)

Que les Comités s'occupent de l'hivernage des enfants. (M. Gautheron.)

Que l'hivernage s'étende à tous les anémiés et débilités (non malades) et qu'une école de plein air fonctionne pour les filles comme pour les garçons en âge de scolarité. (M. Neau.)

— V —

Modes de Placement

Docteur **Beauvisage**, rapporteur :

La question du mode de placement des enfants envoyés en Colonies de vacances se rattache étroitement à celle du logement et de la nourriture, un peu aussi à celle du vêtement et, d'autre part, à celle de l'éducation intellectuelle et morale.

Cette question est assez connue de tous les congressistes, pour ne pas exiger de bien longs développements. Elle a été assez discutée, depuis longtemps, pour que les arguments opposés soient généralement connus. Enfin, pratiquement, la discussion nouvelle, qui s'engagera sur ce point au sein du Congrès, ne saurait aboutir à modifier, dans ses grandes lignes, la manière de faire des œuvres qui y sont représentées; elle pourra, tout au plus, en jetant quelques lumières nouvelles sur le sujet, leur suggérer qeulques améliorations, et éclairer les œuvres de l'avenir, en les aidant à fixer leur choix sur l'un ou l'autre des deux systèmes en présence, entre lesquels elles hésiteraient à se décider.

J'aborderai donc l'examen de ce problème dans un esprit scientifique, c'est-à-dire dégagé de toute doctrine exclusive, de tout principe absolu, de toute opinion préconçue, exposant les arguments contraires et en discutant la valeur, d'après les faits observés qui sont à ma connaissance.

J'ai constaté, bien souvent, que, quand deux adversaires discutent sans arriver à s'entendre, c'est, d'abord, parce qu'ils ne se placent pas au même point de vue et, ensuite, qu'ils ne s'écoutent pas. Il en résulte habituellement, qu'au fond ils ont tous deux raison dans leurs affirmations et tort dans leurs négations. Ici, chacun affirme que son système est bon, et il a raison; mais il nie que l'autre système soit bon aussi, et, en cela, il a tort.

En réalité, rien n'est parfait! Chaque système a ses avantages et ses inconvénients, les uns et les autres plus ou moins marqués suivant les circonstances. Constater les avantages et en profiter; constate aussi les inconvénients et s'efforcer d'y remédier voilà ce qui pour tous est scientifique, pratique et sage. D'autre part, au point de vue moral et social, n'est-il pas préférable de suivre cette maxime : « Instruisons-nous les uns les autres », plutôt que d'adopter cette autre formule, si funeste : « Dénigrons-nous les uns les autres »? Qu'on se réclame de la charité chrétienne ou de la solidarité sociale, on pourra toujours s'entendre sur ce terrain de l'instruction mutuelle, comme sur celui de la philanthropie, au grand profit de la paix sociale, et pour le plus grand bien des petits enfants chétifs et pauvres, auxquels nous nous intéressons tous.

Laissant de côté les promenades scolaires et les voyages de vacances, qui sont en dehors de la question, nous n'avons à nous préoccuper ici que des deux modes de placement à demeure : colonies d'internat et placement familial.

Les colonies d'internat, suivant leurs partisans, présentent sur les colonies familiales des avantages de toutes sortes, au triple point de vue physique, intellectuel et moral. La surveillance étroite et continuelle à laquelle sont soumis les enfants est une garantie de sécurité complète, aussi bien pour éviter les accidents matériels et les écarts de conduite, que pour assurer les soins en cas de maladie.

La *nourriture* est meilleure, plus substantielle et mieux préparée, plus régulièrement distribuée, plus conforme aux habitudes alimentaires des enfants de la ville.

L'*instruction* des petits colons peut se continuer aisément, par les soins des surveillants, instituteurs et institutrices, soit sous forme de leçons en classes régulières, ou de conférences variées, avec ou sans projections, soit sous forme de leçons de choses données au cours des promenades dans la campagne, ou à l'occasion de visites d'usines ou de monuments. L'enseignement méthodique de la gymnastique contribue, en même temps, au développement physique.

Les *jeux* aussi sont, non seulement surveillés, mais méthodiquement réglés; de nombreux camarades y sont réunis, qui souvent se connaissent déjà, qui, en tous cas, ont les mêmes goûts et les mêmes habitudes citadines; ils n'ont pas à souffrir d'un changement trop complet, et ne sont pas exposés à faire de nouvelles connaissances, probablement mauvaises. L'obligation de jouer et de chanter tous ensemble, inspire ou entretien l'esprit d'ordre, d'harmonie et de solidarité, comme d'ailleurs la fixation bien établie d'un horaire précis, pour tous les exercices journaliers, inspire ou entretient l'habitude de la régularité et de l'exactitude dans tous les actes de la vie. Cette régularité, strictement observée, ainsi que la discipline nécessaire qui la maintient et au besoin la sanctionne, sont considérées comme l'un des plus grands bienfaits des colonies d'internat, puisqu'elles empêchent les enfants de perdre les bonnes habitudes d'obéissance, de respect et de docilité, en même temps qu'elles les garantissent contre tous les dangers physiques et moraux qui pourraient les menacer.

En regard de ces avantages, quels sont les inconvénients des colonies d'internat : il n'y en a qu'un seul sur lequel presque tout le monde soit d'accord, c'est la dépense plus considérable que nécessitent soit la location, soit l'acquisition ou la construction de l'immeuble, et dans tous les cas, son aménagement, sa literie, sa lingerie, son mobilier et son matériel d'ustensiles de toutes sortes. Toutefois, pour certains, ce surcroit de dépenses est même considéré comme un avantage c'est ainsi que M. l'abbé Vallier, dans le rapport très remarqué qu'il a présenté au Congrès régional de Saint-Etienne, du 4 mars 1906, ne craint pas de dire que *le bon marché est un grand inconvénient* et que *les choses valent ce qu'elles coûtent.* Est-ce bien toujours vrai, et ne fait-on pas souvent, ici comme ailleurs, des dépenses improductives ?

La question est précisément de savoir si le surcroît de dépenses qu'entraîne le fonctionnement d'une colonie d'internat assure aux enfants un supplément d'avantages et de bienfaits que le système contraire ne pourrait leur procurer.

Or c'est ici que se manifeste l'opposition complète des points de vue auxquels se placent les partisans des deux systèmes en présence : cette opposition est telle que la plupart des avantages invoqués ci-dessus par les amis des colonies d'internat sont considérés, par les partisans du placement familial, comme autant de graves inconvénients, sinon même de vices rédhibitoires.

« Si vous enfermez les enfants « dans une maison », dit M. le pasteur Louis Comte, « le séjour à la campagne ne sera que *la con-*
« *tinuation de l'école.* Tout sera fait méthodiquement au son de la
« cloche, promenades communes, repas réglementaires, etc.. Vous
« rendrez la campagne odieuse et vous empêcherez ces enfants de
« goûter la vie en plein air ».

La continuation de l'école, c'est bien en effet le souci de ceux qui soutiennent, par principe, le système de l'internat. Ils croient que l'enfant est incapable de rien faire, hormis le mal, s'il n'est pas soumis à une surveillance continuelle, à une discipline étroite, à des habitudes réglées, à une direction de tous les instants, dans ses jeux comme dans son travail. Ont-ils raison? Ont-ils tort? Leurs craintes (car ce ne sont que des craintes) sont-elles fondées ou sont-elles chimériques? L'expérience seule peut le démontrer et elle se poursuit dans les colonies de placement familial.

Nous sommes tous d'accord sur ce point que les Colonies de vacances ont pour but de donner aux enfants, au moins un peu de bonheur et beaucoup de santé.

Bien entendu, nous ne séparons pas la santé morale de la santé physique, et tous nous voulons soigner l'une aussi bien que l'autre; à cet égard la surveillance est assurément indispensable; mais la discipline et la règlementation des horaires sont-elles des conditions nécessaires? Il est permis d'en douter.

Quant au bonheur, il apparaît plutôt comme menacé par cette discipline et cette régularité. « L'ennui naquit un jour de l'uniformité », comme l'a dit le poète, et l'ennui est le premier ennemi du bonheur de l'enfant.

M. René Leblanc disait, en 1900, qu'il y avait plus d'inconvénients que d'avantages à laisser les enfants éloignés de leurs parents plus de trois semaines ou un mois, parce que « leur curiosité s'épuise et l'ennui les gagne ». Je crois bien qu'il avait dû faire cette constatation dans les colonies d'internat; car je l'ai faite moi-même à la Colonie municipale lyonnaise d'internat du Severin, où les enfants n'attendaient pas le délai de trois semaines pour s'ennuyer et demander à rentrer à Lyon, et où, lasses d'être en récréation presque continuelle, régulièrement entrecoupée de promenades à heure fixe, des fillettes se faisaient porter malades pour échapper momentanément à la régularité de l'existence en commun. Il a fallu instituer deux classes quotidiennes d'une heure (chant et travaux manuels), trop régulières encore, pour dissiper notablement, par la suite, cette atmosphère d'ennui qu'il m'était si pénible de constater.

L'*ennui* m'apparaît donc comme une grande menace pour les colonies d'internat. Est-ce à dire qu'on ne puisse y échapper? Assurément non! Mais il convient d'y songer sans cesse et de s'ingénier, par tous les moyens imaginables, à l'éviter aux enfants, en leur créant des occupations et des jeux variés, qui rompent le plus possible la monotonie d'une existence trop réglementée : c'est à cela que devront tendre les efforts des personnes chargées de la direction et de la surveillance de ces colonies, et qui devront, comme le dit M. André, fondateur de l'œuvre de Reims, « traiter paternellement les enfants et leur laisser la plus grande somme de liberté possible ».

La liberté, pour l'enfant comme pour l'adulte, est une condition essentielle du vrai bonheur.

Mais ce n'est pas tout! Au point de vue de la santé physique et morale, les partisans des colonies d'internat, s'ils partagent tous l'opinion de M. l'abbé Vallier, paraissent tenir beaucoup à la conservation des habitudes de l'enfant, tant au point de vue de l'alimentation, qu'à ceux de l'emploi du temps ou des relations de camaraderie; ils redoutent, comme un danger, tout changement aux habitudes acquises à la ville.

A cela les amis du placement familial répondent que cette préoccupation est plutôt fâcheuse, que le changement d'air et d'altitude n'est pas seul utile pour les enfants des villes, mais que le changement des habitudes de toute nature doit être aussi large que possible, et qu'il fait partie intégrante de la cure d'air. Il est bon que l'alimentation soit changée, et qu'au régime plutôt échauffant des villes, où la viande et surtout la charcuterie tiennent une trop grande place, soit substitué un régime plus salutaire, plus rafraîchissant, où les rôles principaux sont tenus par les soupes aux choux, aux haricots et aux pommes de terre, par le laitage, les grands bols de lait, les grandes tartines de beurre et de fromage blanc, et aussi par les fruits. Et pourquoi craindrait-on d'y comprendre au besoin les châtaignes, dont on a fait un épouvantail, mais qui n'ont jamais passé pour nuire à la vigueur des populations montagnardes de la Haute-Loire et de l'Ardèche, qui sont loin, d'ailleurs, d'être leur nourriture exclusive, et qui, d'autre part, sont surtout un aliment d'hiver, moins employé à l'époque des Colonies de vacances.

N'est-ce pas là presque exactement le régime frugal et bienfaisant des bergers de Virgile?

...... Sunt nobis mitia poma,
Castaneae molles et pressi copia lactis,

Quant aux habitudes morales et intellectuelles, il est bon aussi de les changer; il est bon que le cœur des enfants s'ouvre à des sentiments nouveaux, à des admirations nouvelles, à des affections nouvelles; que leur esprit s'ouvre aussi à des connaissances nouvelles et à des procédés nouveaux d'instruction; qu'ils soient mis en contact direct et intime avec les hommes et les choses de la campagne; qu'ils apprennent à les connaître et à les aimer par la pratique et non pas seulement par des lectures et des images, par des leçons et des conférences, fussent-elles accompagnées de projections lumineuses. Cela vaut mieux que de prétendre toujours les tenir claquemurés et comme emprisonnés dans leurs habitudes citadines, morales et intellectuelles, qui sont loin de constituer un idéal et dont la conservation exclusive est une entrave à l'épanouissement intégral de leurs facultés affectives et intellectuelles.

Mais, dira-t-on, changer brusquement ainsi les habitudes des enfants, n'est-ce pas apporter dans leur faible organisme une perturbation dangereuse? Leur laisser tant de liberté et leur faciliter tant de contacts nouveaux, n'est-ce pas les exposer aussi, d'une part, à bien des dangers, tant à des accidents matériels qu'à d'irréparables contagions morales?

Les cas de contagion physique ou morale peuvent-être, à la vérité, moins nombreux dans une colonie d'internat, mais, s'ils viennent à se produire, leurs conséquences risquent d'être infiniment plus redoutables, en s'étendant à toute la colonie : c'est le danger de toutes les agglomérations. La dispersion des enfants peut, en théorie, les exposer à un plus grand nombre de contacts malsains, mais chacun de ceux-ci n'a que des conséquences limitées. Si c'est une colonie d'internat dont on multiplie les contacts extérieurs, les deux dangers s'ajoutent l'un à l'autre : les cas de contagion sont plus nombreux, et la colonie tout entière est menacée d'une contamination générale. Voilà ce que l'on craint et que l'on cherche prudemment à éviter. Cette préoccupation est légitime, mais doit-elle aboutir à l'emprisonnement des enfants? Les craintes qui l'inspirent ne sont-elles pas exagérées? A cela peut répondre l'expérience des colonies de placement familial.

Quels sont les avantages constatés de ces dernières? Laissons de côté l'économie, qui pourrait être une économie mal placée, réalisée aux dépens des intérêts et du bien-être des enfants.

D'abord, au point de vue hygiénique et thérapeutique, le changement de régime alimentaire, dans les conditions exposées ci-dessus, est un bienfait, et non un inconvénient. S'il y a quelques résistances et quelques rares plaintes dans les premiers jours, l'accoutumance est beaucoup plus rapide qu'on ne l'a prétendu et l'acclimatation, pour presque tous, passe inaperçue.

Au point de vue moral, la vie de famille est préférable à la vie en pensionnat; elle prépare moins bien, assurément, à la vie de caserne, mais bien mieux à la vie sociale; elle éveille, dans le cœur de l'enfant, des sentiments d'affection pour sa famille adoptive, aussi bien pour ses parents nourriciers que pour leurs enfants qui deviennent bien vite des frères et sœurs pour les nôtres. Ce n'est pas là une opinion préconçue, c'est un ensemble de faits observés.

Ces affections nouvelles ne risquent-elles pas de diminuer l'amour de nos enfants pour leur famille naturelle? Au contraire, ces sentiments s'ajoutent les uns aux autres et nos enfants servent de trait-d'union entre leurs vrais parents et leurs parents adoptifs, par l'effection commune qu'ils inspirent aux uns et aux autres. Et ceux-ci entrent en relations d'amitié, d'échange de correspondances et de petits cadeaux. Ce résultat, maintes fois constaté, est particulièrement précieux pour le moral des enfants, et, en outre, à un point de vue plus général, constitue un puissant facteur de *rapprochement social* entre les paysans et les ouvriers des villes qui, s'ignorant trop, tendent à ne pas s'apprécier réciproquement à leur juste valeur.

Au point de vue intellectuel nos petits citadins acquièrent, sans leçons, par la simple pratique de la vie quotidienne aux champs, une foule de connaissances nouvelles pour eux, sur les choses de la campagne, les travaux agricoles et le genre d'existence des paysans au milieu desquels ils vivent.

En résumé, par ce changement complet de leurs habitudes, ils jouissent de véritables vacances, qui heureusement pour eux, ne ressemblent en rien à une continuation de l'école. Ils passent, en grande partie, leur temps à s'ébattre dans les prés avec leurs nouveaux camarades, à se promener dans la campagne, où ils trouvent des distractions sans cesse renouvelées. Tantôt ils suivent les cultivateurs aux champs, s'amusent à les regarder moissonner, lier leurs gerbes et édifier leurs gerbiers, battre le blé ou arracher les pommes de terre; parfois à participer à leurs travaux en glanant les épis ou en retournant les foins, ou en apprenant à conduire les bœufs. Tantôt ils aident la ménagère à soigner sa basse-cour, la voient fabriquer son beurre et son fromage, ou bien ils l'accompagnent dans sa carriole au marché de la petite ville.

Est-ce là du pacage, comme le dit M. l'abbé Vallier? Est-ce que ces enfants sont abandonnés sans plaisir, sans bonheur, sans gaieté, dans une oisiveté complète, au milieu du hameau désert, ou dans l'isolement au bord d'un fossé où l'ennui les ronge, interrompu seulement par quelques rares fréquentations, trop souvent dangereuses et immorales, où les cigarettes nuisibles alternent avec les refrains grossiers? Si ce sombre tableau a pu se voir quelquefois, ce que j'ignore, il ne répond en rien à ce qu'on peut constater, en général, dans les Œuvres des Enfants à la Montagne, à ce que j'ai pu constater moi-même, en vivant au milieu de nos colonies familiales lyonnaises, dans l'Ardèche, où nos enfants sont si heureux qu'ils voudraient tous y prolonger leur séjour et demandent instamment à y retourner l'année suivante.

On se figure volontiers, d'abord que les paysans sont essentiellement mauvais, ignorants, grossiers, malpropres, intéressés, incapables de bons sentiments, et ensuite que les colonies familiales sont dépourvues de surveillance. C'est là une double erreur, sur laquelle sont fondées hypothétiquement les appréhensions de leurs adversaires.

En fait, il y a de braves gens partout, dans tous les pays et dans toutes les conditions sociales. Il y a de bonnes et braves familles de paysans, et il y en a beaucoup; nous le savons par expérience : il ne s'agit que de les choisir avec soin et de ne pas opérer à l'aventure, en plaçant nos petits pupilles au hasard, chez les premiers venus.

Quant à la surveillance générale, elle existe, le plus souvent très développée. Tantôt ce sont seulement des membres ou associés de l'Œuvre qui vont passer leurs vacances, à leurs frais ou à l'aide d'une légère indemnité, et plusieurs sont de jeunes médecins ou des infirmières; ou ce sont des inspecteurs salariés à cet effet; ou bien ce sont les instituteurs, les maires ou de notables habitants des communes de placement auxquels est confiée cette surveillance, et qui, tantôt vont visiter les enfants dans les fermes où ils sont placés, s'assurant qu'ils y sont bien traités et qu'ils s'y comportent bien, tantôt les rassemblent pour des jeux et des promenades en commun, ou les encouragent à venir spontanément leur faire visite. C'est ainsi que les petits Lyonnais, placés chez de bons nourriciers soigneusement choisis, sont surveillés par les instituteurs correspondants de la Caisse des Ecoles, qui, non seulement vont les voir souvent, mais les attirent à l'école, les aident dans la rédaction de leurs lettres, leur prêtent, s'ils le désirent, des livres de la bibliothèque scolaire et les réunissent de temps en temps pour quelques joyeuses parties, se gardant bien de leur faire des leçons en classe ou même des conférences par lesquelles les petits n'éprouvent nullement le besoin de se désennuyer.

Faut-il pousser à l'extrême l'obligation de ce système, en rassemblant tous les jours tous les enfants, pendant toute la journée sous la surveillance étroite des membres ou associés de l'Œuvre, comme on l'a proposé par crainte de l'influence fâcheuse des mauvais paysans sur les bons petits enfants. Non! Car l'influence de la vie de famille est bonne quand les nourriciers sont bien choisis.

Enfin, grosse question, les accidents sont-ils plus fréquents dans le placement familial que dans les colonies d'internat? Jusqu'ici personne n'en a apporté la preuve; il n'y a pas de statistiques comparatives sur ce point, et il serait bien difficile d'en établir. Il arrive et il peut arriver toujours des accidents, quel que soit le mode de placement, quelle que soit la vigilance des surveillants. Mais il semble que dans un cas comme dans l'autre ils soient toujours très rares, et certainement l'expérience des colonies familiales est des plus rassurantes à cet égard, si on la rapproche des appréhensions inquiétantes formulées par ceux qui redoutent ce système: les accidents y sont tout à fait exceptionnels, et en nombre insignifiant comparé au nombre des enfants.

Mais, hâtons-nous de mettre un terme à cette discussion, pour rechercher, sans passion, les conclusions qui s'en dégagent. Remarquons, en passant, que diverses œuvres pratiquent simultanément les deux systèmes , et que beaucoup d'autres pratiquent celui des deux que les circonstances mettent à leur disposition, sans y apporter de parti-pris, et sans proscrire, en principe, le système dont elles n'ont pas l'expérience.

Les deux modes de placement ont leurs avantages et leurs inconvénients; il ne faut exagérer ni les uns ni les autres. Il ne faut pas s'appuyer exclusivement sur un principe, celui d'autorité ou celui de liberté, pour en déduire une règle immuable de conduite, en appliquant ce principe, sans pondération, jusqu'à ses plus extrêmes conséquences. Il faut éviter de considérer des appréhensions prudentes et des craintes légitimes comme étant des critiques fondées sur des vices inhérents à l'un ou à l'autre système et démontrés par l'observation et l'expérience. Il faut noter surtout les avantages que présente chacun des deux modes de placement, et tâcher de les réunir dans la pratique : ils ne sont pas absolument inconciliables. En agissant ainsi, on remédiera en même temps aux inconvénients à redouter dans le système que l'on a été amené à adopter.

En réalité, chacun fait ce qu'il peut, et fait bien: cela vaut toujours mieux que de ne rien faire. Chacun cherche à tirer le meilleur parti possible du système qu'il pratique, cherche à en développer les avantages et s'efforce d'en éviter ou d'en corriger les inconvénients; puis il se félicite de son système et le vante: en quoi il a raison; mais qu'il aille voir fonctionner l'autre système et il ne le trouvera pas aussi fâcheux qu'il le supposait.

Ici, comme ailleurs, ce ne sont pas les systèmes qui sont essentiellement bons ou mauvais, mais les hommes chargés de les appliquer : il peut y avoir de bons et de mauvais directeurs de colonies, de bons et de mauvais surveillants, de bons et de mauvais instituteurs, de bons et de mauvais nourriciers. Choisissez-les tous bons, vigilants, affectueux, aimant les enfants et sachant se faire aimer d'eux, et tout ira bien; ils ne les fatigueront pas par trop d'autorité, ne les ennuieront pas par trop de régularité, et ne les abandonneront pas sans surveillance et sans soins aux dangers d'une liberté illimitée.

Ayons de bons collaborateurs, qui méritent notre confiance, et accordons-la leur largement. Ayons confiance aussi dans la bonne nature de la plupart des enfants, laissons-les s'épanouir en les surveillant avec sollicitude, mais sans trop prétendre à les diriger, à les commander, à les maintenir dans l'obéissance.

Souvent la peur d'un mal fait tomber dans un pire.

Concluons donc qu'il n'y a pas une supériorité essentielle d'un des modes de placement sur l'autre; que tous deux présentent leurs avantages respectifs; que les inconvénients, reprochés à chacun d'eux, peuvent être corrigés ou tempérés, en s'inspirant des avantages de l'autre; que les colonies d'internat doivent éviter l'excès d'autorité et de réglementation, pour que les enfants ne s'y sentent pas trop emprisonnés; que les colonies de placement familial doivent éviter l'excès de liberté, pouvant résulter d'une insuffisante surveillance.

Quelles que soient mes préférences personnelles pour le placement familial, quand aucune circonstance particulière n'oblige ou n'engage à pratiquer le placement en internat, je n'hésite pas à reconnaître que, dans tous les cas, grâce à une affectueuse et paternelle sollicitude, on peut également réussir à atteindre le but proposé, qui est de donner aux pauvres enfants débilités de nos villes, beaucoup de santé et un peu ou même beaucoup de bonheur.

Dr Georges BEAUVISAGE.

DISCUSSION du rapport de M. **Beauvisage.**

Dr Beauvisage. — L'esprit qui se dégage de mon rapport est un esprit de conciliation.

Ayant à m'occuper de la question du mode de placement des enfants en Colonies de Vacances, et à intervenir dans la querelle déjà vieille entre le placement familial et le placement en internat, je me suis efforcé de montrer que les deux systèmes ont leurs avantages et leurs inconvénients, que dans la pratique chacun fait ce qu'il peut.

Si partisan que l'on soit, par exemple, du placement familial, si un généreux donateur vient vous faire cadeau d'un château, en le mettant a votre disposition pour y installer une Colonie de Vacances, il faut essayer d'en tirer partie le mieux possible.

Il ne faut exagérer ni les avantages ni les inconvénients. Lorsque chacun vante les avantages du système qu'il pratique, il a généralement raison ; lorsqu'il dit du mal du système opposé, il a généralement tort. Voilà ce qu'il faut que chacun se dise : généralement on aime mieux son système parce qu'on l'a pratiqué, qu'on en est content, et l'on se figure que l'autre système est tout à fait mauvais, parce qu'on ne le connaît pas, et on lui attribue toutes espèces de vices qui ne sont pas les siens. Connaître bien les avantages et les inconvéinents réels des deux systèmes, s'efforcer de transporter, autant que possible dans l'un les avantages de l'autre, en diminuant ses propres inconvénients, voilà l'effort vers lequel tout le monde doit tendre, et nous ne devons pas chercher à nous dénigrer les uns les autres.

Il s'est trouvé beaucoup d'Œuvres qui ont été amenées par les circonstances à pratiquer parallèlement les deux systèmes, à pouvoir en comparer directement les avantages et les inconvénients et par conséquent ces Œuvres ont été appelées à développer le plus possible les avantages et à diminuer le plus possible les inconvénients.

M. Galtier-Boissière. — Le Musée de l'Enseignement Public envoie des boites de 25 vues accompagnées d'une notice pour les conférences de propagande. J'ai pensé qu'il serait utile à diverses Œuvres d'être représentées.

Je demande donc à toutes les Sociétés d'envoyer à M. Gibon, au Ministère des Beaux-Arts, qui sera chargé de faire les notices, une photographie représentant les Œuvres de la façon la plus intéressante.

Il serait intéressant, pour que cette collection soit bien, que tout le monde envoie le plus possible de vues, et nous ferions, M. Gibon et moi, un choix, de façon à ce que cette collection soit très complète.

Mme Moll Weiss. — Il me semble que les Colonies de vacances pourraient organiser des cours ambulants où l'on apprendrait aux parents nourriciers comment il faut nourrir les enfants, comment il faut les soigner, et il est certain que les enfants et les personnes qui les reçoivent s'en trouveraient très bien.

Si nous installions des cours, nous serions certains que les personnes auxquelles nous confions nos enfants leur apprendraient à travailler comme il faut, et ainsi les enfants respireraient du bon air en même temps qu'ils se perfectionneraient.

Je crois donc qu'une fédération des Œuvres aurait un double but : d'abord, distribuer les enfants selon le diagnostic des médecins, et ensuite, d'instituer les cours dont j'ai parlé.

Dans toutes les Colonies, avant de recevoir des enfants, on fait passer un examen médical, or, parmi les enfants qui passaient cet examen, il s'est trouvé un tuberculeux, qu'il était impossible de faire partir. Cet enfant était désolé, j'ai tâché de le consoler. J'ai revu huit jours après, cet enfant, cette nouvelle si désastreuse l'avait terriblement changé, et il était encore plus malade qu'avant. Je demanderais donc, non pas qu'on accepte les enfants aussi malades, mais que l'enfant ne le sache pas.

M. Parent, dont l'expression dépasse la pensée, déchaîne un peu de tumulte en attaquant vivement un placement familial.

MM. Parent, Comte, Vimard, prennent part à cette discussion, l'incident est remis au point, et on accepte le vœu émis par l'abbé Vallier.

M. l'abbé Vallier. — Je me permettrai de me réjouir avec le Dr Beauvisage de ce que les partisans des deux systèmes aient fait de si grands pas les uns vers les autres. Dans son rapport si bien fait, M. le Dr Beauvisage a tenu un grand compte des désirs de chacun, et il nous a dit que ce qu'il fallait regarder, ce ne sont pas les inconvénients des autres et les avantages à soi, mais ce qu'il y a de mal chez soi et de bon chez les autres. La question est d'autant plus facile à résoudre qu'elle est laissée à l'initiative de chacun.

On est quelquefois empêché par les circonstances de choisir et l'on voit que ce n'est pas une question de parti : j'ai parmi mes amis catholiques des personnes qui pratiquent le placement familial, et réciproquement. Je me réjouis donc de ce que M. le Dr Beauvisage ait bien voulu montrer ainsi qu'il faut savoir profiter de ce que nous avons de bon mutuellement.

Mais je ne veux pas laisser tomber la question, car j'estime que quand on ne s'entend pas, il faut se le dire. Il est bon d'apprendre ce que chacun a contre l'autre et ce que chacun dit de l'autre. Nous sommes donc d'accord M. le Docteur pour dire : que nous soyons en *internat* ou en *placement familial*, il faut s'occuper beaucoup de la nourriture des enfants, et nous ne devrions pas continuer la nourriture surchauffée de la ville, nous ne devrions pas les nourrir avec de la charcuterie, mais nous devrions leur donner une nourriture très saine... Nous ne devons pas non plus leur donner trop de lard ou trop de choux, car ils ne le digèreraient peut-être pas facilement.

Pour ce qui est des dépenses, il est certain que nous ne pouvons faire des dépenses improductives, or nous savons que dans certaines colonies, il s'en est fait beaucoup ; par exemple 150 fr. qu'on alloue à des visiteurs, alors que les enfants ont 4 sous pour se nourrir.

En sorte que si j'ai dit autrefois et je le maintiens, que souvent le bon marché est très cher, ce n'est pas pour dire qu'il faille beaucoup dépenser, mais je veux dire qu'il faut dépenser avec méthode, et que si l'on a besoin de 15 ou 20 sous par jour pour nourrir les enfants, il ne faut pas hésiter à les dépenser ; dépenser moins ce n'est pas faire une économie, car alors si les enfants n'ont pas une nourriture suffisante, le but de l'Œuvre n'est pas atteint.

Il faut donc accepter les deux modes de placement ; que nous ayons des enfants dans les familles ou dans les internats, nous nous efforçons d'être très bons pour eux et de leur laisser toutes les libertés compatibles avec les exigences de leur nature.

Tout en étant personnellement tout à fait convaincu de la supériorité du placement de l'internat sur l'autre, je ne voudrais pas dire que le placement familial ne vaut rien. En réalité, il faut surtout nous occuper de l'éducation morale des enfants, nous voulons faire des enfants honnêtes, il faut y arriver par n'importe quel mode de placement.

Vœux relatifs au placement.

Que les Colonies de vacances ne bornent pas leur action aux enfants âgés de moins de 13 ans, les enfants plus âgés pouvant être placés à la campagne dans des conditions très faciles. (Colonel Rouch.)

Que les Œuvres ayant pour bénéficiaires des jeunes filles adultes ne pratiquent pas le placement familial.
(Mmes Weigert et Savy.)

Que le placement, familial ou collectif, ne puisse avoir lieu que dans des conditions certaines, absolues de moralité, d'hygiène et de bien-être pour l'enfant. (Abbé Vallier-M. Parent.)

Que, dans les communes choisies, les écoles soient mises à la disposition des Sociétés sur leur demande, pour l'installation des enfants pendant leur séjour.

Que M. le Ministre de la Guerre fasse mettre à la disposition des Sociétés qui en feront la demande, des fournitures de couchage nécessaires pour les enfants. (M. Lallemand.)

Journée du 1er Octobre 1910.

Lecture et discussion des rapports sur l'Organisation médicale. Les rapports des Mutualités scolaires avec les Colonies scolaires. — Assurance et responsabilité des Œuvres. — Le Comité exécutif. — Réception des Congressistes à l'Hôtel-de-Ville de Paris. — Banquet à l'Hôtel des Sociétés Savantes.

— I —

Organisation Médicale

Docteur **Calvet**, rapporteur :

Les Colonies scolaires sont nées d'une idée philanthropique : donner aux petits déshérités de la classe pauvre de bonnes et saines vacances, ramenant dans leur âme un peu de joie et sur leurs joues les couleurs ravies par leur existence anémiante. Elles seraient nées sans aucun doute un peu plus tard d'une idée scientifique quand, à la suite de

Pasteur, le professeur Grancher enseigna que pour sauver la race décimée par les maladies infectieuses, il fallait *sauver la graine* en la transplantant dans un milieu sain et vivifiant. Philanthropes et médecins doivent donc se rencontrer une fois de plus sur le terrain des *Colonies scolaires de vacances* et se tendre la main en vue d'efforts concertés et productifs.

Cette vérité n'est pas aussi facilement admise qu'elle semble évidente et ce n'est pas sans surprise que nous avons appris au cours de notre enquête que certaines œuvres fonctionnaient en dehors de toute collaboration médicale. Les médecins sont ennuyeux, tracassiers, dépensiers, ils ont parfois des idées effarantes, et semblent souvent, comme de simples internes, faire la nique à l'Administration... et l'Administration les tient en une prudente suspicion ! Parfois, — le fait est rare, nous aimons à le penser — les œuvres n'ont point trouvé de médecin pour s'occuper bénévolement de leurs pupilles. Il y a donc sur certains points de petits malentendus qui doivent disparaître, de petites difficultés qui doivent s'aplanir, car les *œuvres du grand air* ne donneront leur maximum de rendement que dans une étroite collaboration des administrateurs et du personnel médical. Seuls les médecins peuvent opérer judicieusement le triage des enfants, les diriger dans leur cure climatérique, contrôler les résultats obtenus pour les améliorer, s'il y a lieu, donner les notions d'hygiène, de pharmacie, de médecine indispensables au bon fonctionnement d'une Colonie scolaire.

Le Congrès de 1910 a donc été bien inspiré en mettant à l'étude, dans son programme, les points essentiels de l'organisation médicale d'une Colonie scolaire.

I. *Choix des enfants.*
II. *Répartition des enfants.*
III. *Fiches médicales.*
IV. *Pharmacie portative.*
V. *Manuel d'hygiène pratique.*
VI. *Echange des enfants entre les œuvres.*
VII. *Placement et traitement des enfants malades non admis dans les Colonies.*

Nous remercions le Comité d'organisation de nous avoir fait l'honneur de nous charger de ce travail. La distance rendant difficile une collaboration étroite, tout en nous entendant sur les points essentiels, nous nous sommes partagés les questions de telle sorte que les trois premières ont été plus spécialement traitées par le Dr Calvet (de Valence) et les suivantes par le Dr Paquet (de Douai).

I. — CHOIX DES ENFANTS

Tout a été dit, ou à peu près, sur la question du choix des enfants appelés à bénéficier d'un séjour aux Colonies scolaires de vacances, et nous en trouvons un excellent exposé dans le remarquable ouvrage de MM. Plantet et Delpy, sur les *Colonies de vacances* et *Œuvres du grand air* (Hachette 1910). Nous nous en consolerons en songeant que le rôle d'un rapporteur de Congrès est moins de faire acte de novateur que de résumer et de vulgariser l'état actuel d'une quetsion. Un Congrès est une sorte de plate-forme où l'on s'arrête un instant pour jeter un coup d'œil d'ensemble sur le chemin parcouru, avant de poser, dans les discussions, les premiers jalons de la route future.

BUT DE LA COLONIE

Nous devons nous occuper tout d'abord de préciser exactement le but des Colonies scolaires, qui ne doivent pas être considérées comme des hospices ou des sanatoriums pour enfants malades.

« Le but de la Colonie, dit très exactement le Dr Gourichon, est « de faire profiter, à l'égal des enfants plus fortunés, les enfants « pauvres non malades, des écoles primaires, d'un séjour à la cam« pagne leur permettant de revivifier leur organisme flétri par une « habitation malsaine, une nourriture insuffisante, à la veille de suc« comber à l'atteinte de la tuberculose. Ainsi comprise, la colonie « devient une arme précieuse dans la lutte sociale contre ce terrible « fléau, dans l'œuvre de la préservation de l'enfant, et l'hygiéniste « doit en assurer la direction. »

FORMALITÉS D'ADMISSION

Elles consistent le plus souvent dans l'inscription des enrants sur la demande des parents ou la proposition des maîtres ou maîtresses au siège de l'œuvre, deux ou trois mois avant le départ, dans l'enquête sur la famille, l'examen médical, le versement comme droit d'inscription d'une faible somme, 1 franc au minimum, avec promesse de payement partiel du prix demandé et la remise d'une carte de rendez-vous pour la visite du trousseau, la veille du départ. On exige parfois une déclaration écrite des parents constatant que l'enfant n'est atteint d'aucune maladie chronique ou contagieuse, et contenant l'engagement — souvent illusoire — d'observer le règlement et la renonciation à toute indemnité en cas d'accident. Quelques œuvres (Lyon, Saint-Etienne) remettent en même temps un imprimé contenant une liste de recommandations faites aux parents eux-mêmes (réclamation, visite, correspondance, régime alimentaire, hygiène, surveillance, etc.). *Piantet et Delpy.*

IDÉES DIRECTRICES DU CHOIX

a) Celles qu'il faut rejeter. Nous ne parlons qu'à regret de la première idée qui intervient dans le choix des enfants. Beaucoup d'œuvres sont politiques ou confessionnelles et n'acceptent que les enfants de parents partageant les idées et la religion des directeurs. C'est là un *mal social* malheureusement presque inévitable mais qui trouve sa contre-partie dans la multiplicité des œuvres et l'esprit d'émulation que les anime. Souhaitons cependant que nos Sociétés soient neutres aussi souvent que possible.

Un autre écueil à éviter dans le choix est celui trop dangereux de la *recommandation.* Un de nos correspondants, dont je ne trahirai pas l'anonymat, écrit : « Ordinairement, la plupart des œuvres que je connais procèdent dans l'ordre suivant pour accepter les enfants : 1° ceux qui lui sont recommandés ; 2° la plus grande misère ; 3° le plus grand nombre d'enfants ; 4° l'avis du médecin. On devrait faire l'inverse ! »

Quelques œuvres acceptent seulement les fils de leurs *Sociétaires...* Nous comprenons mal ce procédé de sélection qui peut écarter les enfants les plus dignes d'intérêt, si les parents peu fortunés ne peuvent payer la cotisation nécessaire. Nous ne voulons pas non plus — selon la tendance belge — que l'envoi aux Colonies de vacances soit considéré comme une récompense scolaire destinée aux seuls bons élèves. « Il faut veiller à ce que l'œuvre des vacances ne puisse dégénérer en agence de villégiature. » Les bons élèves peuvent être fortunés, et nous savons trop bien aujourd'hui que les prétendus *mauvais sujets* sont le plus souvent des malades : nerveux, adénoïdiens, gastralgiques, cardiaques, incapables de travail et d'attention. Il serait assez cruel de les punir de leur état maladif.

b) Celles qu'il faut suivre. — Deux principes doivent dominer le choix des enfants envoyés aux Colonies de vacances. Ils sont admirablement résumés dans cette réponse du Dr Monod, administrateur des *Colonies de vacances Paloises*. « Nous nous efforçons d'admettre jusqu'à concurrence de nos ressources les enfants que les enquêtes administratives et médicales nous représentent comme les *plus pauvres* et les *plus délicats*. » Et M. le professeur Courmont a bien voulu nous écrire :

« Je crois qu'il faut envoyer aux Colonies de vacances les enfants qui appartiennent à un milieu anti-hygiénique, c'est-à-dire, enfants de tuberculeux, enfants d'ouvriers très mal logés, enfants de familles nombreuses, orphelins, etc. En un mot, je crois qu'il faut faire un *triage social* et prendre les enfants qui ne trouveront chez eux que contagion, mauvais logement, nourriture insuffisante. J'attire votre attention sur les enfants qui ont un parent tuberculeux (contagieux, bacilles à la maison). »

Si nous constatons qu'à la pauvreté, *misère sociale* vient le plus souvent s'ajouter l'insuffisance des ressources vitales, *misère physiologique,* nous concluerons que nous devrons choisir en première ligne les enfants qui présentent le *maximum totalisé de misère sociale et physiologique.*

L'enquête administrative doit déterminer le degré de misère sociale, l'enquête médicale, celui de misère physiologique.

ENQUÊTE ADMINISTRATIVE

Elle sera conduite avec discrétion, auprès des bureaux de bienfaisance, instituteurs, pharmaciens, patrons, particuliers connaissant bien les intéressés. Elle aboutira à un tableau exact de la situation sociale et pécuniaire de la famille, déterminée par les éléments suivants : Profession, gains totalisés de la famille, état de santé, nombre de personnes à la charge des parents, état du logement, chiffre du loyer mensuel, nombre de pièces.

ENQUÊTE MÉDICALE

L'état de santé du milieu scolaire est véritablement navrant. Le professeur Grancher a constaté lui-même en 1904, dans plusieurs écoles de la ville de Paris, une proportion de 14 % chez les garçons et de 17 % chez les filles menacés par la *tuberculose*. La *scoliose* touche 20 à 25 % des écoliers, elle est grave chez 3 à 5 %, 10 % des enfants ont des défauts de la parole trahissant des tares nerveuses. Sur 33 enfants pris au hasard, les Drs Jourdin et Sotty, de Dijon, trouvent presque chez tous de la rhinite, des amygdalites ou des adénites cervicales plus ou moins développées, 2 présentent de l'otite, enfin, 16 étaient porteurs de végétations adénoïdes, dont 8 légères, 6 moyennes et 2 à opérer.

a) *Comité médical.* — C'est dans ce lot important de valétudinaires, de malades sans le savoir, que le *Comité médical* doit opérer un choix sagace pour confier aux Colonies scolaires des sujets capables d'en tirer le plus grand profit. C'est une sorte de conseil de revision *à rebours* écartant les forts pour prendre les faibles, qui doit se réunir par deux fois à quinze jours de distance, pour désigner les candidats aux Colonies de vacances. Dans le premier choix on désigne ceux qui méritent ce réconfort physique, dans la visite qui précède le départ on élimine ceux qui présentent quelque maladie contagieuse. (Manuel Labbé). Chaque candidat doit être ausculté, examiné de la tête aux pieds, pesé, mesuré, puis, quel que soit le désir de ses parents, classé suivant son état et surtout son tempérament dans une Colonie située soit à la campagne, soit à la montagne, soit à la mer. Cet examen doit se faire avec tout le temps nécessaire. Il exige au moins deux médecins, l'un pour prendre le périmètre thoracique et faire l'examen externe, le second pour ausculter le cœur et les poumons. Les décisions du Comité médical devront être sans appel et nous louons sans réserve le règlement de l'Œuvre municipale de Toulon :

« Les raisons de santé seront les seules qui rentreront en ligne de compte dans l'examen et le classement des candidats. »

b) *Ceux qu'il faut refuser.* — Les Colonies scolaires de vacances ne sont ni des agences de villégiature, ni de récompenses pour enfants sages. Nous écarterons dons les écoliers assez fortunés pour que leurs parents puissent s'occuper eux-mêmes de leur santé, à plus forte raison s'ils ne présentent aucune tare physiologique.

D'autre part, les Colonies de vacances ne sont ni des sanatoriums, ni des hospices infantiles, nous écarterons donc aussi les vrais malades, contagieux ou non et les convalescents de maladies graves qui ont encore besoin de soins et de régimes spéciaux qu'ils ne trouveraient pas à la Colonie : internat ou placement familial. Les *Fermes infirmeries* ou les *Colonies de refusés* constituent une transition fort utile entre les Colonies de vacances et les hospices marins ou campagnards.

Nous éliminerons *définitivement* les enfants atteints d'affections cardiaques ou pulmonaires avérées, les rachitiques présentant de graves déformations du squelette, les nerveux (épileptiques, incontinents), les indisciplinés ou anormaux capables de troubler l'ordre de la Colonie, et *temporairement* ceux atteints d'affections aiguës curables médicales ou chirurgicales, sans oublier d'examiner la gorge, les organes des sens, les cheveux.

Nous refuserons impitoyablement ceux qui se présentent en état de malpropreté, porteurs de poux et autres parasites.

c) *Ceux qu'il faut prendre.*

« Ce sont surtout les enfants débiles et prédisposés par leurs anté-
« cédents héréditaires à contracter la tuberculose ; les victimes de la
« misère, de la nourriture insuffisante, de l'habitation insalubre de
« la vie malpropre, les enfants anémiés, amaigris, névrosés par le
« surmenage cérébral, les paresseux à qui la vie des champs convient
« mieux que l'immobilité de l'école, les rachitiques et ceux qui
« offrent des déviations du rachis aggravées par la position vicieuse
« prise en classe que l'on choisit pour les Colonies de vacances. »
(Marcel Labbé).

« Avant tout il faut faire de la médecine préventive. Le choix

« des organisateurs et des médecins des Colonies scolaires doit donc « se porter sur les enfants chétifs, sans lésions apparentes ou avec « des lésions très légères non contagieuses. » (Bonnard).

Nous pouvons classer en quatre groupes les clients désignés des Colonies de vacances.

1° *Tuberculeux latents.* — Les modifications du mécanisme respiratoire, signes précieux de phtisie commençante si bien étudiées par Grancher, sont d'une perception trop délicate pour être recherchées dans le coup de feu de la préparation d'une Colonie scolaire. D'ailleurs, ainsi que le fait remarquer L. Mayet, ces modifications sont les signes d'une tuberculose en voie d'invasion et il est déjà trop tard pour obtenir des résultats suffisants par les Colonies de vacances. Nous devons donc dépister autrement les *candidats à la tuberculose* et motiver notre choix sur d'autres signes :

Stigmates directs : Ganglions cervicaux, cicatrices cutanées, adénopathies trachéo-bronchiques et médiastiniques, gros ventres (Baumel), pleurésies anciennes, tousseurs, rhinites, bronchites, grosses amygdales, végétations, imperméabilité des voies respiratoires supérieures, atrophie du thorax, enfant à la diète d'air (Lalesque).

Hérédité directe ou collatérale : Père, mère, frère tuberculeux. Maisons bacillaires (Courmont). Frère ou sœur morts de méningite (Weill).

Convalescents d'affections tuberculigènes : Rougeole, scarlatine, diphtérie, grippe, coqueluche, fièvre typhoïde, broncho-pneumonie.

2° *Rachitiques.* — Grosses têtes, dents carrées. Scoliose. Déformations sternales — genu valgum — en se souvenant que le rachitisme classique n'existe plus à l'âge de la scolarité (Weill).

3° *Nerveux.* — Inattentifs, paresseux, impulsifs (modérés), tics, agitation, asymétrie faciale, troubles du langage (Weill).

4° *Faibles et malingres* (infériorité des données anthropométriques). — Sujets temporairement affaiblis par une croissance rapide, l'établissement de la puberté, une maladie aiguë ; anémie, lymphatisme ; enfants pâles et bouffis ; sujets suspects chargés d'une hérédité syphilitique ou alcoolique ; nanisme ; enfants de parents âgés.

MÉTHODE PRATIQUE DE CHOIX

Nous devons réserver nos faveurs aux candidats les plus atteints par la *misère sociale* et la *misère physiologique*, révélées par l'enquête administrative et l'enquête médicale. Les deux enquêtes se résumeront en deux notes dont la moyenne permettra de classer *très justement* les enfants d'après leur ordre de mérite. Les candidats marqués d'un *zéro* administratif ou médical seront éliminés. Le zéro administratif sera attribué aux enfants qui, pour une raison quelconque, ne sont pas dignes de la sollicitude de l'œuvre, le zéro médical à ceux trop bien portants ou trop malades pour faire partie de la Colonie.

Coefficient de robusticité. — Certaines œuvres bornent l'examen médical à l'étude des données anthropométriques (poids, taille, périmètre thoracique). On conçoit l'importance de résumer ces trois chiffres en un seul. C'est le but du *Coefficient de robusticité* que nous avons défini : « une valeur numérique approchée exprimant la valeur physique d'un individu en fonction de ses diverses mensurations ».

Chaque coefficient pourrait correspondre à une des notes de l'échelle adoptée (v. Fiche médicale) et le classement médical s'obtiendrait ainsi d'une façon mathématique. La Colonie de vacances de Châteauroux classe ses enfants d'après leur coefficient de robusticité.

POURCENTAGE DES REFUSÉS

Les motifs de refus dépendent des résultats de l'enquête administrative et médicale, et aussi surtout, hélas !... de la maladie de Panurge... *faulte d'argent.* Ce pourcentage est très variable. Nul en général dans les petites villes, il atteint 60 % sur certains points.

Voici quelques chiffres : Douai, 3 % ; Œuvre protestante marseillaise, 40 % ; Œuvre paloise, 60 % ; Colonies de vacances de Châteauroux, 30 % ; Petits angevins, 9 %, etc.

PERSÉVÉRANCE DANS L'EFFORT

De même que les meilleurs résultats semblent atteints par les œuvres qui prolongent le séjour des enfants au-delà de trois semaines (Comte Jagot), ils le sont aussi par celles qui s'attachent à un petit groupe des enfants pour les envoyer plusieurs années de suite à la campagne.

COLONIES DE VACANCES. — *Œuvres sociales du nouveau Clichy*

COLONIES DE VACANCES. — *Œuvres sociales du nouveau Clichy*

L'*Œuvre Paloise* s'occupe ainsi des enfants « jusqu'à ce qu'ils soient fortifiés ». Nous avions défendu cette idée au Congrès de Bordeaux, et nous avons eu une grande joie en apprenant que M. le professeur Landouzy demande que la cure d'air soit renouvelée pour les mêmes enfants trois ou quatre ans de suite. Nous espérons qu'un jour viendra où tous les nécessiteux auront leur part de grand air et de soleil : en attendant, plutôt que de stériliser nos efforts en les dispersant, il faut savoir les concentrer sur un plus petit nombre de sujets, au risque de se faire taxer d'injustice.

Dans un graphique qu'a bien voulu reproduire dans son livre M. Delpérier, nous avons démontré qu'un enfant qui se trouvait inférieur, dans ses données anthropométriques, à la moyenne des enfants de son âge, la dépassant largement après quatre campagnes consécutives. Ce beau résultat n'aurait certainement pas été atteint dans une seule. La plupart des Colonies acceptent d'ailleurs un grand nombre de récidivistes (Douai, 20 % ; Gars normands, 25-50 % ; Œuvre protestante marseillaise, 30 % ; Œuvre Paloise, 50 % ; Union nationale, 25 % ; Œuvre parisienne des enfants à la montagne, 15 à 20 0% ; Châteauroux, 10 %)..

AGE

L'âge d'admission est variable selon les colonies. Le Dr Gourichon préconise celui de 10 à 12 ans. Cette limite est trop étroite si nous voulons prendre les enfants plusieurs années de suite. Nous admettrons volontiers 7-13 ans. Plus jeunes, les enfants sont une cause d'embarras ; plus âgés, les garçons quittent l'école, et les filles constituent une grosse charge morale pour les administrateurs. L'âge varie d'ailleurs avec le type de la Colonie et le but qu'elle se propose. En pratique aussi, dans le placement en internat, il est convenable de faire deux groupes de 7 à 10 et de 10 à 13 ans.

II. — REPARTITION DES ENFANTS

Le rôle des médecins examinateurs se trouve achevé dans la majorité des Œuvres de vacances quand il a abouti au choix des enfants. D'un autre côté ont été éliminés, les sujets robustes et de l'autre les malades incapables de trouver dans les Colonies les soins que réclame leur état. Selon les ressources de l'Œuvre ces derniers seront dirigés sur un *Sanatorium*, une *Ferme infirmerie* ou passés à une *Colonie de refusés.*

Les Œuvres pratiquent différentes sortes de placements : le placement en commun et le placement familial sont les deux procédés qui se partagent la faveur des administrateurs. Ils ont chacun leurs avantages et leurs inconvénients que nous n'avons pas à discuter ici et leur choix dépend surtout du milieu, du pays dans lequel est fondée la Colonie, les médecins n'ont donc pas à se prononcer pour l'un ou l'autre système. Mais si pendant longtemps la plupart des Œuvres se sont contentées d'une colonie unique, sous forme de placement familial ou en commun, à la mer ou à la montagne, de plus en plus elles manifestent le souci de faire bénéficier leurs pupilles, selon leur tempérament et leur état pathologique des avantages de la cure marine et de la cure d'altitude. Il est un fait avéré, maintes fois signalé, que tous les enfants ne supportent pas indifféremment le climat marin ou de montagne. « Les Œuvres à colonie unique sont incomplètes écrit très justement le Dr Gourichon. ». Nous ajouterions volontiers qu'elles pourraient être dangereuses.

Sans doute, toutes les Œuvres ne peuvent prétendre à posséder à la fois, installation à la mer et à la montagne, mais il leur est permis de pratiquer l'échange des enfants ou la mise en subsistance — selon l'expression mutualiste — dans une colonie complémentaire Cette préoccupation anime avec raison le Congrès actuel et pour la première fois se pose devant un Congrès de Colonies scolaires la délicate question : *Mer, montagne* ou *plaine ?*

C'est avec une certaine appréhension que nous en avons abordé l'étude, car tous ceux qui ont quelque expérience de la pathologie infantile savent la difficulté d'un choix judicieux en présence de la complexité des tempéraments et des divers états morbides. Pénétré de l'importance de cette question et de la responsabilité qui nous incombe nous avons voulu nous entourer de toutes les garanties nécessaires. Nous nous sommes donc mis en relation avec les personnalités médicales faisant autorité en la matière : médecins d'enfants, de Colonies scolaires, hygiénistes, thérapeutes. C'est le fruit de leurs observations que nous apportons ici. Nous regrettons bien vivement que l'exiguïté de la place dont nous disposons ne nous permette pas d'utiliser toute la riche documentation de notre enquête et nous nous excusons auprès des correspondants que nous nous voyons dans l'obligation de passer sous silence. Nous adressons tout particulièrement l'expression de notre sincère reconnaissance à MM. les professeurs Baumel (de Montpellier), CURTILLET (d'Alger), COMBY et MARFAN (de Paris), COURMONT et WEILL (de Lyon), M. le Dr LALESQUE (d'Arcachon), membre de l'Académie de médecine. MM. les Drs GOURICHON, NOIR et BOUREILLE (de Paris), BONNARD (de Tournon), JAUBERT (d'Hyères), ROURE (de Valence), L. MAYETT (de Lyon), SOTTY

Avant de présenter un exposé d'ensemble des indications des différentes stations : mer, montagne ou plaine, nous allons résumer brièvement les données g'n'rales de la *Climatothérapie* et le mode d'action sur l'organisme des différents climats. Notre très honoré confrère, M. le Dr LALESQUE (d'Arcachon), a bien voulu nous autoriser à utiliser, au bénéfice de nos Colonies, les résultats de sa longue expérience, condensée en un remarquable chapitre de climatothérapie paru dans le VIIIe volume de la *Bibliothèque de thérapeutique*, publiée sous la direction de MM. Gilbert et Carnot.

NOTES DE CLIMATOTHÉRAPIE

1° PRINCIPES GÉNÉRAUX. — Le climat synthèse d'agents multiples a une action manifeste sur l'homme. La climatothérapie utilise cette action pour la guérison des malades.

Elle a pour but :

1° *De soustraire le malade à tout milieu atmosphérique prédisposant aux inflammations simples ou microbiennes de l'appareil respiratoire;*

2° *De transporter le malade d'un climat imposant une vie sédentaire et cloîtrée, donc débilitante, dans un climat où, sans difficultés de provenance atmosphérique, il puisse vivre à l'air libre et au soleil;*

3° *De transporter le sujet du sein de populations denses, à milieu vicié, dans une région sans agglomération ni infection de l'air respirable;*

4° *De placer le malade en climat complémentaire.* (L'expérience a démontré que le climat complémentaire n'est pas un climat de formule contraire, mais bien de même formule, améliorée dans le climat de cure.)

5° *D'imposer, outre le changement de climat, un changement d'existence.*

2° AGENTS DE LA CLIMATOTHÉRAPIE. — Le milieu régit les conditions générales de la vie. Toute variation du milieu se répercute sur les phénomènes vitaux.

A) *Agents physiques.* — a) *Température.* — Le froid exalte les fonctions de nutrition, la chaleur les ralentit. L'homme sain tend toujours à maintenir constante la température de son corps, quelle que soit celle du milieu ambiant. Cette acte inconscient de défense nécessite un effort organique qui peut aboutir à la fatigue. Ainsi s'explique la recherche en climatothérapie d'un climat à courtes oscillations thermiques. L'inconstance thermique est plus qu'une température donnée (froid ou chaud) l'agent occasionnel des maladies dites *a frigore.*

b) *Humidité.* — L'humidité règle la répartition de la chaleur, elle est le principal facteur de l'égalité des climats. L'air est *très sec* au-dessous de 55 0/0 d'humidité relative. *L'air sec excite* et *l'air humide calme les bronches.* En air sec la fonction sudorale s'active, elle s'atténue en air humide. L'humidité détend le système nerveux. Elle exagère les inconvénients de la chaleur et du froid. La variabilité hygrométrique est, comme la variabilité thermique, un facteur important de maladie.

c) *Vent.* — Les effets du vent dépendant de sa vitesse, de sa température et de son humidité, doivent être redoutés à cause du brusque déséquilibre qu'ils apportent dans un climat.

d) *Pression.* — Au niveau de la mer, l'air naturellement comprimé, permet la plus grande introduction d'oxygène sous le plu petit volume possible, il s'ensuit une respiration plus ample et moi fréquente. Plus on s'élève plus la pression baisse et avec elle l poids de l'oxygène par litre. Il en résulte immédiatement, pour combler le déficit, une augmentation des mouvements respiratoires, et plus tard, après adaptation, une augmentation des globules rouges, convoyeurs de l'oxygène dans les tissus. L'accélération transitoire du pouls tend au même but.

e) *Lumière.* — Elle active l'exhalaison de l'acide carbonique et par les rayons jaunes agit sur la respiration. Elle a surtout, par ses rayons ultra-violets, un rôle antiseptique considérable.

B) *Agents chimiques.* — L'oxygène, l'azote, l'acide carbonique sont, en proportion, invariables à toutes les altitudes. L'ozone s'élève à la montagne, à la mer et surtout au voisinage des forêts. Sa présence est favorable au sommeil. Le cholure de sodium et l'iode existent surtout au bord de la mer par vent du large. Leur rôle y semble peu important.

C) *Agents biologiques.* — L'air ne contient des microbes que grâce aux poussières (Courmont). La *pureté atmosphérique prime tout*, d'où proscription des pays à poussière. Elle est absolue à 3.000 mètres d'altitude, et à la mer à 100 kilomètres des côtes, elle décroît dans les vallées, elle fait place à la souillure atmosphérique dans les villes. La lumière solaire tue les germes, l'humidité favorise leur éclosion, la pluie les précipite sur le sol, les forêts les détruisent grâce à l'ozone.

D) *Agents telluriques.* — *Sol.* — Il doit avoir une pente suffisante et être perméable.

Forêts. — Elles servent d'écran au vent. Les forêts résineuses sont surtout recherchées : elles régularisent la température, tamisent la lumière; atténuent l'humidité du sol, sont riches en ozone et en vapeurs de térébenthine.

ÉTUDE DES CLIMATS

1° Climat marin. a) *Caractères généraux.* — *Température constante* : Atténuation des variations quotidienne, mensuelle, annuelle.

Etat hygrométrique élevé à régime stable.

Pluies abondantes mais courtes.

Prédominance des vents du large: agent d'équilibre thermique.

Pression barométrique maxima à variations de courte amplitude.

Grande insolation.

Richesse en oxygène et en ozone.

Pureté atmosphérique absolue en haute mer, relative sur le rivage.

b) *Effets généraux.* — L'air marin active la nutrition et rend l'élimination plus complète.

Les climats marins déterminent :

1° *Des effets de préservation,* par la constance des agents physiques, à condition que le sol soit perméable et n'exagère pas l'humidité de l'air;

2° *Des effets de sédation,* conséquence de l'état hygrométrique et de la forte pression barométrique;

3° *Des effets toniques:* luminosité, pureté de l'air.

4° *Des effets antiseptiques:* intensité lumineuse, richesse en ozone.

En général, l'action marine est donc: *sédative, tonique, antiseptique.*

2° CLIMAT D'ALTITUDE. — C'est à partir de 1.200 mètres que l'atmosphère se présente avec des caractères suffisamment tranchés pour que de leur ensemble naisse un climat particulier.

a) *Caractère généraux.* — *Pression barométrique.* — La diminution de la pression en raison de l'altitude est le fait essentiel du climat de montagne.

Température. — Elle s'abaisse avec l'altitude, mais l'action directe des rayons solaires dans un air très sec fait, qu'en hiver, la chaleur au soleil est plus grande que dans la plaine. Comparée à la plaine, l'altitude possède une température plus fraîche en été, plus chaude en hiver au soleil, mais plus froide à l'ombre, à variations moins brusques qu'il est permis de le supposer.

Insolation. — Son importance augmente avec l'altitude, toute la chaleur non absorbée par l'air raréfié arrivant directement au sol. L'intensité des rayons lumineux est considérable.

Etat hygrométrique. — La grande sécheresse de l'air est un trait également caractéristique. L'absence d'humidité et de poussière donne à l'air une transparence excessive.

Vent. — Le vent est chose pénible en montagne. Les stations doivent être placées à l'abri d'une muraille de rochers ou d'un épais rideau de forêts.

Pureté de l'atmosphère. — Absence de poussière et de microbes.

En somme: température froide à l'ombre, élevée au soleil, lumière intense, air sec, brouillard rare, pureté atmosphérique.

b) *Effets généraux.* — L'adaptation au milieu impose à l'organisme un effort qui se double d'une action tonique, qui « se manifeste « dans les différents organes en rétablissant les conditions normales « de leur fonctionnement et en les maintenant, même en permanence, « dans un état de suractivité fonctionnelle. » Lauth.

1° *Respiration.* — Elle s'accélère, l'expansion inspiratoire du thorax s'accroît, d'où fonctionnement des zones *paresseuses* des poumons prédisposées à la tuberculose du fait de leur inaction habituelle. Les échanges respiratoires sont augmentés.

2° *Circulation.* — Il y a suractivité circulatoire, la peau et les muqueuses reçoivent plus de sang, le cœur se contracte avec plus d'énergie, le nombre des globules rouges et le taux de l'hémoglobine augmentent.

3° *Nutrition.* — Les échanges organiques s'exagèrent. Les séjournants fondent d'abord, mais l'augmentation de l'appétit répare vivement la perte, et le poids augmente. La force musculaire et l'aptitude à l'exercice se développent.

4° *Système nerveux.* — Il réagit de façon variable selon les personnes et l'altitude. Action *sédative* au cas d'altitude modérée, mais *excitante* à partir de 1.200 mètres chez les sujets nerveux et impressionnables qui peuvent avoir de l'insomnie et des palpitations.

En résumé, effets généraux *toniques*, mais exigeant un effort d'adaptation obtenu pour un acclimatement qu'il est nécessaire de surveiller.

INDICATIONS ET CONTRE-INDICATIONS DES DIFFÉRENTS CLIMATS

Voici, brièvement résumés, les points essentiels de notre enquête auprès de nos correspondants, à qui nous avions posé la question suivante :

Considérant que les Colonies scolaires de vacances ne s'adressent pas à de vrais malades, mais à des enfants affaiblis, malingres, suspects, quelles sont, à votre avis, les indications et les contre indications des envois :

à la plaine ;
à la mer ;
à la montagne au-dessous de 700 mètres ;
— au-dessus —

Nous présentons les réponses, pour plus de facilité et de clarté, sous forme de tableau. Nous attirons tout spécialement l'attention sur la classification précise et originale qu'a bien voulu tracer pour nous notre excellent maître, M. le professeur Weill. Nous résumerons brièvement, en dernier lieu, les indications très complètes contenues dans le travail de M. Lalesque.

M. LE PROFESSEUR WEILL (de Lyon) :

Je laisse de côté les enfants bien portants qu'on peut caser où on veut.

Parmi les maladifs ou affaiblis, je ferai les distinctions suivantes :

1° Tous les tuberculeux latents qui sont nombreux, doivent être envoyés à la montagne au-dessus de 1.000 mètres, si possible; je compterais dans cette catégorie :

a) Ceux qui, sans être malades eux-mêmes ont dans leur famille un tuberculeux avéré.
b) Ceux qui ont des ganglions cervicaux.
c) Ceux qui ont des cicatrices cutanées.
d) Ceux qui toussent facilement, qui ont des rhinites, des bronchites des grosses amydales, des végétations.
e) Ceux qui ont des frères ou des sœurs morts de méningite.

Je ne parle pas bien entendu des tuberculoses authentiques plus ou moins transmissibles.

2° J'enverrai à la mer:

a) Tous ceux qui ont des traces de rachitisme: grosses têtes, dents carrées, scoliose, déformations sternales, genu valgum, etc. (Le rachitisme classique n'existe plus à l'âge de la scolarité.)

b) Les enfants en état de croissance rapide, garçons et surtout filles à l'âge de la puberté. (Rien ne vaut la mer à cette période qui les transforme complètement.)

c) Les anémiques, les lymphatiques, les sujets pâles, bouffis, peuvent aller à la mer ou à la montagne.

3° J'enverrai en plaine :

a) Les *anormaux* : ceux qui, d'après les renseignements de l'instituteur, sont au moral indisciplinés, impulsifs, peu attentifs et font de mauvais exemples.

b) Ceux qui ont des tares physiques : tics, agitation, asymétrie, stigmates nerveux en général.

Dr Lalesque (d'Arcachon) :

LES CURES MARINES

Indications. — 1° *Candidats à la tuberculose.* (Débiles, rachitiques, lymphatiques, adénitiques, fils d'alcooliques, de tuberculeux.)

2° *Anémiques, chlorotiques.*

3° *Affections phtisiogènes.* (Adénopathies broncho-médiastiniques. — Coquelucheux. — Séquelles broncho-pulmonaires.

4° *Tuberculoses locales.* (Osseuses, ganglionnaires, cutanées, oculaires, scrofulo-tuberculose.)

5° *Tuberculose pulmonaire.* (Cette question comporte de nombreuses discussions, mais elle sort de notre cadre.)

6° *Rachitiques.*

7° *Cardiopathies bien compensées.*

Contre indications relatives. — 1° Rhumatisme.

2° Affections oculaires et auriculaires.

Le Dr Lalesque préconise une *spécialisation des plages.*

1° Aux enfants étiolés, nerveux, trop délicats, faciles aux refroidissements, affaiblis par la maladie, les bains tièdes de la Méditerrancée; 2° Aux sujets lymphatiques, mous, inertes, ayant besoin d'un coup de fouet, les bains froids de la Manche; 3° Ceux de l'Atlantique conviennent plutôt « aux délicats de corps et d'esprit, sensibles aux variations physiques », dont « les lésions sont elles-mêmes plutôt suraiguës que franchement chroniques, qui, en un mot, ont une scrofule eréthique et non pas torpide. » (Van Merris.)

LES CURES D'ALTITUDE

INDICATIONS. — Le climat d'altitude réclame les sujets jeunes et convient aux tempéraments plus ou moins mous et lymphatiques.

1° *Prétuberculeux.* — Anémie, chloro-anémie, prédisposés héréditaires, adénopathies, dyspepsies toxiques, albuminurie toxique, fausses grippes, pleurésies guéries, bronchites et broncho-pneumonies en convalescence.

Contre-indications: Fièvre et palpitations.

2° *Tuberculose pulmonaire* (même remarque que pour la mer).

3° *Nerveux.*

CONTRE-INDICATIONS. — Cardiopathies mal compensés.

CONCLUSIONS

1° De l'exposé des données précédentes et des variations constatées d'un auteur à l'autre, il résulte ce fait certain, c'est que la station idéale des Colonies de vacances pour nos petits citadins est représentée par un pays de moyenne altitude : « Une contrée saine à 4 ou 500 mètres seulement suffit. » (Profeseur Courmont.)

2° La mer, l'altitude et la plaine, réclament une clientèle spécialisée que nous pouvons, semble-t-il, répartir ainsi pour les cas qui nous occupent le plus fréquemment :

A la mer: Rachitisme, tuberculoses locales, lymphatisme torpide.

A la montagne: Prédisposés à la tuberculose par affection pulmonaire antérieure, grosses amygdales, végétations adénoïdes.

A la plaine: Nerveux et cardiaques.

III. — FICHES MEDICALES

Les notions acquises en vertu de l'application des principes exposés dans les chapitres précédents doivent être condensées et conservées dans une *Fiche médicale*. C'est au Dr Bonnard, le savant auteur de la *Santé par le grand air*, que revient l'honneur d'avoir le premier attiré l'attention sur l'intérêt de l'établissement d'une fiche uniforme pour rendre comparables les résultats obtenus dans les diverses Colonies et perfectionner au besoin leur mode d'action.

Dans la discussion médicale qui s'ouvrit au Congrès de Bordeaux, il fut admis, sur notre proposition, que les Colonies scolaires auraient à leur disposition deux modèles de fiches. Les unes simples, pouvant être vues par tout le monde et circuler avec l'enfant, les autres complètes contenant des renseignements précis sur l'habitation, les antécédents, les particularités pathologiques. Cette seconde fiche devant demeurer dans les archives des œuvres pour constituer des dossiers précieux pour l'étude de la puériculture en sauvegardant le secret professionnel. Le modèle très complet, présenté par notre ami M. le Dr Bonnard (de Tournon), fut admis, sans discussion, dans ce dernier but. Le distingué et dévoué secrétaire du Congrès, M. le Dr Lauga (de Bordeaux), fut chargé de rédiger la fiche simple.

A notre avis, le dispositif adopté ne satisfait pas complètement aux exigences des Colonies scolaires et nous préférerions de beaucoup une fiche susceptible de servir au même enfant pendant plusieurs années. Il y aurait là une économie évidente d'argent et de temps à réaliser. Pourquoi s'obliger chaque fois à récrire des renseignements connus, invariables? Et quant à ceux qui accusent pour chaque nouvel examen des variations dont l'étude constitue précisément le côté intéressant de la question au point de vue médical, n'y a-t-il pas aussi grand intérêt à les rassembler sur la même feuille, sur la même ligne? Les modifications survenues seront ainsi bien plus frappantes. Nous avons déjà longuement insisté sur ce sujet, le point essentiel à dégager dans l'étude de l'influence des Colonies scolaires sur la nutrition de l'enfant est moins le résultat immédiat, peut-être passager, que le résultat à distance plus certainement définitif.

Et nous avons vu que M. le professeur Landouzy reconnaissait également la nécessité de s'attacher aux mêmes enfants pendant plusieurs années consécutives.

Au Congrès de Bordeaux, nous avions présenté une *Fiche graphique* destinée à consigner au moyen de points et de courbes, les chiffres caractéristiques de l'accroissement d'un enfan t tout en permettant de le comparer à chaque instant au développement d'un sujet moyen du même âge. Nous n'avons jamais vu, dans ce système, qu'un procédé complémentaire de contrôle, sans penser un seul instant qu'il devrait être employé à l'exclusion des procédés simples de notation. Notre tableau graphique n'était que le *verso* facultatif d'une fiche dont nous chercherons maintenant à établir le *recto*.

Nous pensons, en effet, qu'entre la fiche simple, trop simple, du Dr Lauga ou celle employé par l'Union nationale des Colonies de vacances et la fiche complète du Dr Bonnard ou celle du Dr Paquet, parue dans la *Pédiatrie pratique* (15 juillet 1909), il y a un moyen terme à trouver, reposant sur certains principes directeurs, pour l'établissement de la *Fiche pratique* des Colonies scolaires

A notre idée la Fiche des Colonies de vacances doit être un document susceptible de suivre l'enfant dans ses déplacements et de fournir à chaque instant tous les renseignements nécessaires sur son compte, la fiche doit donc être en même temps administrative et médicale. Pour les motifs exposés plus haut, elle doit pouvoir servir au même enfant pendant quatre années au moins.

Elle doit signaler les données anthropométriques de l'enfant (poids, taille, périmètre thoracique), et les résultats de l'examen médical. Nous touchons ici à la grosse question du secret professionnel, il ne faut pas en exagérer l'importance. Toutes les personnes qui en sont dépositaires, par état ou fonction, s'y trouvent astreintes au même titre que le médecin. Nous faisons confiance dans les hôpitaux, aux infirmiers, au personnel subalterne, recruté sans grandes garanties de moralité, et nous ne l'accorderions pas aux charitables philanthropes qui s'occupent des Colonies scolaires, pour des cas bien moins graves, le fait serait assez étonnant. Au surplus, les médecins savent très bien user, entre eux, de formules cabalistiques qui mettent à l'abri des indiscrétions. L'essentiel est de ne pas parler, pendant l'examen, devant les parents et les enfants. (Mayet.)

La fiche doit enfin porter l'indication du choix de la station conseillée, des soins et régimes spéciaux nécessaires pendant le séjour, en quelques mots brefs et non scientifiques.

Nous proposons la rédaction suivante, sachant toutefois combien il est difficile d'obtenir le changement d'habitudes acquises pour les Œuvres qui ont déjà une fiche. Nous nous adressons surtout à celles qui n'en ont pas encore ou qui ne sont pas tout à fait satisfaites de la leur. Si notre fiche semble présenter quelques avantages, c'est que nous l'avons composée avec les éléments qui nous ont paru les meilleurs dans les multiples documents que nous avons eu sous les yeux.

DESCRIPTION ET TENUE DE LA FICHE

La fiche, sur carton rose pour les garçons, bleu pour les fillettes, mesure 28 cent. × 19 cent. En tête, un numéro d'ordre et le nom de l'œuvre. Au-dessous, en quatre lignes, les renseignements invariables ou à peu près. *Noms et prénoms de l'enfant..., Né à..., Nom des parents, Profession et adresse, N° d'inscription......, Vacciné le.....*

Ensuite, pour les notions variables, un tableau avec colonnes verticales correspondant à quatre années. C'est une moyenne de présence rarement dépassée ; le cas échéant, on constituerait une seconde fiche. Il serait d'une bonne pratique d'adopter la méthode universitaire et de considérer des périodes annuelles chevauchant sur deux années ordinaires, d'un départ à l'autre. Exemple : année 1909-1910. Ceci nous permettrait de placer dans la même colonne, après la période de vacances un examen ultérieur nécessaire en cours d'année scolaire.

1° *Renseignements administratifs*

Dans la colonne de l'année, on note successivement :

1° AGE (ans et mois), au moment du départ pour la colonie, lors de l'examen initial.

2° SITUATION DES PARENTS exprimée par les trois données suivantes : *Gains de la famille; Nombre de personnes à la charge de la famille; Etat de santé; Loyer; Nombre de pièces.*

3° ECOLE FRÉQUENTÉE.

4° CONTRIBUTION DES PARENTS : *Droit d'inscription; Somme promise; Somme versée.*

5° Renseignements sur la santé de l'enfant. — Le travail des médecins examinateurs serait grandement facilité si les parents donnaient, lors de la première enquête, quelques renseignements sur les maladies subies par l'enfant dans le cours de l'année ou des années précédentes, avec l'indication des désirs formulés par le médecin habituel sur le choix de la station (mer, montagne, plaine).

6° Exercices religieux. — Indiquer le désir des parents.

7° Lieu de séjour et parents nourriciers choisis par l'Administration.

8° Note administrative sur l'opportunité du départ. Les chiffres adoptés sont :

Très utile	(10, 9, 8)
Utile	(7, 6, 5)
Peu ou pas utile	(4, 3, 2)
Impossible	(0)

La note administrative et la note médicale additionnées fourniront une note d'ensemble, qui permettra de classer les candidats au départ, les plus méritants ayant le chiffre le plus fort. La note *zéro*, administrative ou médicale, *élimine fatalement le candidat.*

2° Fiche médicale

1° Données anthropométriques.

Nous demandons pour le *poids*, la *taille*, le *périmètre*, trois examens: au départ, au retour et six mois après environ, pendant les vacances de Pâques, par exemple. On peut ajouter un examen au milieu des vacances.

a) *Poids.* — Le poids doit être pris avec une bascule contrôlée à chaque séance et sensible à 50 grammes. Pour les garçons, avec chemise, bas, pantalon. Pour les filles, avec chemise, bas, jupon.

a) *Taille* mesurée à la toise, sans souliers. On peut employer la toise militaire ou un ruban métrique fixé contre un mur, une équerre étant appuyée sur la tête de l'enfant. Mentionnons la toise Féraud, bon marché et peu encombrante.

c) *Périmètre thoracique.* — Pour les garçons: périmètre mamelonnaire. Pour les filles: un peu au-dessus de la pointe de l'appendice xiphoïde, en inspiration et expiration forcée, prendre la moyenne. En pratique, cette double mesure nous semble inutile; nous opérons de la façon suivante: nous commandons: *Levez les bras* et nous passons le centimètre derrière le dos, bien perpendiculairement à la colonne vertébrale. Deuxième commandement: *Baissez les bras.* Nous ramenons en avant les extrémités du centimètre pour prendre la mesure pendant une pause respiratoire. Nous obtenons ainsi des chiffres exacts à un demi-centimètre près. Il est impossible d'obtenir davantage.

Certaines œuvres ont renoncé à cette mensuration, en raison de son infidélité. Il ne faut sans doute pas lui demander de constater les gains d'une campagne, mais elle est très importante pour apprécier l'état physique d'un enfant. On peut employer, avec avantage, le centimètre symétrique de Rosenthal qui permet de comparer le développement des deux côtés de la poitrine.

Il existe aussi des appareils spéciaux, ceux de Dufestel, Roux, Marage, Variot, mais leur prix est élevé et leur emploi demande beaucoup de temps.

d) *Coefficient de robusticité.* — Cette recherche facultative est intéressante. On donne ce nom à une valeur numérique approchée exprimant la valeur physique d'un individu en fonction de ses diverses mensurations. Nous adoptons momentanément la formule de Pignet, qui s'établit ainsi :

Coefficient de robusticité = Taille — (Poids + périmètre thoracique).

Les coefficients les plus élevés sont les plus mauvais. On peut les classer de la façon suivante :

Inférieur à 10 =	Constitution	très forte
De 11 à 20 =	—	bonne
De 21 à 25 =	—	moyenne
De 26 à 35 =	—	faible
Supérieur à 35 =	—	mauvaise

Ces chiffres ne sont applicables qu'à l'adulte. Dans l'enfance et l'adolescence, il y a, pour chaque âge, un coefficient moyen variable établi d'après les données moyennes de taille, poids et périmètre pour l'âge en question. Nous avons établi les coefficients moyens pour les âges compris entre 5 et 15 ans.

5 ans	CR	=	36
6 —	—	=	38
7 —	—	=	42
8 —	—	=	43
9 —	—	=	43
10 —	—	=	42
11 —	—	=	43
12 —	—	=	44
13 —	—	=	45
14 —	—	=	48
15 —	—	=	44

En pratique, la valeur relative du coefficient entre surtout en jeu, et pour un même âge ce sont toujours les plus élevés qui sont les plus mauvais.

Nous avons proposé un nouveau coefficient de robusticité que nous mettons à l'étude, mais que nous n'osons pas encore conseiller. Voir *Bulletin de la Société Médico-Chirurgicale de la Drôme et de l'Ardèche*, avril 1906, et *Congrès international des Colonies scolaires de vacances*, avril 1906.)

2° INFIRMITÉS ET MALADIES A SIGNALER. — Cette case devrait être très grande si nous voulions y inscrire un questionnaire complet. Les faits négatifs ne signifiant rien, le médecin doit seulement noter les points intéressants de son examen et capables d'influer sur le refus d'un enfant, le choix de la station ou du régime. Il faut noter également les infirmités qui pourraient devenir l'objet de réclamations de parents peu consciencieux, si elles n'étaient pas signalées au départ. Le médecin procèdera donc à l'examen d'un enfant, méthodiquement suivant la méthode habituelle qu'il n'y à pas lieu de décrire ici et inscrira seulement les indications indispensables. Deux médecins sont utiles, l'un pour la prise du périmètre thoracique et l'examen externe, le second pour l'auscultation.

3° STATIONS A CONSEILLER. — Selon les ressources de l'Œuvre. (Mer, montagne, plaine, ferme infirmerie, sanatorium, etc.).

4° SOINS ET RÉGIMES SPÉCIAUX.

5° NOTE MÉDICALE SUR L'OPPORTUNITÉ DU DÉPART. — C'est le « verdict » médical exprimant par un chiffre le droit au départ du candidat.

Elle donne lieu aux mêmes observations que la note administrative.

6° OBSERVATIONS PENDANT LE SÉJOUR.

7° ÉTAT DE SANTÉ ULTÉRIEUR. — Incidents pathologiques survenus dans l'année consécutive aux vacances.

Le médecin signe au bas de la colonne.

Verso de la Fiche. — Nous le réservons à dessein en blanc parce qu'il est plus commode pour les recherches de centraliser tous les renseignements du même côté de la feuille, ensuite, nous laissons à chacun le soin d'utiliser le verso de la fiche à sa convenance.

Quant à nous, nous y ferons figurer notre *Fiche graphique.*

« Il suffira d'un seul coup d'œil sur la Fiche graphique d'un enfant pour permettre à tout le monde de juger sa situation par rapport à un état moyen. La marche de ses courbes individuelles rapportée à celle des courbes moyennes indiquera la tendance qu'il aura à se rapprocher de la normale, à la dépasser ou à se trouver au-dessous d'elle suivant les conditions favorables (séjour à la campagne), ou défavorables (maladie) qui auront influencé sa croissance. La cause connue des incidents relevés sur le tracé pourrait être brièvement relatée. Rapidement pour chaque enfant on pourra apprécier ce qui est fait et ce qui reste à faire. »

On pourrait tout aussi bien inscrire sur ce verso des instructions pour la tenue de la fiche et la prise des mensurations. Il peut servir également à noter des remarques ou recherches personnelles.

Le Congrès appréciera.

*
* *

Docteur **Paquet**, rapporteur :

La première question qui se pose est celle de la *nécessité* d'une pharmacie portative pour les Colonies de Vacances : est-il utile de mettre entre les mains des surveillants des médicaments et des objets de pansement dont ils ne connaissent pas toujours d'une façon précise l'usage, le mode d'emploi et parfois le danger, et cette pratique ne risque-t-elle pas d'être nuisible ?

Il est indispensable, à notre avis, que le directeur d'une Colonie ait à sa disposition un certain nombre de médicaments urgents, quand bien même il faudrait lui mettre entre les mains des substances toxiques. Mais cette marque de confiance toute particulière doit être donnée sous certaines conditions.

Il est évident que, dans tout groupe d'enfants, si bien surveillé qu'il puisse être, il peut survenir des accidents, et l'œuvre parisienne des Enfants à la Montagne en a fait, l'an dernier, l'expérience qui doit être profitable à tous. Il ne se passe pas d'année où il ne survienne chez nos colons, des maladies, souvent bénignes, parfois sérieuses. La colonie, pour laquelle on a volontairement recherché un lieu sain, peu habité, où la vie est plus simple et plus naturelle que dans les agglomérations importantes, la colonie n'est pas toujours, et même n'est pas souvent dans une localité où réside un médecin. Comment fera son directeur en présence d'un enfant qui s'est fait une contusion sérieuse, qui a une plaie qui saigne, qui tousse ou qui a mal à la gorge, qui a de la fièvre ou une indigestion, qui vient de se brûler contre le poële, etc., en attendant l'arrivée du médecin qui, parfois, parti pour sa longue tournée journalière, ne pourra répondre que le lendemain ou tout au moins très tard dans la soirée à l'appel urgent qu'on lui aura adressé? Quel sera au cours d'une promenade, son embarras en présence d'une indisposition subite, comme le coup de chaleur, n'ayant rien avec lui et ne sachant généralement pas la nature des soins urgents à donner? Comment soulagera-t-il de suite et transportera-t-il, sans risquer des complications ou simplement sans provoquer de vives douleurs, un enfant qui a une fracture?

Car, il faut bien se rappeler quels sont habituellement les directeurs ou surveillants de nos colonies : ce sont des instituteurs ou des institutrices, fort dévoués certes, et nous sommes les premiers à leur rendre un juste hommage, mais dont l'éducation hygiénique est tout à fait rudimentaire ; il en sera du reste question de nouveau à l'occasion d'une autre partie de ce rapport. Il faut donc leur donner la facilité de pouvoir procurer les soins nécessaires aux petits malades et aux petits blessés, en leur mettant entre les mains un certain nombre de médicaments, sous certaines réserves

D'abord, et par mesure de prudence, tous les produits seront enfermés dans une boîte fermant à clef ; le surveillant aura toujours cette clef sur lui, et ne devra s'en départir sous aucun prétexte. Ceci est rendu indispensable par la nature toxique de certains produits qui entreront forcément dans la composition de cette pharmacie portative.

De plus, il sera donné à ce surveillant une notice sur l'emploi de chacun de ces médicaments, afin qu'il ne puisse pas commettre d'erreur. Il aura également entre les mains un exposé sommaire des principales maladies et des accidents qui peuvent survenir, pour qu'il ne puisse pas être pris au dépourvu en cas d'urgence ; cet exposé sera une suite naturelle au *Manuel d'Hygiène pratique* dont il sera question plus loin.

Enfin, lorsque la colonie partira en promenade, un enfant, choisi parmi les plus grands et les plus raisonnables, sera porteur d'un petit sac, analogue à l'étui-musette des soldats, qui contiendra tout ce qui est utile pour faire un pansement, et, de plus, un essuie-mains, quelques morceaux de sucre, de la ficelle, deux petits flacons contenant de l'ammoniaque et de l'éther, et des épingles de sûreté. En outre, dans les pays boisés où il y a des animaux venimeux (serpents vipéridés), on y joindra un flacon de sérum anti-venimeux sec.

Ainsi que l'a fait judicieusement remarquer M. Joël Gradel, de Denain, la constitution de cette pharmacie ne peut pas grever le budget d'une colonie de vacances. Les œuvres envoyant surtout et presque uniquement des indigents, il suffit d'adresser au Maire de la commune dont les enfants profitent des avantages de la colonie une demande de ces médicaments, en le priant de vouloir bien la transmettre avec avis favorable à la Commission du Bureau de Bienfaisance dont il est le président de droit ; nul doute que cette Commission veuille bien assumer cette dépense minime. L'œuvre n'aura plus qu'à faire l'achat d'une boîte pouvant contenir tous les produits pharmaceutiques et les objets de pansement. Pour le sérum anti-venimeux, il est fourni gratuitement par l'Institut Pasteur; mais il faut en faire en temps utile la demande au Préfet du département, à qui sont faites directement les livraisons gratuites de sérum pour les indigents et les sociétés de bienfaisance.

V. — MANUEL D'HYGIENE PRATIQUE

Il est de notion courante que celui qui veut bien faire ce qu'il fait, doit tout d'abord connaître parfaitement quels doivent être ses devoirs et ses obligations. Personne ne songe à combattre cet axiome, et, au moins en théorie, tout le monde est d'accord sur ce point. Mais, lorsqu'on passe à l'application de principes indiscutables, il se présente de suite des critiqueurs qui, sous un prétexte quelconque ne veulent pas donner à d'autres une prérogative dont ils sont jaloux, et qui semblent croire que l'ignorance des choses indispensables à connaître ne peut pas être nuisible.

Il en est ainsi pour le « *Manuel pratique d'Hygiène, à l'usage des surveillants des Colonies de Vacances* ». Dès que ce titre a été annoncé, des adversaires se sont dressés contre le projet. Inutile de donner à des profanes de vagues notions qui seront toujours et nécessairement insuffisantes, disaient-ils ; nos surveillants sont gens intelligents, et ce n'est pas à nous à faire leur éducation ; ce sont des instituteurs et des institutrices, et ils n'ont pas besoin de ce manuel (Pourquoi ?) ; si on leur donne un livre d'hygiène, et s'ils l'apprennent, il ne leur restera plus de temps pour exercer leur surveillance, etc.

Ces critiques sont tout à fait tendancieuses. Quel est, en effet, le but de la Colonie de Vacances? C'est d'abord, avant tout, de rendre le corps d'enfants valide et sain, pour qu'il s'y développe un esprit droit, loyal et franc : «*mens sana corpore sano* ». Pour cela, on prend ces petits êtres chétifs, malingres, prédisposés à la tuberculose, et on les transplante, pour un certain temps, à la campagne à la mer ou à la montagne, où ils seront l'objet d'une surveillance constante, au point de vue moral comme au point de vue physique. La direction des œuvres s'assure que ceux qui veulent bien assumer la charge de cette surveillance présentent l'instruction et les qualités morales nécessaires en pareil cas. Mais comment ces mêmes surveillants pourront-ils connaître le danger de certaines eaux et des poussières, la façon normale de s'alimenter, les précautions à prendre contre les maladies et les infections, s'ils ne trouvent pas, résumés en quelques pages, ces principes d'hygiène qui leur sont indispensables à connaître ? Comment pourront-ils, sans guide, faire les observations utiles aux nourriciers ?

Les surveillants des colonies de vacances sont habituellement des instituteurs ou des institutrices. Le programme des écoles normales est absolument insuffisant au point de vue de l'éducation hygiénique de ceux qui, au village presque toujours, sont appelés à devenir les éducateurs, non seulement des enfants, mais heureusement aussi des parents, et cette insuffisance est tellement évidente que, tout récemment, le Congrès d'hygiène scolaire émettait, à l'unanimité, le vœu qu'il soit donné à tous ceux qui se destinent à l'enseignement une éducation hygiénique effective qui sera contrôlée par des examens de sortie éliminatoires ; en attendant, c'est à nous, promoteurs ou directeurs de Colonies scolaires, qu'incombe le devoir d'aider nos dévoués auxiliaires en leur mettant entre les mains un ouvrage où ils trouveront les notions d'hygiène, dont l'utilité a été méconnue par les théoriciens qui ont élaboré le programme de leurs études.

L'utilité d'un petit livre contenant tous les renseignements utiles à ce sujet est donc incontestable. Quel sera-t-il donc ?

Un *Manuel pratique d'Hygiène à l'usage des surveillants de Colo-*

nies de Vacances ne peut pas et ne doit pas être un abrégé d'un traité classique, si parfait que puisse être celui-ci. Il y aurait dans un tel résumé quantité de points qui seraient complètement inutiles à ceux qui sont appelés à en faire usage, et l'attention ne serait pas suffisamment attirée sur les parties les plus importantes. Il ne s'agit pas d'apprendre *tous* les éléments de l'hygiène à ceux qui l'auront entre les mains. Le but à poursuivre est beaucoup plus limité : il faut se borner à donner des indications précises et concises de ce qu'il est indispensable de connaître, non pas en fait d'hygiène générale, mais uniquement relativement à la délicate mission qui est confiée aux surveillants.

Quel sera donc le plan qui devra être suivi ?

A notre avis, ce manuel doit comporter deux parties principales : la première aura trait à l'hygiène proprement dite. Les grandes questions y seront ébauchées : le sol, l'air et l'eau y seront envisagés surtout au point de vue de leurs propriétés et de leurs souillures ; l'habitation sera étudiée, non pas relativement à son installation idéale, mais en vue de l'utilisation de celle que l'on rencontre, et des soins qu'il faut y donner journellement ; les vêtements et l'alimentation seront seulement l'objet de conseils pratiques ; une certaine place sera laissée à l'exercice et au repos, que nos surveillants doivent savoir graduer, et une large part sera réservée aux soins corporels sur la nécessité desquels nos petits protégés n'ont généralement que bien peu d'idées précises. Tout le reste de l'hygiène sera volontairement laissé de côté.

Mais il faut qu'une seconde partie vienne faire suite à celle-ci, et, si elle n'a pas trait directement à des questions d'hygiène pure, elle trouve pourtant ici sa place toute indiquée : ce sont les quelques conseils sur la conduite à tenir vis-à-vis d'une indisposition ou d'une blessure avant l'arrivée du médecin, et une notice sommaire sur les médicaments qui seront à la disposition des surveillants pour parer aux premières nécessités, notice dont il a déjà été question au sujet de la pharmacie portative.

Tel est le but qu'il faut s'efforcer d'atteindre. Si un tel manuel est reconnu réellement pratique, et si, par la suite, il trouve sa place dans la bibliothèque de l'école rurale, il y aura lieu de s'en réjouir ; car les instituteurs et les institutrices sont dépourvus de toute indication relative aux questions primordiales de l'hygiène. Et plus d'un d'entre eux serait très heureux d'avoir quelques indications claires sur les points qui doivent être étudiés dans cet opuscule, de trouver quelques notions générales sur les soins à donner en cas d'indisposition et surtout en cas d'accident dans leur école de village, éloignée de tout médecin . . .

A côté de ce *Manuel pratique à l'usage des surveillants des Colonies*, il est désirable qu'il soit établi un résumé d'hygiène beaucoup simplifié, destiné à être mis entre les mains des colons eux-mêmes, et, si possible, à être donné à tous les enfants fréquentant toutes les écoles publiques ou privées de France. Celui-ci serait particulièrement concis il ne porterait que sur les points qui peuvent et doivent intéresser chaque famille et chaque individu, poussières, eaux, propreté corporelle, vêtements, etc. ; il serait écrit dans un style clair, et, si possible, sous une forme lapidaire; ceci permettrait de faire pénétrer quelques axiomes d'hygiène dans l'esprit du peuple par la façon même dont ceux-ci seraient rédigés. Mais un tel manuel n'appartiendrait pas en propre aux Colonies de Vacances, et nos œuvres ne pourraient guère en être que les promoteurs et les vulgarisateurs.

VI. — ECHANGE D'ENFANTS ENTRE LES ŒUVRES

Presque toutes les œuvres de vacances se sont pour ainsi dire spécialisées, et, pour des raisons budgétaires ou des questions d'éloignement, envoient uniquement leurs pupilles, les unes à la campagne, d'autres à la mer, d'autres enfin à la montagne. Dans la seconde partie de ce rapport, M. le Dr Calvet, après une enquête extrêmement approfondie, et avec sa grande compétence, a établi quelles étaient les indications spéciales de l'envoi des enfants dans les différents climats, plaine, mer, altitude ; et il a montré combien il est évident que tel séjour qui peut être très favorable à un enfant, peut au contraire être particulièrement préjudiciable à la santé de tel autre. Les œuvres ne peuvent malheureusement pas, dans la presque totalité des cas, suivre exactement pour chaque enfant les indications médicales qui sont parfois pourtant d'une importance capitale, et présentent une urgence toute spéciale.

Dans ces conditions, on devrait pouvoir recourir à l'échange d'enfants entre les œuvres. Mais cet échange ne semble pas, jusqu'à présent, être très fréquemment pratiqué ; car, parmi toutes celles dont nous avons, par l'entremise du Bureau du Congrès, demandé leur manière de faire, seule l'œuvre parisienne des enfants à la montagne nous a fait connaître qu'elle acceptait, pour les adjoindre à sa colonie, des enfants ayant une autre origine que ses pupilles.

Nous ne pouvons que regretter que cette façon d'agir ne soit pas plus répandue, et souhaiter que toute facilité soit donnée à toutes les œuvres pour permettre de tels échanges.

Il serait désirable que, dans ce but, les sociétés qui veulent bien consentir à recevoir des colons provenant d'autres régions, fassent connaître les conditions matérielles dans lesquelles elles accepteraient cet échange, et que ces renseignements soient adressés à toutes les œuvres adhérentes. Le Comité du Congrès, ou un autre organisme, tel qu'un Comité de Vigilance des Colonies de Vacances, qui pourrait être créé, aurait pour mission de centraliser les renseignements et de les envoyer à toutes les œuvres qui en feraient la demande et s'engageraient à la réciprocité. Chaque œuvre aurait ainsi la facilité d'envoyer un groupe d'enfants, accompagné ou non d'un surveillant, dans une région plus éloignée, sans être obligée de faire les démarches, enquêtes et visites nécessaires pour la création d'un nouveau centre de colonie, difficile a créer vu la distance plus grande, et qui ne serait pas exigé par le grand nombre de pupilles susceptibles d'en profiter.

La seule question préalable semble être, la certitude d'un examen médical sérieux avant de confier un ou plusieurs enfants à une autre œuvre.

VII. — PLACEMENT ET TRAITEMENT DES ENFANTS NON ADMIS DANS LES COLONIES

Tous les enfants chétifs des villes ne peuvent pas être envoyés en colonies, à la campagne, à la mer ou à la montagne. Les raisons qui peuvent empêcher leur placement sont de plusieurs ordres : elles peuvent être temporaires, et dues à un état momentané; elles peuvent être définitives, et déterminées par une tare psychique ou physique.

Les enfants atteints de maladies contagieuses autres que la tuberculose ne peuvent pas être envoyés au dehors avant que leur guérison soit complètement assurée; mais il ne s'agit ici que d'une interdiction temporaire. C'est également le cas de certains enfants atteints d'affections repoussantes de la peau, d'ozène ou d'écoulement d'oreilles, qui pourront, après guérison, être compris dans les colonies des années suivantes.

Certains états empêchent fatalement et définitivement l'inscription des enfants : telles sont les affections nerveuses, caractérisées par des crises hystériques ou épileptiques, les maladies du rein, les maladies de cœur avancées et non compensées. Seront aussi éliminés ceux dont le caractère ou la moralité serait tels que leur présence dans une colonie serait une cause de désordre : ceci a été étudié en détail par M. le Dr Calvet, dans la première partie de ce rapport.

Mais ceux qui méritent de retenir plus longuement notre attention, ce sont les malheureux petits atteints de tuberculose ouverte, pulmonaire, ganglionnaire ou articulaire, et ceux que des infirmités trop accentuées dues au rachitisme ou à la tuberculose osseuse ou articulaire guérie, empêcheraient, d'une façon trop évidente, de se livrer aux jeux en commun et de prendre part aux promenades.

Cette élimination forcée est tellement primordiale que la presque totalité des œuvres de vacances spécifient que les colons ne seront atteints d'aucune affection contagieuse, et qu'elles s'intéressent aux pré-tuberculeux, et non aux phtisiques. Seule, peut-être, l'Association des « Enfants des Chemins de fer Français » s'occupe des enfants malades, les « fermes-infirmeries », du pasteur Comte, elles-mêmes, étant seulement destinées aux enfants menacés de tuberculose, et l'œuvre des Voyages scolaires et Colonies de vacances de Châteauroux ne faisant, au sanatorium de Pen-Bron, que le placement des scrofuleux.

Les malheureux atteints de tuberculose pulmonaire confirmée ne peuvent pas bénéficier des colonies de vacances ni de placement familial quelconque : ils sont contagieux, et les œuvres ne peuvent pas courir le risque de créer des foyers d'infection; s'ils ne peuvent être soignés dans leurs familles, c'est à l'hôpital seulement qu'ils doivent être confiés.

Les œuvres de vacances ne peuvent, du reste, pas envoyer *habituellement* à la campagne ou à la mer des enfants atteints d'affections qui nécessitent des traitements de très longue durée, et ce n'est qu'exceptionnellement que, ainsi que l'œuvre de Douai l'a fait à deux reprises, elles enverront leurs pupilles dans un sanatorium. Le but des œuvres et leurs ressources ne permettent malheureusement pas de multiplier de tels séjours qui, quoique très coûteux, sont pourtant extrêmement profitables à ceux qui en bénéficient.

Il ne reste, pour placer les pauvres petits infirmes et leur donner les soins nécessaires, que les sanatoriums marins populaires pour enfants. Ceux-ci sont trop nombreux sur les côtes françaises, de Zuydroote à Hendaye et de Banyuls à Nice, pour pouvoir être tous signalés dans ce court rapport. Chacun de ces établissements reçoit les enfants atteints de troubles de la santé dus au rachitisme et aux tuberculoses osseuse, articulaire ou ganglionnaire; les prix de pension varient généralement entre 1 fr. 50 et 2 fr. 50 par jour, et pourraient permettre aux œuvres de vacances d'y envoyer leurs pupilles.

Il faut souhaiter pourtant que, ainsi que nous l'avons proposé au sujet de l'échange des enfants entre les œuvres, des renseignements fréquents soient échangés, afin que chaque direction de colonie puisse savoir dans quelles localités et dans quelles conditions pécuniaires pourrait se faire un tel placement.

Vœux relatifs à l'Hygiène

Qu'un examen médical sérieux précède dans tous les cas et suive autant que possible le séjour au grand air et qu'il soit établi à la suite de ces examens, une fiche uniforme pour toutes les Œuvres. (Drs Paquet et Calvet.)

Que les enfants non admis aux colonies de vacances, parce qu'ils sont trop malades, ignorent les raisons qui les font exclure. (Mme Moll Weiss.)

Que des cours d'éducation familiale ambulants soient organisés pendant l'hiver, afin de préparer les fermiers au rôle qu'on prétend leur faire jouer pendant l'été (enseignement ménager, puériculture, etc...). (Mme Moll Weiss.)

Qu'il est désirable que le séjour aux colonies de vacances ne soit pas strictement limité à 3 semaines et que les enfants débilités puissent y séjourner pendant le temps nécessaire pour obtenir un résultats utile et (addition des Drs Meyer et Calvet), *qu'en conséquence l'importance des Œuvres soit exprimée non d'après le nombre d'enfants envoyés aux colonies de vacances, mais par le nombre effectif de journées passées au grand air.* (Dr Dufestel.)

Qu'un manuel d'hygiène élémentaire et à très bas prix à l'usage des colons, aussi utile pour eux que pour leurs familles, soit le plus tôt possible fait, publié et répandu.

(MM. Plantet et Delpy.)

— II —

M. F. Gibon, rédacteur au ministère de l'Instruction publique, donne lecture d'une lettre qu'il reçoit de M. Edouard Petit :

« Tourcoing, le 30 septembre 1910 (en séance).

« Cher Monsieur,

« Je ne puis être des vôtres. Je suis ailleurs, à Tourcoing, retenu par un devoir.

« J'y préside la Commission des Œuvres Post-Scolaires. Représentez-moi : Défendez le rapport *Mutualo-colonial,* où j'ai prié M. Dyard, directeur d'école, et M. Durot, instituteur, de participer à la discussion.

« Avec mes amitiés à M. Comte, votre tout dévoué.

« Edouard Petit. »

***

Voici le rapport de M. **Edouard Petit** :

Les deux œuvres les plus populaires parmi celles qui sont nées et qui ont grandi autour de l'Ecole : les Colonies scolaires de vacances, la Mutualité scolaire, ont un point de contact, se rejoignent, en partie, dans leur programme. Elle s'ingénient à fortifier, à sauver la santé de l'enfant.

Les hommes et les femmes d'initiative et d'action qui les dirigent, entreprennent une lutte méthodique et tenace contre la maladie, contre la débilité, contre les tares physiques que produit la sédentarité dans les grandes agglomérations urbaines.

Mais tandis que les Colonies de vacances combinent la méthode curative et la méthode préventive en matière d'hygiène, la Mutualité scolaire, aux termes de ses statuts, a dû se borner, depuis sa fondation, à pratiquer la méthode curative.

La Colonie de vacances, quelque forme qu'elle revête, étudie l'enfant, se rend compte, grâce à la collaboration des médecins, de son état, et, à la saison d'été, le prémunit contre la maladie qui, l'hiver, le menace. Elle passe de la constatation à l'action prévoyante.

La Mutualité scolaire enregistre les journées d'absence, et, sur visa du docteur, paie, à raison de cinquante centimes, les ayants-droit à qui des soins pharmaceutiques et médicaux ont été donnés. Elle prend de simples mesures de liquidation. Elle a contribué à la guérison au moins apparente. Elle s'est occupée du passé. Elle n'a pas fait la part de l'avenir.

Il n'en pouvait être autrement au début. Il fallait assurer la vie de l'institution, prouver qu'elle présentait de sérieuses garanties financières, qu'elle pouvait assurer le classique service de la maladie, souci constant des sociétés de Secours Mutuels.

Maintenant qu'elle a montré d'exemple qu'elle faisait honneur à ses engagements, que, sur les cinq centimes du Secours Mutuel, elle économisait, en moyenne, dans toutes les écoles de France, deux centimes et demi par an soit 1 franc 30, dont elle enrichissait les livrets individuels de retraite, elle peut et doit joindre son effort à celui des Colonies de vacances, elle peut et doit coopérer à la *cure préventive* de ses adhérents.

C'est le vœu des Congrès mutualistes de Nice, de Nancy.

On y a réclamé l'organisation directe, expresse dans les sociétés de Secours Mutuels, de l'hygiène préventive par la fondation de sanatoriums, de dispensaires, etc.

L'enfance a son préventorium — pour employer le néologisme à la mode — qui est la Colonie de vacances, soit à essaims disséminés, soit à placement fixe.

La Mutualité scolaire a le devoir de procurer à sa clientèle le bénéfice des Œuvres et Ecoles de plein air. Il devient nécessaire, dans l'intérêt de ses pupilles, qu'elle entre dans cette voie nouvelle.

Ce sera bénéfice pour ses adhérents qui, en août et en septembre, feront provision de forces pour la saison mauvaise.

Ce sera bénéfice pour l'institution même qui, sans nul doute, y trouvera économie d'argent.

Comment? Un coup d'œil jeté sur le mécanisme de l'institution permet de l'augurer.

Dans tous les groupements mutualistes scolaires, l'on a remarqué que c'était toujours la même clientèle dolente et maladive qui touchait les indemnités de maladie. Elle se compose, en général, de tousseurs habituels, de débiles chroniques. Elle pèse lourdement sur les budgets. Toujours les mêmes noms reviennent sur les listes de paiement — et les années qui vont se succédant ne permettent pas d'accuser de notables changements dans la nomenclature de la théorie

Que faire? sans doute il faut continuer, comme l'exigent les status, à payer les « journées de maladie » auxquelles ont droit les associés. Mais il faut amener une diminution dans le nombre de ces journées de maladie, en combattant les causes qui produisent la déplorable persistance de l'effet.

Ce petit être chétif et pâlot que le rhume retient, avec une navrante régularité, au logis, quand vient l'hiver, que ne l'endurcit-on contre le froid en l'envoyant à la mer, à la montagne, en le confiant à une des œuvres d. Colonies de vacances? Il prendra vigueur et couleurs. Il fortifiera ses poumons. Il aura écarté d'avance une *dépense curative*, ce qui, bien souvent, fera réaliser à la Mutuelle de l'école, l'économie d'une note à payer qui s'enfle à mesure que l'écolier grandit.

Mais a-t-on les ressources nécessaires pour greffer sur le tronc mutualiste la branche : *Assurance contre la maladie?*

Ces ressources existent dans toutes les sections, surtout urbaines — et ce sont celles-là seules qu'il importe de doter du nouvel organe. Chaque exercice social laisse, en effet, dans les Sociétés qui comptent en moyenne de 2 à 4.000 adhérents, des bonis très importants, de 4 à 5.000 francs, que l'on répartit entre les ayants-droit, en les plaçant sur leurs comptes personnels.

L'on peut, sans que la gestion financière en souffre, voter une somme de mille ou de quinze cents francs, au titre de secours pour maladies, que l'on divisera en *Bourses coloniales* de 40, de 50 francs, attribuées aux vingt, aux trente pupilles pour qui l'on redoute le plus les atteintes de l'hiver et que l'on veut assurer, dans l'intérêt collectif, contre des maladies coûteuses.

Sans doute des objections peuvent être faites.

On a signé un contrat avec les familles qui s'engagent à verser dix centimes par semaine, cinq centimes pour l'épargne individuelle, cinq centimes pour la solidarité. On s'est engagé à payer des journées de maladie, le cas échéant, et à effectuer des placements pour assurer l'ébauche d'une retraite au participant.

Mais, au vrai, si l'on réalise l'innovation sociale projetée, on ne porte nulle atteinte à la convention, ou ne viole pas la loi sur les sociétés de secours mutuels. L'on prend, pour lutter contre la maladie, des mesures qui n'ont rien d'illégal.

Prévenir exige, comporte des ressources comme guérir. Pour combattre la maladie, on donne d'avance le remède, qui n'est pas enfermé dans une modalité unique, mais qui doit varier avec le milieu, avec l'âge, et qui évolue logiquement avec le progrès.

D'ailleurs, est-il malaisé, au moment où se réunit l'Assemblée générale, d'expliquer aux parents assemblés les devoirs nouveaux qu'impose la pratique plus intelligente et mieux entendue de la solidarité enfantine? Ne peut-on leur demander de voter une légère modification aux statuts, qui leur donne jeu et souplesse, et permette, sans ambages, et avec approbation du Ministre du Travail et de la Prévoyance sociale de faire effort pour sauver quelques existences humaines, de faire avec succès, par avance, ce que l'on fera trop souvent inutilement si l'on si prend trop tard?

Mais ces enfants qui les désignera? Le médecin — et aussi la feuille d'absences et de paiements dûment constatée.

Mais, en société qui a pour fondement l'égalité des droits, comment arriver à l'absolu de la justice? Comment se garder de réclamations qui pourraient avoir, par quelque côté, de légitimes raisons à faire valoir?

La liste des élus, parmi trop d'appelés, sera dressée en séance de Comité, en présence d'un médecin. Elle sera établie dans la mesure des moyens pécuniaires dont on dispose chaque année, après vote de la somme à affecter aux Colonies.

Mais, il faut en convenir, comme dans toute institution humaine, la mathématique rigoureuse ne pourra pas faire valoir ses droits avec une inflexible précision. Il faudra que l'on fasse confiance au tact, à l'esprit d'équité, à la générosité des sentiments, qui animent les administrateurs des Mutualités scolaires.

En faveur de l'hygiène préventive, de la méthode curative précédant le mal, un mouvement se dessine parmi les dirigeants des Mutualités scolaires.

L'Union nationale des Mutualités scolaires publiques a, en séance de Comité, décidé de poursuivre une méthodique campagne au sein des Sociétés affiliées pour que, dans les sections urbaines, un prélèvement fût effectué sur le boni de fin d'année, pour l'envoi d'enfants ordinairement malades en Colonies ou en Ecoles de plein air.

En avril 1910, au Congrès régional des Colonies de vacances, même vœu a été adopté, sur la proposition de M. Henri Martin, inspecteur d'académie de la Drôme.

Et déjà un commencement d'exécution a eu lieu.

La Société Municipale des Sociétés scolaires de Secours mutuels et de Retraites du 18e arrondissement a voté une somme de 1.000 fr. à titre d'essai, pour envoyer vingt enfants mutualistes, spécialement choisis, en Colonies de vacances prolongées.

C'est la voie où il est urgent de s'engager. De la théorie, il est expédient de passer à l'application.

Le Capital-Santé doit être assuré par les Mutualités scolaires, ce qui permettra d'arriver au Capital-Retraite.

La collaboration de la Mutualité scolaire et des Colonies scolaires fera beaucoup pour réaliser cet idéal.

Vœu déposé au Congrès.

« Le Congrès émet le vœu : 1° Que la Mutualité scolaire « s'oriente dans le sens de l'hygiène préventive; 2° Que, sur le boni « de fin d'année, une part soit réservée pour envoyer en Colonies de « vacances ou en Ecoles de plein air, des enfants habituellement « malades et qu'il convient de soigner quand il en est temps. »

COLONIE SCOLAIRE ENFANTINE.

COLONIE SCOLAIRE ENFANTINE.

M. Laurent, rédacteur au Ministère du Travail et de la Prévoyance Sociale. — M. Mascle, directeur de la Mutualité, se trouve retenu aussi en province et ne rentrera que dans quelques jours. Il m'a donc prié de présenter aux membres du Congrès, son salut cordial, et de remercier les membres du bureau d'avoir bien voulu lui faire l'honneur de le prendre comme rapporteur de la question.

M. Mascle avait à traiter la question de droit.

La Colonie de Vacances par la Mutualité au point de vue de la loi

Les Sociétés de Secours mutuels et, notamment, les Mutualités scolaires, peuvent-elles légalement envoyer leurs sociétaires en Colonie de Vacances, peuvent-elles, d'autre part, réaliser elles-mêmes la Colonie de Vacances? Voici deux questions bien distinctes, de la solution desquelles dépend la participation de la Mutualité à l'Œuvre des Colonies scolaires de vacances.

Aux termes de l'article premier de la loi du 1er avril 1898, les Sociétés de Secours mutuels peuvent se proposer d'assurer à leurs membres participants et à leurs familles des secours en cas de maladie, blessures et infirmités. Comment cette disposition légale doit-elle être interprétée, en ce qui concerne l'Œuvre des Colonies? Donne-t-elle la faculté aux sociétés d'envoyer les jeunes enfants à la campagne ou à la mer? Tout dépend de la rédaction des statuts. Si les statuts précisent qu'il s'agit des enfants *débiles*, l'Association a le droit d'assurer cette dépense. L'administration considère en effet la débilité comme étant un état maladif rentrant dans les cas prévus par l'article premier de la loi de 1898 et devant être soignée comme une maladie proprement dite. Les statuts devront donc préciser que les enfants à envoyer en colonie seront des enfants *débiles*.

L'état de débilité devra, de plus, être reconnu par un médecin. Ajoutons qu'il est indispensable que ce service soit prévu par les statuts. Les Sociétés ont la faculté, soit de prélever la dépense sur les économies laissées annuellement par le fonctionnement du service de maladie, soit de la couvrir au moyen d'une cotisation supplémentaire spéciale.

Les Sociétés de Secours mutuels peuvent-elles organiser elles-mêmes des *Colonies de Vacances*, soit à titre accessoire, soit à titre principal ? Cette dernière question se trouve solutionnée par la première. Dès l'instant où les Sociétés ont le droit, d'après la loi, d'envoyer les enfants débiles en colonies, elles ne se trouvent pas obligées de recourir à des Œuvres spéciales de Colonies de Vacances, régies par la loi du 1er juillet 1901.

Les sociétés de secours mutuels peuvent *organiser* les services dont elles ont le droit de poursuivre le but. Les mutualités scolaires ont donc la faculté de créer des Colonies de Vacances, soit comme annexes de leurs services, soit comme service principal et unique. Rien n'empêche ces associations de s'unir entre elles et de former une union pour la réalisation par la Mutualité de Colonies de Vacances.

Il semble que les mutualités ont tout intérêt, tant pour leurs membres que pour leurs finances, à entrer de plus en plus dans la voie de la médecine préventive. Aussi doit-on les encourager à profiter des avantages offerts par la loi du 1er avril 1908 pour poursuivre elles-mêmes la création de Colonies scolaires de Vacances. Nous proposons, en conséquence, au Congrès, d'émettre le vœu suivant :

Que les Sociétés de secours mutuels et notamment les Mutualités scolaires organisent elles-mêmes ou s'unissent pour organiser des colonies scolaires de vacances, sur le terrain de la loi du 1er avril 1898.

***

M. Neau. — Je dois vous dire que Nantes a déjà opéré dans le sens du vœu de M. Edouard Petit :

Les six cantons de Nantes ont été représentés, chacun par un enfant qui a été envoyé pendant un mois au bord de la mer par la Mutualité scolaire de Nantes.

M. André. — On sait que les parisiens sont, en grande partie, des déracinés. Plus de moitié de ceux qui habitent la capitale viennent de province où ils ont laissé des parents ou tout au moins des amis.

D'autre part, la population des grandes villes comprend nombre d'habitants qui sont nés à la campagne.

Or, il existe aujourd'hui, à Paris et en province — à Paris il y en a plus de 300 — des sociétés qui se sont formées en vue d'unir par des liens d'amitié et de solidarité les personnes originaires de la même contrée.

Ces sociétés ne pourraient-elles pratiquer le retour à la terre d'origine, au profit des enfants de leurs compatriotes particulièrement dignes d'intérêt ?

C'est ce que font déjà, avec un succès croissant, le *Cercle amical du Cher*, la *Ligue Auvergnate*, les *Parisiens de l'Aveyron*, les *Gars Normands*, pour n'en citer que quelques-unes.

Un séjour de quelques semaines chez des parents ou des amis du pays natal serait du plus profitable à la santé des enfants et resserrerait les liens de famille affaiblis par le temps et l'éloignement.

Et il coûterait relativement peu, car les frais, souvent, se borneraient aux frais de voyage, aller et retour.

De plus, comme la vie champêtre — on pourrait citer des exemples — peut déterminer des vocations agricoles chez les enfants des villes, l'Œuvre des Colonies de Vacances contribuerait à réparer partiellement le mal qu'a fait à la terre l'émigration paysanne vers les grands centres.

Si vous partagez ma manière de voir, je vous propose d'adopter le vœu suivant :

Que les Sociétés provinciales de Paris et des grandes villes, organisent et dirigent vers le pays d'origine de leurs membres, des colonies de vacances, composées d'enfants de leurs compatriotes les plus dignes d'intérêt et que les Œuvres de Colonies de vacances favorisent ce mouvement.

Vœu relatif aux Mutualités Scolaires

Que les Mutualités scolaires qui donnent des secours mutuels et placent le supplément sur des livrets de retraite disposent d'une partie de ces fonds pour envoyer les sociétaires qui ont été malades pendant l'année dans des colonies de vacances. (Mme Savy.)

RECEPTION DES CONGRESSISTES A l'Hôtel-de-Ville de Paris.

Le samedi 1er octobre 1910, à deux heures, a eu lieu dans les salons de l'Hôtel de Ville, la réception des membres du Congrès national des Colonies de Vacances.

Les honneurs de la réception ont été faits par :

M. Adrien Oudin, vice-président du Conseil municipal ;

M. Molinié, vice-président du Conseil général ;

M. Merlin, secrétaire du Conseil général ;

MM. Chausse, Paris, conseillers municipaux.

M. le Préfet de la Seine s'était fait représenter par M. Bedorez, directeur de l'Enseignement primaire de la Seine ;

M. le Préfet de police, par M. Nicolas, son secrétaire particulier.

Les congressistes étaient représentés par : M. Louis Comte (de Saint-Etienne), fondateur des œuvres des enfants à la montagne ; MM. le docteur Beauvisage, sénateur du Rhône, et Paris, conseiller municipal, vice-présidents ; M. Delpy, secrétaire général ; M. Vimard, secrétaire général adjoint ; M. Gibon, trésorier,? etc.

Les discours suivants ont été prononcés :

Discours de M. **Paris**, conseiller municipal, vice-président du Congrès :

MONSIEUR LE PRÉSIDENT,

MESSIEURS,

J'ai le grand honneur de vous présenter les délégués du deuxième Congrès national des Colonies de Vacances, qui tient ses séances en ce moment à la Faculté de médecine.

Les délégués participant au Congrès représentent environ 150 sociétés, plus 120 adhésions personnelles.

Ces délégués sont envoyés par l'ensemble de notre pays : Paris, Lyon, Marseille, Lille, Tourcoing, Dijon, Le Havre, Bordeaux, Toulouse, Angers, Montpellier, Clichy, Courbevoie, Vincennes, etc.

La ville de Paris est représentée à ce Congrès par un certain nombre de sociétés, dont plusieurs caisses des écoles qui ont tenu à en suivre les travaux de concert avec diverses sociétés privées.

C'est pour moi un grand honneur, Monsieur le Président, d'être l'interprète de la délégation tout entière pour présenter nos hommages et nos sympathies à la Ville de Paris, la puissante ouvrière qui travaille inlassablement à réaliser tous les progrès.

Les délégués que j'ai l'honneur de vous présenter, Monsieur le Président, ne s'attachent pas seulement à préparer une excellente organisation pour toutes les Colonies de Vacances, organisation simple, peu coûteuse, vigilante et offrant toutes les garanties de surveillance et de sécurité, en vue d'assurer le plein développement physique et moral de l'enfant.

Ils ne visent pas non plus seulement à tirer parti de la vie en commun des enfants pour les initier à la production agricole trop ignorée dans les villes. Il ne leur suffit pas également de leur inculquer les premières notions de l'éducation moderne, éducation altruiste qui aboutit à donner à l'être humain les qualités de bienveillance, de tolérance, de dévouement qui rendent la vie heureuse. Leur but, leur idéal va plus haut. En effet, l'écho des luttes sociales leur apprend tous les jours les naufrages incessants d'enfants entraînés à la dérive, dans cette mer terrible qu'est la vie moderne.

Ils voudraient, et c'est là leur plus cher désir, construire le radeau qui ramènerait au rivage toutes ces victimes de notre milieu social. *(Applaudissements.)*

Prévenir au lieu de punir est notre méthode ; et, avant de demander des fruits à l'arbre, nous voulons l'entourer des soins nécessaires pour l'amener à maturité.

Pour que la ruche soit prospère, il faut la collaboration de toutes les abeilles ; si par malheur quelques-unes son détournées de leur devoir, l'harmonie est détruite et la production diminuée. *(Très bien ! Très bien !)*

L'être humain déclassé peut être comparé à une scorie ; il ne peut plus prendre part à la grande collaboration humaine, sinon pour la dénigrer et l'affaiblir. *(Très bien ! Très bien !)*

C'est pourquoi l'enfant doit être guidé, protégé, encouragé ; il représente une force future de production qui, au moment voulu, doit atteindre son plein développement.

C'est en vue de la réalisation de tous ces desiderata que s'accomplissent les travaux du deuxième Congrès national des Colonies de Vacances. *(Applaudissements.)*

La Ville de Paris, toujours si accueillante, voudra encourager de son sourire et de son appui les hommes généreux et dévoués qui n'ont pas craint d'entreprendre une tâche aussi ingrate, mais qui assurément est fort belle. *(Vifs applaudissements.)*

*
* *

ALLOCUTION de M. Adrien **Oudin**, vice-président du Conseil Municipal.

Mesdames, Messieurs,

M. le Président du Conseil municipal termine en ce moment une série de visites en Belgique destinées à resserrer plus encore, si cela est possible, l'entente amicale et municipale qui existe déjà entre notre capitale et les principales villes belges; il m'a prié de vous dire toute la vivacité de ses regrets de ne pouvoir vous recevoir en notre Hôtel de Ville et m'a chargé également de vous faire agréer la sincérité des excuses de nos collègues qui, pour la même raison, se trouvent avec lui à l'étranger.

Notre collègue, notre excellent ami M. Paris, vice-président de votre Congrès, a bien voulu vous présenter à nous: je l'en remercie vivement. Pour ma part, je suis très heureux de vous souhaiter la bienvenue dans notre Maison commune, car nous vous connaissons et la Ville de Paris, comme vous le disiez tout à l'heure, vous a déjà donné son sourire. Elle vous l'a donné parce que tous ses efforts vont aux œuvres philanthropiques et d'utilité sociale. *(Très bien! Très bien!)*

Vous pouvez donc compter sur la sollicitude du Conseil municipal qui a tant à cœur tout ce qui a trait à la protection et au bien-être de l'enfance. *(Applaudissements.)*

Dans ce but, tous les concours vous sont nécessaires, notamment celui des Compagnies de chemins de fer; il faut qu'elles comprennent qu'elles doivent vous aider en vous accordant plus de facilités de circulation, ce qui vous permettrait d'envoyer à la campagne un plus grand nombre d'enfants. *(Très bien! Très bien!)*

Votre œuvre deviendrait ainsi plus belle et encore plus utile.

D'autres questions vous préoccupent également; vous souhaitez que les tribunaux établissent une jurisprudence vous dégageant autant que faire se peut, diminuant, limitant d'une façon très nette votre responsabilité.

Vous avez aussi le désir de trouver près des Compagnies d'assurances des conditions plus avantageuses en vue de garantir cette responsabilité une fois définie.

Pour la réalisation de ces desiderata, mes collègues et moi sommes de cœur avec vous. *(Très bien! Très bien!)*

Et maintenant, Messieurs, permettez-moi de vous dire combien je tiens à vous féliciter tous, hommes de cœur que vous êtes, et qui ne cherchez qu'une seule chose, le bien de l'enfance. Si la Ville de Paris fait pour vous aider tout ce que son budget lui permet de faire, vous, de votre côté, vous donnez votre temps, votre intelligence, votre cœur, c'est-à-dire le plus précieux de vous-mêmes. *(Applaudissements.)*

Continuez donc vos efforts, Messieurs, pour nous donner une génération particulièrement saine, vaillante et robuste, et laissez-moi émettre l'espoir que vous accordiez toujours davantage à l'Œuvre des Colonies de Vacances vos activités bienfaisantes. Ce faisant, vous aurez attaché vos noms à l'Œuvre précieuse qui peut contribuer le plus à la prospérité nationale.

(Vifs applaudissements.)

***

DICCOURS de M. **Molinié**, vice-président du Conseil général :

MONSIEUR LE PRÉSIDENT,

MESSIEURS,

Je suis heureux de vous apporter la sympathie du Conseil général de la Seine. Comment en serait-il autrement, du Conseil général du Département qui a pour chef-lieu Paris? Vos efforts utiles et bienfaisants partout ne sont-ils pas particulièrement salutaires à Paris?

L'Œuvre des Colonies de Vacances, comme le disait tout à l'heure M. le Président du Conseil municipal, nous est connue; nous savons qu'elle est née d'une pensée généreuse et touchante et que, de toutes les façons que l'on pouvait concevoir pour faire du bien à l'enfance, vous avez choisi celle avec laquelle le bien était le plus sûrement réalisé. *(Très bien! Très bien!)*

Pensée touchante, car vous tous, ce qui vous a émus, c'était de voir le sort de nos enfants dans nos grandes cités, et l'inspiration généreuse vous est venue de vider toutes ces cités dans tous les champs de France.

Vous avez réussi dans votre œuvre ; tous les enfants que vous conduisez à la campagne reviennent en faisant honneur à ceux qui les y ont conduits, parce qu'ils reviennent toujours mieux portants, plus heureux, plus gais, plus moraux à la fois.

Dans mon canton, les enfants sont, avant leur départ, pesés et mensurés ; nous constatons avec plaisir qu'à leur retour, autant de mois de campagne, autant de kilos d'augmentation leur a valu leur séjour.

Au Conseil général de la Seine nous connaissons votre Œuvre si utile, si bienfaisante ; aussi suis-je heureux, en son nom, de m'associer aux paroles de bienvenue que M. le Président du Conseil municipal vous a adressées et de lever mon verre à vos efforts et à vos succès. *(Applaudissements.)*

DISCOURS de M. **Bedorez**, Directeur de l'Enseignement :

MESSIEURS,

La mission qu'a bien voulu me confier M. le Préfet de la Seine de le représenter auprès de vous m'est particulièrement agréable, parce qu'elle me permet, tout en étant son fidèle interprète, d'exprimer mon sentiment personnel à l'égard des œuvres auxquelles vous vous dévouez.

Parmi les institutions qui gravitent autour de l'école, il n'en est pas de plus intéressante que celle des Colonies de Vacances ; c'est là un fait reconnu depuis longtemps, depuis l'année 1883, où, pour la première fois, grâce à l'initiative de M. Cottinet, deux Colonies de Vacances furent organisées pour nos petits parisiens. Le Conseil municipal obéissant aux sentiments généreux qui l'animent chaque fois qu'il s'agit d'œuvres utiles à l'enfance n'a cessé d'augmenter sa subvention qui, de 35.000

francs, passa à 225.000 francs, chiffre qu'elle atteint actuellement.

Toutes les caisses des écoles, sans exception, ont fait des sacrifices considérables pour l'organisation de ces colonies.

Ces sacrifices ne sont pas perdus; pour s'en convaincre, il suffit de voir la mine de nos enfants quand ils reviennent; il n'est même pas besoin de se reporter aux mensurations par lesquelles on constate une augmentation du poids qui atteint quelquefois 4 kilogrammes et qui est en moyenne de plus d'un kilogramme.

Donc au point de vue de la santé physique, il est incontestable que nos enfants gagnent pendant leur séjour dans les colonies; mais, tout à l'heure, j'ai entendu avec grand plaisir, dans son éloquent discours, M. Paris parler de leur santé morale.

Je ne veux pas prendre parti dans la querelle entre les partisans de l'internat et ceux du placement familial. Certaines œuvres auxquelles nous nous intéressons, notamment l'Œuvre des enfants à la montagne, font du placement familial. Nous avons également vu une Caisse des écoles envoyer la moitié de ses enfants dans les internats et l'autre moitié dans les familles; mais nos colonies sont en général des internats et je puis bien constater les résultats que nous y obtenons au point de vue de l'éducation. Ce n'est pas sans un grand profit que nos enfants y vivent pendant trois semaines en relations constantes avec les hommes, les femmes dévouées qui dirigent ces colonies et dont ils peuvent apprécier la bonté et toutes les qualités; à vivre avec de bonnes gens on devient meilleur. Et quelle excellente occasion pour leur apprendre des choses qui ne s'enseignent pas à l'école, que la famille néglige trop souvent et qui, cependant, ont leur importance au point de vue de la vie matérielle, au point de vue de l'hygiène.

Nos enfants reviennent donc de nos colonies, mieux portants, meilleurs, mieux préparés pour la vie; l'utilité de votre Œuvre n'est pas contestable. *(Très bien! Très bien!)*

Est-ce à dire que tout y est pour le mieux et que tout le possible est fait?

Les organisateurs de ce Congrès ont pensé, et M. Comte vous l'exposait hier dans son langage ardent et éloquent, qu'il était bon que vous échangiez vos vues, que vous mettiez en commun le fruit de votre expérience personnelle pour tâcher de faire encore mieux.

Quant à nous, nous ne pouvons que nous féliciter de cette initiative, et c'est pour cela, qu'avec la plus grande joie, au nom de M. le Préfet de la Seine et de l'Administration, nous vous adressons le plus cordial salut. *(Applaudissements prolongés.)*

M. Nicolas, secrétaire particulier de M. le Préfet de police, a associé M. Lépine aux éloges et aux souhaits de bienvenue adressés aux membres du Congrès par les précédents orateurs.

M. Comte remercie, au nom du Congrès, MM. les Présidents du Conseil Municipal et du Conseil Général, M. le Préfet de la Seine, représenté par M. le Directeur Bédorez, un de ces hommes qui font le plus d'honneur à la République par le dévouement éclairé qu'il apporte à la cause de l'enseignement populaire. Il remercie également M. le Préfet de police.

S'adressant au Président du Conseil Municipal, M. Comte ajoute :

« Le 16 Juillet 1789, le Conseil Municipal de Paris recevait dans son merveilleux Hôtel que vous avez encore embelli en le faisant reconstruire, le roi Louis XVI, et au moment où celui-ci gravissait la première marche, les conseillers, tirant leur épée du fourreau, lui faisaient une voûte d'acier, montrant par là, qu'ils entendaient placer le souverain sous la sauvegarde des représentants de Paris.

Le geste était beau et il a été merveilleusement fixé par le peintre J.-P. Laurens sur la toile que nous admirons en face de nous.

Monsieur le Président, le roi n'est plus, mais à sa place, nous avons le vrai souverain, le peuple. Eh bien, en recevant aujourd'hui, avec un accueil si chaud, les membres du Congrès des Colonies de Vacances, ce sont les enfants du souverain que vous recevez. Nous venons les placer sous votre haute protection et vous demander de les entourer non pas d'une voûte d'acier formée par vos épées, il y a longtemps que vous les avez laissées au vestiaire et du reste ce serait trop froid, mais de l'amour qui jaillit de vos cœurs très compréhensifs de parisiens et de la justice qui jaillit de vos consciences de vrais démocrates.

Amour et Justice, c'est la devise de nos Colonies de vacances. Nous voyons que c'est aussi la devise de tous les hommes de haute valeur qui s'occupent des intérêts du département de la Seine et de la Ville de Paris, surtout quand il s'agit de l'enfant.

Merci, Messieurs, de nous l'avoir fait sentir d'une manière si vive, si prenante par l'accent ému que vous avez mis dans vos souhaits de bienvenue. »

Un lunch a été servi.

La cérémonie s'est terminée par une visite des salons de l'Hôtel de Ville.

Puis le Congrès a continué ses travaux

— III —

LES COLONIES DE VACANCES DEVANT LES TRIBUNAUX.

Me Ernest **Vallier**, rapporteur.

L'attention des directeurs de Colonies de vacances a été justement attirée sur les responsabilités qu'ils assument du fait des enfants pris à leur charge, responsabilité à l'égard des parents pour les accidents dont les enfants peuvent être victimes, responsabilité substituée à celle des parents pour les accidents dont les enfants peuvent être cause. Les conseils juridiques des œuvres leur ont tous donné le prudent avis de se garantir contre ces responsabilités en s'adressant à des compagnies d'assurances qui, moyennant le paiement d'une prime annuelle, prennent à leur charge les risques des œuvres.

Mais toutes les personnes qui suivent de près l'extension toujours croissante des œuvres de colonies de vacances, n'ont pas manqué d'être frappées de ce fait que, s'il était bon de prévoir la possibilité de responsabilités mises à la charge des œuvres, il n'en était pas moins vrai qu'en fait ces responsabilités paraissaient avoir été mises fort rarement en jeu. En dehors des espèces dont ils ont à s'occuper directement, les juristes n'ont qu'un moyen de se renseigner sur les affaires analogues à celles qui leur sont soumises, c'est de se reporter aux gazettes et répertoires judiciaires; or, il est particulièrement digne de remarque que, jusqu'à ces derniers temps, on ne pouvait, pour ainsi dire, citer aucune espèce judiciaire où la responsabilité des colonies de vacances en matière d'accidents ait été discutée. Comment expliquer ce fait? Il était difficile de supposer, surtout à raison de l'augmentation croissante du nombre des colonies de vacances, qu'aucun accident n'était survenu qui pût mettre en jeu leur responsabilité; il était aussi difficile d'admettre que des décisions statuant sur le principe même des responsabilités des œuvres aient pu échapper à l'attention avertie des chroniqueurs judiciaires. Il est plus vraisemblable que les difficultés qui avaient pu se produire, s'étaient solutionnées en fait, par suite de la bonne volonté réciproque des directeurs des colonies de vacances, des parents des enfants et des tiers qui, éventuellement, pouvaient avoir eu à se plaindre, les uns comprenant qu'il était de leur devoir de réparer immédiatement, dans la mesure de leurs ressources, le préjudice qu'ils avaient pu causer et les autres facilitant cette réparation en comprenant qu'il était de leur devoir de ne pas exploiter la bienfaisance à laquelle ils avaient eu recours.

Cette absence complète de décisions judiciaires n'était pas sans quelque inconvénient. Il était à craindre que certaines œuvres, mal inspirées, ne fussent portées à déduire de cette rareté de procès, l'inutilité de se garantir contre des risques qui paraissaient ne jamais devenir des accidents et à faire l'économie de primes d'assurance, en préférant courir la chance de sinistres hypothétiques. L'absence de décisions judiciaires présentait aussi cet inconvénient que les compagnies d'assurances à qui les œuvres s'adressaient, pouvaient justifier leur demande de primes relativement élevées, en faisant ressortir que, le cas échéant, tous les principes de responsabilité inscrits au Code civil, pouvaient être mis en jeu contre les œuvres de colonies de vacances. On en était ainsi arrivé à désirer que, pour le cas où la responsabilité d'une œuvre pourrait être mise en cause, une transaction n'intervint pas, de manière qu'un débat pût avoir lieu, où les principes sur lesquels on pourrait baser la responsabilité des œuvres seraient débattus et où les juges auraient à apprécier la valeur des thèses en présence. L'année judiciaire qui vient de se terminer, nous a donné deux décisions, qui méritent de retenir notre attention ; ces deux décisions sont un jugement rendu par la 4e Chambre du Tribunal civil de la Seine, le 13 novembre 1909 (*Recueil Gazette des Tribunaux*, 1910, 2-327), et un jugement rendu par la 1re Chambre du Tribunal Civil de Lyon, le 5 février 1910 (*Recueil Gazette des Tribunaux*, 1910, 2-255). Le jugement de Tribunal Civil de la Seine a été rendu sur les conclusions et après une remarquable plaidoirie de Me Jacques Bonzon, l'éminent avocat du barreau de Paris, qui, dans l'intérêt des œuvres de Colonies de vacances, a donné au débat toute l'ampleur désirable, en discutant devant le tribunal la base même de la responsabilité possible des œuvres de colonies de vacances. (La plaidoirie de Me Bonzon a été publiée par l'Assurance mutuelle des Colonies de vacances.)

Il importe de dégager les éléments nouveaux qui peuvent résulter de ces deux décisions judiciaires, d'indiquer les conséquences pratiques qui peuvent en être tirées, et aussi de mettre en garde les œuvres contre les déductions exagérées qui pourraient en être faites.

La responsabilité des œuvres de colonies de vacances peut être mise en jeu en vertu de deux principes. Le premier est inscrit aux articles 1382 et 1383 du Code Civil : Toute œuvre peut être déclarée responsable à raison du préjudice causé par son fait, sa négligence ou son imprudence. Le deuxième principe est établi par l'article 1384 du Code Civil, et c'est à ce sujet que l'on se demande si une œuvre peut être déclarée responsable du fait des personnes dont elle doit répondre.

Que les articles 1382 et 1383 soient applicables aux œuvres de Colonies de vacances, ceci n'est pas discutable. La responsabilité des fautes, des négligences et des imprudences est de droit commun. Les œuvres ne cherchent pas, d'ailleurs, à éluder cette responsabilité qui est la sanction de l'activité humaine et qui lui donne toute sa valeur morale. En confiant leurs enfants aux œuvres, les parents leur confient ce qu'ils ont de plus cher; il est juste que, comme contre-partie, les œuvres fournissent aux parents toutes garanties en acceptant la pleine responsabilité de leurs actes. Ceci n'est naturellement pas contredit par les deux décisions sus-visées. Le jugement du Tribunal civil de la Seine écarte l'application de l'article 1382, parce qu'en fait il était établi que l'accident motivant l'instance était dû uniquement à la faute de l'enfant. Le jugement du Tribunal civil de Lyon applique l'article 1382, en ordonnant une expertise pour établir si une négligence n'avait pas aggravé les conséquences de l'accident survenu à l'enfant blessé.

Rappelons ici (ce renseignement m'a été souvent demandé par des directeurs d'œuvres) qu'il est impossible de se dégager par avance de toute responsabilité relative aux accidents, en faisant signer aux parents une renonciation à toute action éventuelle. Une pareille stipulation peut avoir pour effet d'éveiller, à juste titre, l'inquiétude des parents qui, généralement, ne se séparent que très à contre-cœur de leurs enfants. Cette stipulation a de plus l'inconvénient d'être radicalement nulle; la responsabilité de l'article 1382 est d'ordre public, on ne peut pas et on ne doit pas chercher à l'éluder : tout ce qu'une œuvre peut faire, c'est de supprimer ou de diminuer pour elle les conséquences dommageables de cette responsabilité en les faisant supporter par une compagnie d'assurances, ou en acceptant de faire bloc des risques par une assurance mutuelle avec d'autres colonies de vacances.

La responsabilité des colonies de vacances peut-elle être mise en jeu en vertu de l'article 1384 du Code Civil? La question est très discutée et reste, malheureusement, à l'ordre du jour. C'est à ce point de vue surtout qu'il importe de voir si quelque indication utile peut être tirée des jugements de Lyon et de Paris. Dégageons, auparavant, le principe de responsabilité inscrit à l'article 1384. Après le principe de responsabilité pour le fait personnel établi par les articles 1382 et 1383, l'article 1384 établit le principe de responsabilité pour le fait d'autrui. L'individu est responsable non seulement du dommage qu'il cause, mais aussi du dommage causé par le fait des personnes dont il doit répondre. Y a-t-il des personnes dont les colonies de vacances doivent répondre? Nous sommes ainsi amenés à concevoir deux hypothèses dans lesquelles l'article 1384 peut être invoqué contre les colonies de vacances. Les colonies de vacances sont-elles responsables du fait de leurs surveillants, de leurs parents nourriciers? Les colonies de vacances sont-elles responsables du fait des enfants confiés à leur garde? Cette double question étant posée, voyons si les jugements de Lyon et de Paris nous fournissent des éléments intéressants pour y répondre.

L'hypothèse soumise au tribunal de Lyon mettait en jeu la responsabilité d'une œuvre à raison d'un défaut de surveillance imputé au fermier chez lequel cette œuvre avait placé l'enfant victime d'un accident. Le tribunal a estimé qu'il n'y avait pas eu défaut de surveillance de la part du fermier. Que déduire de cette décision au point de vue de l'applicabilité de l'article 1384? *A contrario*, il semble bien que, s'il y avait eu défaut de surveillance de la part du fermier, le tribunal de Lyon aurait reconnu la responsabilité de l'œuvre et aurait, par suite, fait application de l'article 1384. Mais, comme les argumentations *a contrario* sont toujours dangereuses, nous pouvons, par prudence, estimer que statuant en fait, le Tribunal de Lyon n'a pas eu à examiner la question de l'applicabilité de l'article 1384.

La décision du Tribunal de la Seine pose, au contraire, en principe que l'article 1384 n'est pas applicable aux œuvres des colonies de vacances, l'énumération à l'article 1384 du Code civil des personnes civilement responsables pour autrui étant limitative. C'est la portée de cette décision de principe qu'il importe de bien préciser. A notre avis, le Tribunal de la Seine (et c'est d'ailleurs un point fort important) a uniquement écarté l'assimilation qui pouvait être faite entre les colonies de vacances et les instituteurs. Avec l'article 1384, la responsabilité de l'instituteur est présumée : c'est à lui de prouver qu'il n'y a pas eu défaut de surveillance de sa part; s'il ne peut pas faire cette preuve sa responsabilité est entière. Il est responsable pour l'enfant qu'il devait surveiller. Le Tribunal de la Seine a pensé, avec raison, qu'une pareille présomption est de droit étroit et qu'elle ne peut être étendue en dehors des termes précis dans lesquels elle est établie. Le Tribunal de la Seine a déclaré que les œuvres de colonies de vacances ne pouvaient être, *de plano*, rendues responsables des accidents survenus aux enfants. Cette décision est d'une importance capitale : en faisant échapper les colonies de vacances à la lourde responsabilité qui pèse sur les instituteurs, elle les délivre d'une menace permanente, que le but humanitaire poursuivi par elles rendait particulièrement inique.

Mais il importe de signaler que les œuvres de colonies de vacances ne peuvent pas, d'une manière complète, échapper à l'applicabilité de l'article 1384. Les colonies de vacances ne sont pas *ipso facto* responsables du fait des enfants confiés à leur garde. Mais, il est hors de doute qu'elles sont responsables du fait de leurs surveillants, de leurs parents nourriciers. Ce n'est plus ici la disposition de l'article 1384 visant la responsabilité des instituteurs à raison des dommages causés par leurs élèves, qui s'applique, c'est la responsabilité des « commettants à raison des dommages causés par leurs préposés dans les fonctions auxquelles ils les ont employés ».

Il y a une différence d'ailleurs importante dans l'application de ces deux dispositions de l'article 1384. Quand il s'agit des instituteurs il n'y a qu'une chose à prouver : le dommage, et c'est à l'instituteur de prouver qu'il n'en est pas cause.. Ici, au contraire, il est nécessaire d'établir la relation de cause à effet entre le dommage causé et le fait du préposé lorsque cette relation de cause à effet est établie dans les termes du droit commun des articles 1382 et 1383; alors seulement et immédiatement en vertu de l'article 1384, la responsabilité de l'œuvre vient se joindre à celle du surveillant ou du père nourricier. Les œuvres sont ainsi directement intéressées à ne recruter qu'avec discernement les surveillants et les pères nourriciers auxquels elles confient les enfants. Elles supportent les conséquences dommageables qui peuvent résulter pour elles d'un mauvais choix; il vaut mieux pour elles n'avoir qu'une responsabilité de ce genre, plutôt que la responsabilité aveugle qui pèse sur les instituteurs.

Les tribunaux ayant à apprécier s'il y a eu faute ou non de l'œuvre ou du préposé, ont ainsi la faculté de tenir compte, dans une large mesure, des circonstances particulièrement intéressantes, qui doivent recommander à leur bienveillance les œuvres des Colonies de vacances. Lorsqu'un défaut de surveillance sur ses pères nourriciers sera reproché à une œuvre, ils pourront tenir compte de la difficulté qu'ont les œuvres à organiser un contrôle constant des soins donnés par les préposés, et ils pourront faire échapper les œuvres à toute responsabilité, lorsqu'il leur aura été démontré que les œuvres avaient, dans la mesure du possible, organisé un contrôle fréquent des soins donnés par les fermiers aux enfants qui leur avaient été confiés. Pour apprécier ces soins, il y aura lieu de tenir compte de l'impossibilité où se trouvent les pères nourriciers d'exercer une surveillance constante sur des enfants, qui leur sont confiés pour qu'ils retrouvent avant tout dans l'air de la campagne et dans la vie libre des champs, les forces que l'air anémiant des villes leur avait enlevées : on ne peut pas exiger des pères nourriciers une surveillance plus grande que celle qu'ils ont pour leurs propres enfants, surveillance généralement plus efficace que celle dont les enfants des villes étaient l'objet dans leur propre famille; les enfants doivent trouver chez eux la vie de famille, avec ses avantages et ses risques, et les avantages balancent suffisamment les risques, pour que les tribunaux se montrent particulièrement exigeants avant de faire peser des responsabilités sur des œuvres de bienfaisance. Ils doivent être, avant tout, pénétrés de l'utilité sociale de ces œuvres, et comprendre à quel point il importe de les favoriser en les faisant échapper, dans la mesure du possible, à des responsabilités que le but généreux poursuivi par elles laisse sans contre-parties.

Ce sont ces considérations, vraiment humaines, qui ont dicté leur décision aux magistrats du Tribunal de la Seine dans leur jugement du 13 novembre 1909, et qui, peut-être plus encore que le rejet de la présomption de faute de l'article 1384, rendent ce jugement particulièrement intéressant. Il est à souhaiter que, dans leurs décisions à venir, les tribunaux s'inspirent des principes directeurs de ce jugement et soient aussi animés des sentiments généreux qui l'ont déterminé. Il importe cependant de recommander aux œuvres qui connaissent ce jugement de ne pas se croire dans une sécurité qui pourait être, pour elles, trompeuse. Quelque bien disposés que puissent être pour elles les tribunaux, la décision des juges n'en est pas moins limitée d'une manière très stricte par les principes de responsabilité établis par le Code civil : il y aura encore des cas, malheureusement trop fréquents, où les tribunaux seront obligés, à regret, mais seront obligés tout de même de condamner des colonies de vacances à des indemnités pécuniaires. C'est contre cette éventualité qu'il importe aux directeurs de ces œuvres de se prémunir, en recourant à des mesures de prévoyance.

MODE D'ASSURANCE POUR LES ŒUVRES

M. Alfred **Bonzon**, rapporteur.

MESSIEURS,

Il nous paraît nécessaire, au début de cet exposé, de bien préciser la question sur laquelle votre Congrès nous a fait l'honneur de nous désigner comme rapporteur. Les termes, dans leur concision, en sont très nets : nous avons à étudier avec vous : « le mode d'assurance, à adopter par les œuvres ». C'est dire que le principe de l'assurance est admis. Nous pouvons le considérer comme acquis, et nous n'avons pas à le discuter — mais qu'avez-vous entendu par le mot si large d'Assurance?

Le comprenez-vous au sens qu'y attachent la plupart des Sociétés ou Compagnies privées, dont les Polices qui nous concernent sont généralement libellées comme suit :

« *Assurance contre la responsabilité civile des chefs d'Institutions,*
« *de Collèges ou d'Ecoles sur la base des articles* 1382 *et suivants*
« *du Code Civil français.* »

Ou bien donnez-vous à la question soumise à vos délibérations un sens plus large, moins restrictif, et lui laissez-vous sa signification littérale — sans la limiter au seul point de la responsabilité civile de vos œuvres.

Pour nous, notre conviction est faite.

Une expérience de plusieurs années, une étude approfondie du sujet nous ont amené à écarter la première acception.

Permettez-nous de vous en exposer les raisons :

Tous ceux qui ont bien lu les polices passées dans ces dernières années avec les Colonies de vacances ont dû, comme nous, être frappés de ce que l'on y admettait, comme une vérité juridique, l'assimilation de vos œuvres à celle des maîtres d'écoles — partant passibles de la responsabilité civile découlant des articles 1382, 1383 et 1384 du Code Civil.

Passant à ce qui a été publié sur ce sujet, nous voyons que, dans le remarquable ouvrage de M. Louis Delpérier, avocat à la Cour d'appel, sur « les Colonies de vacances », dans son chapitre 4, page 142, il écrit :

« Les articles du Code Civil, par lesquels ont peut baser la « responsabilité des directeurs des Colonies, sont les articles 1382, « 1383 et 1384, qu'il est bon de rappeler ici :

« Art. 1382. — Tout fait quelconque de l'homme qui fait « à autrui un dommage, oblige celui par la faute duquel il est « arrivé à le réparer.

« Art. 1383. — Chacun est responsable du dommage qu'il « a causé non seulement par son fait, mais encore par sa négligence « ou son imprudence.

« Art. 1384. — On est responsable non seulement du dommage « que l'on cause par son propre fait, mais encore de celui qui est « causé par le fait des personnes dont on doit répondre ou des choses « que l'on a sous sa garde. Le père et la mère, après le décès du « mari, sont responsables du dommage causé par leurs enfants « mineurs habitant avec eux; les maîtres et les commettants, du « dommage causé par leurs domestiques et préposés dans les fonctions « auxquelles ils les ont employés; les instituteurs et artisans, du dom- « mage causé par leurs élèves et apprentis pendant le temps qu'ils « sont sous leur surveillance. La responsabilité ci-dessus a lieu, à « moins que les pères et mères, instituteurs et artisans ne prouvent « qu'ils n'ont pu empêcher le fait qui donne lieu à cette responsa- « bilité. Toutefois, la responsabilité civile de l'Etat est substituée à « celle des membres de l'enseignement public. »

Puis, après avoir étudié ce que l'on doit entendre dans ces articles par la faute et la présomption de faute, M. Delpérier, continuant l'examen de la question, écrit notamment, parge 144.

« La responsabilité du directeur de l'Œuvre se substituera donc « toujours à celle des parents nourriciers ou surveillants. »

Nous regrettons de ne pouvoir citer davantage notre auteur et sommes, sur ce point, d'accord avec lui, sous la réserve que nous ne croyons à la responsabilité ni des uns ni des autres.

Nous le sommes également avec MM. Eugène Plantet et Arthur Delpy, qui ont traité la même question dans l'ouvrage qu'ils viennent de publier sous le nom de : « Colonies de Vacances et Œuvres du Grand Air en France et à l'Etranger » — véritable monument élevé à vos œuvres — d'une richesse de documentation qui le rend indispensable à tous ceux que passionnent les efforts faits au profit de l'Enfant.

Dans le passage « Assurances », page 87, ces Messieurs écrivent :

« Dans quelle mesure l'article 1384 s'applique-t-il aux Œuvres « des Colonies de Vacances? — La jurisprudence n'est pas encore « établie. Ce qui paraît certain, c'est que : 1° la responsabilité du « directeur de l'œuvre se substitue à celle des parents nourriciers ou « des surveillants; 2° le père peut toujours intenter un procès au « directeur de l'œuvre, dans le cas de l'enfant-victime, en démontrant « la faute de ce directeur et de ses préposés. Si l'accident est causé « par l'enfant, la question est controversée de savoir si le directeur « de l'œuvre attaquée, peut être assimilé à un instituteur. Ainsi donc, « il y a deux responsabilités : l'une, vis-à-vis des parents pour les « accidents arrivés à leurs enfants ; l'autre, vis-à-vis des tiers pour « des accidents à eux causés par les enfants. »

Nous sommes tous d'accord avec MM. Plantet et Delpy sur le fait qu'un procès peut toujours être engagé, mais en les remerciant d'avoir donné à leur opinion une forme interrogative, nous devons nous séparer d'eux quand ils semblent tenir pour certain que la responsabilité de nos œuvres se substitue à celle des parents nourriciers ou à ses surveillants et dégagerait ainsi celle de la famille qui, à notre sens, est seule en cause ici.

Vous aurez remarqué en effet que dans le libellé des Compagnies d'Assurances, l'assimilation de nos œuvres à des écoles, des crèches, des externats est un fait acquis. Notre responsabilité civile serait celle que l'on désigne généralement sous le nom de responsabilité du maître d'école.

Nous ne saurions protester trop énergiquement contre cette assimilation.

Ce n'est pas devant vous qu'il serait nécessaire de montrer les différences capitales, essentielles, fondamentales, entre vos Œuvres, leur but, leur fonctionnement et celles auxquelles juridiquement on veut vous comparer, allant même à vous assimiler au point de vue des responsabilités.

Mais, nous croyons utile de vous prier de vous joindre à nous pour protester contre une interprétation si grave pour vos intérêts et pour votre avenir.

Dans les lignes que nous citons plus haut de MM. Plantet et Delpérier, vous avez lu : « La jurisprudence n'est pas encore établie. » Le fait est exact, puisque nous ne pouvons vous apporter aucun arrêt de la Cour de cassation à l'appui de notre thèse, mais on doit reconnaître qu'il ne peut rien être produit non plus en faveur de l'opinion contraire à la nôtre — tandis que nous avons la grande et légitime satisfaction de pouvoir nous appuyer sur le texte du jugement rendu le 13 novembre 1909 par le Tribunal civil de la Seine.

Une des Œuvres associées à notre « Essai de Caisse mutuelle contre les accidents des Colonies de Vacances » était assignée en dommages et intérêts par le père d'un jeune enfant qui avait eu une fracture du bras en août 1907. L'Œuvre fit soigner l'enfant à ses frais pendant son séjour à la montagne et, après son retour dans sa famille, mais se refusa à toute indemnité. Elle fut assignée en 1908. L'affaire fut plaidée et jugée en 1909.

Nous avons envoyé à un grand nombre de nos Œuvres le texte de l'assignation, la plaidoirie de notre avocat et le jugement rendu en notre faveur, dont nous tenons à remettre sous vos yeux les extraits suivants :

« Attendu que l'énumération des personnes civilement responsables « pour autrui, qui est contenue dans l'artcile 1384 du Code civil, « est limitative ;

« Qu'à aucun titre, les œuvres de charité et de solidarité sociale « qui s'occupent au placement et de la surveillance des enfants, « dispersés dans une région, pendant les vacances scolaires ne sau- « raient être rendues, de plano, responsables d'un accident survenu « à l'un de ces enfants ;

« Que l'article 1384 n'est pas applicable en l'espèce ».

Nous aurions vivement souhaité que cette affaire puisse aller en appel et étions décidés à la porter au besoin devant la Cour de cassation.

Nous avons eu le regret de voir l'Assistance judiciaire refusée à notre adversaire en Appel, alors qu'il en avait bénéficié en première instance.

Vous attacherez néanmoins avec nous une grande importance à ce jugement, le premier, à notre connaissance, qui s'applique réellement à une de nos œuvres. Nous avons, comme vous tous, entendu souvent parler de décisions de justice sur lesquelles s'appuient les partisans des Compagnies d'assurances, mais nous n'avons jamais, en ce qui nous concerne, pu en trouver rendues contre des Colonies de Vacances proprement dites. Les condamnations citées visent dans la plupart des cas des Ecoles, des Internats, des Crèches, des Patronages ; toutes œuvres de surveillance en lieu clos n'ayant aucun rapport avec les nôtres. MM. Plantet et Delpy citent bien, page 88, quelques condamnations pour deux enfants tués, et pour un bras et une jambe cassés, mais nous n'avons pas, pour notre part, pu trouver à quelles Œuvres de Colonies elles se rapportaient, et comme elles citent « un chef d'institution » et font allusion à « un défaut momentanné de surveillance » elles paraissent des jugements ne visant pas réellement nos œuvres.

D'une enquête faite par nous en 1908 auprès des tribunaux et cours de notre pays, nous n'avons trouvé aucune condamnation contre des Colonies de vacances et serions heureux, s'il nous en a échappé, de connaître le texte des assignations et des jugements.

Nous nous croyons donc fondés, jusqu'à preuve du contraire, à faire nôtre la thèse du Tribunal de la Seine et repousser toute assimilation entre nos œuvres de plein champ, de plein air, de montagne ou de bord de mer et les œuvres en lieux clos, avec lesquelles on a cherché à nous assimiler.

Nous repoussons énergiquement toute assimilation entre nous et des maîtres d'école. Nous vous prions de vous joindre à nous pour créer un mouvement d'opinion reconnaissant à nos œuvres le véritable caractère de prolongation de la famille, nous ne nous substituons pas aux responsabilités qui incombent aux pères et mères, nous ne faisons que les déplacer. L'enfant qui nous est confié ne court pas plus de risques avec nous, sur les rochers ou dans les champs, que dans les faubourgs de nos grandes villes, mais il court et fait courir les mêmes risques. Sa famille en est responsable, qu'il soit au milieu de nos petits colons ou qu'il joue avec ses camarades sur la place publique.

En nous assignant le père a tort, et celui qui le pousse ou qui cherche à exploiter, à notre détriment, l'accident, même mortel, arrivé à un enfant, commet une mauvaise action dont il doit savoir qu'il ne peut retirer aucun profit.

Nous avons poursuivi semblable enquête à l'étranger; partout il nous a été fait même réponse : nos œuvres ne pourraient plus vivre si elles devaient assumer tous les risques que le jeune âge de nos enfants fait peser sur leurs familles.

Nous vous disions plus haut, dans les citations de nos auteurs, que : « la jurisprudence n'est pas encore établie », c'est donc à vous, à vos œuvres, à votre Congrès qu'il appartient de la faire établir, et tout ce que nous savons des magistrats de notre pays nous permet d'affirmer qu'il sera fait prompte justice de cette hérésie, qui ferait peser sur nos Œuvres, au seul détriment des enfants qu'elles peuvent transplanter pour quelques semaines dans la pleine nature, des responsabilités déjà bien lourdes pour les écoles ou les crèches.

Nous regrettons d'avoir dû retenir si longtemps votre attention sur ce point particulier de la responsabilité civile, mais nous n'aurons pas perdu notre temps si nous avons pu faire partager notre conviction à quelques-uns d'entre vous.

Nous avons hâte maintenant de reprendre notre question : « Quel est le mode d'assurance à adopter », car vous avez bien compris que si nous repoussons la responsabilité civile, nous ne voulons pas nous dérober à notre responsabilité morale.

Notre seul but est d'appliquer au soulagement effectif de plus de misère possible tous les fonds qui nous sont confiés et nous voulons, non seulement pouvoir donner les soins les plus efficaces pendant le séjour de l'enfant parmi nous, mais encore les continuer tout le temps nécessaire après son retour dans sa famille. Nous ne voulons pas grever de modestes budgets du long traitement d'une fracture grave, ou de tel autre accident nécessitant des remèdes coûteux.

Pour y arriver, une caisse d'assurance est indispensable.

Si nous estimons qu'en 1910, l'ensemble des Œuvres envoie 60.000 enfants des villes passer de 3 à 6 semaines en plein air, chiffre qui n'a rien d'exagéré en nous basant sur les statistiques de MM. Plantet et Delpy donnant 53.411 enfants pour 1907, nous aurons une moyenne de 1.800.000 journées.

Avec des tarifs de Compagnies d'assurances variant de 0,25 à 2 francs par tête, quelquefois même 0,10 par jour, nous pensons pouvoir évaluer entre 40 et 60.000 francs, au minimum, ce qui est prélevé par les primes d'assurances pour couvrir, dans la plupart des cas, le seul risque de responsabilité civile, réduisant à de bien maigres ressources ce que les Œuvres peuvent consacrer au soulagement des petites victimes.

tout entières consacrées à ce dernier but?

Pour nous, nous l'avons cru.

Jusqu'en 1905, les Œuvres de la région de Saint-Etienne s'assuraient aux Compagnies leur offrant les meilleures conditions. Nous versions, chaque année, des sommes importantes sans jamais pouvoir rien en retirer.

Les termes de nos polices étaient formels. Vous les avez tous présents à l'esprit, il n'y est guère parlé que d'assignations, de jugements, de procès, et, en le constatant, nous n'avons nullement la

Ne vaut-il donc pas mieux envisager que ces ressources seront pensée d'être désagréable aux très honorables compagnies avec lesquelles, personnellement, nous entretenons les meilleures relations.

Nous ne critiquons pas, nous reconnaissons volontiers que, le texte et l'esprit des polices nous étant expliqués, les Compagnies sont dans leur droit en défendant leurs intérêts la loi à la main. Mais nos Œuvres ne voulaient plus être des causes de procès, elles estimaient avoir mieux à faire de leurs ressources que de payer des primes, dont le montant était prélevé sur leurs pupilles, puisqu'elles devaient diminuer en proportion le nombre de leurs colons.

Nous avons cherché alors, en groupant d'autres œuvres autour des nôtres, à apporter un chiffre assez important pour bénéficier de tarifs plus avantageux, et surtout pour trouver des Compagnies acceptant, non plus de nous couvrir des seules risques de la responsabilité civile, mais bien de nous assurer, ou plutôt d'assurer nos petits colons dans le sens intégral que nous vous avons indiqué au début de cet exposé.

Nous n'avons pas été assez heureux pour en trouver, ou les Compagnies qui discutaient avec nous demandaient des primes hors de proportion avec nos ressousces.

C'est alors qu'en 1906, sur l'initiative hardie de notre dévoué président, M. L. Comte, qui ne redoute pas les vaines responsabilités parce qu'il a appris à les peser avant de s'engager, nous avons tenté le modeste « essai de la Caisse mutuelle contre les accidents des Colonies de Vacances ».

Notre but essentiel était de créer un mouvement d'opinion, d'obtenir des tribunaux une jurisprudence qui soit une question d'espèces et non plus d'assimilation — qui détermine et fixe nos responsabilités.

Nous aurions aimé vous apporter les décisions de la Cour de Cassation, nous n'avons pu y arriver.

Les magistraits ont estimé que le jugement du tribunal civil était assez fortement motivé pour permettre le refus de l'Assistance judiciaire; nous l'avons regretté, tout en étant heureux de cette nouvelle consécration de notre thèse.

Notre Œuvre a progressé chaque année; de 2.000 enfants en 1906, nous sommes arrivés à 4.800 en 1909.

Notre tarif de 0.50 net par enfant semble consacré par l'expérience, nous avons eu bien des accidents, bien des frais médicaux, mais chaque année nous a laissé un boni.

Pourtant nous n'avons pas refusé une importante contribution, avec une Compagnie de chemins de fer, dans un accident mortel, qui posait devant nous, d'une manière pressante, la question des transports, celle de nos rapports avec les Compagnies de chemins de fer, où des conditions spéciales ont fait penser à notre Conseil qu'il était mieux de ne pas plaider.

Devons-nous sortir aujourd'hui de ce provisoire, dans lequel vous ne devez voir de notre part que le scrupule de vous engager à nous suivre seulement après expérience faite.

Y a-t-il lieu de transformer notre essai en une Société Mutuelle ou en Société anonyme, dont seules vos œuvres pourraient être actionnaires.

C'est à vous de le dire.

Si nous avons été assez heureux pour vous faire partager notre conviction, nous vous proposons de discuter et voter un vœu qui pourrait être rédigé en ces termes :

« Le Congrès repoussant l'assimilation des Œuvres de Colonies de vacances avec la responsabilité des chefs d'institution et instituteurs, emet le vœu qu'il soit constitué, entre les œuvres, une Société mutuelle ou une Société anonyme d'assurances contre les accidents des Colonies de vacances. »

ASSURANCES ET RESPONSABILITE CIVILE

M. Raoul **Vimard**, rapporteur.

MESDAMES, MESSIEURS,

Je me sens, en vérité, accablé par l'honneur que vous m'avez fait et la tâche que vous m'avez confiée.

D'éminents juristes, des magistrats, des avocats éloquents ont déjà donné maintes fois leurs avis sur le sujet que je dois traiter et il y a sans doute quelque présomption de ma part à oser émettre après eux une opinion sur la *responsabilité civile des Colonies de vacances.*

Certes, je n'ai ni l'autorité, ni la science de mes devanciers.

J'ai seulement, pour m'enhardir et pour excuser mon audace, une déjà longue pratique professionnelle. Appelé chaque année à diriger deux ou trois cents procès de responsabilité civile et à étudier les dossiers de quatre à cinq mille accidents, j'ai fini par me familiariser avec les questions qui vous préoccupent à l'heure actuelle et j'ai bouché avec du métier les trous de ma science.

C'est donc en qualité de spécialiste de la responsabilité, des accidents et de l'assurance que je me permets de prendre la parole devant vous.

Je serai d'ailleurs aussi bref que possible, m'efforçant de sérier les questions et de les exposer avec toute la simplicité convenable en un Congrès qui n'est pas un aréopage de jurisconsultes.

Nous envisagerons donc ensemble quels sont les accidents qui peuvent survenir et les diviserons en accidents pouvant engager directement la responsabilité civile des œuvres et accidents causés par les personnes dont les œuvres sont civilement responsables.

Nous signalerons, en dehors des accidents, les autres causes possibles de responsabilité.

Enfin, nous indiquerons comment il convient que les œuvres se mettent à l'abri de leurs responsabilités éventuelles.

I. — ACCIDENTS POUVANT ENGAGER DIRECTEMENT LA RESPONSABILITÉ CIVILE DES ŒUVRES.

Ce sont les accidents les plus fréquents ; c'est le seul type d'accident qu'ait eu, jusqu'à présent, à envisager la jurisprudence.

Il n'est pas douteux, en effet, que la faute de l'œuvre engagerait cette œuvre, comme la faute d'un simple particulier engagerait un simple particulier. Mais l'œuvre ne sera responsable qu'autant que les parents de l'enfant auront prouvé une faute quelconque, négligence ou imprudence de l'œuvre. C'est le droit commun des articles 1382 et 1383 du Code civil sur la responsabilité des fautes, négligences ou imprudences.

Il y a des cas, et des cas nombreux, où des fautes de nature à engager la responsabilité de l'œuvre pourront avoit été commises. Pour préciser, voici quelques hypothèses : fait par une œuvre de ne pas organiser ou de mal organiser la surveillance pendant le transport, ou de faire monter un trop grand nombre d'enfants sur des voitures peu solides, ou de placer les enfants dans un endroit notoirement périlleux, ou de tolérer que des enfants soient occupés à des travaux dangereux, etc... On peut imaginer des cas presque à l'infini.

Après qu'un accident, n'engageant pas la responsabilité de l'œuvre, est survenu, le fait de ne pas assurer à l'enfant des soins convenables, pourrait être de nature, en cas de négligence démontrée, à entraîner pour l'œuvre la charge, sinon de toutes les conséquences de l'accident, du moins de l'aggravation que le manque de soins aurait pu amener.

Il y a quelques remarques essentielles à faire au sujet de cette première catégorie d'accidents.

Remarque A. — Les deux seuls jugements rendus à ma connaissance en matière de colonies de vacances n'ont eu à examiner que des accidents de cette catégorie.

Dans un cas, il s'agissait d'un enfant qui en sautant se fractura le bras ; c'est l'espèce du Tribunal de la Seine (Trib. civ. de la Seine, 4e chambre, 13 novembre 1909. Présidence de M. Katz, affaire H. . ., contre Œuvre Parisienne des Enfants à la Montagne). Le tribunal estima, ce qui était évident, qu'aucune faute n'avait été commise par l'œuvre et que, par suite, l'œuvre n'était pas responsable : les enfants sont à la montagne pour jouer et sauter ; et, quand, en jouant ou en sautant, les enfants se blessent, on ne peut incriminer personne ; c'est là un risque que les enfants courent, même quand ils jouent et sautent dans leur famille, sous les yeux de leurs parents.

Le jugement de la Seine a ajouté que l'article 1384 du Code civil n'était pas applicable en l'espèce ; cet article énumère les cas où une personne doit répondre du préjudice causé à un tiers par la faute d'une autre personne : parents devant répondre du préjudice causé par leurs enfants, maîtres et commettants devant répondre du préjudice causé par leurs domestiques ou préposés, instituteurs devant répondre du préjudice causé par leurs élèves. Or, dans le cas qui nous occupe, il ne s'agissait pas de préjudice causé à un tiers par une personne dont une autre devait répondre ; il s'agissait seulement d'un accident survenu à un enfant sans faute de qui que ce soit. Aucun doute ne pouvait dès lors s'élever et il était quelque peu superflu de faire allusion à cet art. 1384, qui n'eût pas été davantage applicable si l'œuvre eût été assimilée à un instituteur ; nous reviendrons d'ailleurs sur cet article.

Dans le cas du jugement de Lyon, il s'agissait d'un enfant qui, tombant d'un char non attelé, se fractura le coude gauche (Trib. civ. de Lyon, 1re chambre, 5 février 1910. Présidence de M. Pélagaud. Affaire Martinaud contre Solidarité Scolaire). Les juges ont encore décidé qu'aucune faute n'avait été commise par l'œuvre à l'occasion d'un accident causé par les hasards d'un jeu qui ne présentait pas un danger exceptionnel et ils ont refusé de mettre à la charge de l'œuvre les conséquences de l'accident ; mais, comme on plaidait que l'état de l'enfant avait été aggravé par le manque de soins immédiats, le tribunal a ordonné une expertise destinée à élucider ce dernier point.

Le rapport de l'expert n'est pas encore déposé et le jugement définitif n'est par conséquent pas rendu ; mais, ce rapport, m'a-t-on affirmé, déclarera que l'enfant a été bien soigné et qu'aucune aggravation n'est survenue par suite d'un défaut de soins. Sans doute, cette fois encore l'œuvre échappera à une condamnation ; mais le principe de sa responsabilité (responsabilité de droit commun, responsabilité de l'art 1382, responsabilité directe de la faute ou de la négligence) n'en est pas moins nettement posé par le fait seul qu'une expertise a été ordonnée ; il est vrai que ce principe n'était pas contestable.

Remarque B. — La deuxième remarque que j'ai à signaler,

c'est que les tribunaux ont un pouvoir souverain d'appréciation en ce qui concerne les fautes, et par suite la responsabilité.

Or, ils ne peuvent pas manquer de tenir compte, dans cette appréciation, des caractères particuliers des œuvres dont on cherche à démontrer la faute et des obligations réellement assumées par ces œuvres.

C'est ce qu'a remarquablement exposé M. Guillot, substitut du Procureur de la République à Lyon, dans les conclusions qu'il a prises au cours de l'instance dont je viens de parler.

Permettez-moi de reproduire quelques passages de ces lumineuses conclusions :

« En premier lieu, dans l'appréciation de la faute, il y aura lieu « évidemment de considérer le caractère spécial du défendeur assigné « en dommages-intérêts... Au point de vue d'une responsabilité « civile possible, on ne peut traiter de la même façon la personne « qui a agi dans le but de lucre, pour réaliser un gain, et celle « qui a agi par charité, par humanité, par solidarité sociale, pour « accomplir un acte de bienfaisance. La responsabilité en cas d'acci- « dent ne saurait être la même. Une Colonie de vacances doit être « traitée plus favorablement au point de vue de l'appréciation « de la faute ; il y aurait un véritable danger social à décider autre- « ment ; ce serait décourager les directeurs et bienfaiteurs de ces « œuvres d'une utilité reconnue par tous.

« Voici une seconde idée dont il y a lieu de tenir compte et « de s'inspirer : je la tire du but poursuivi par les sociétés dont « nous nous occupons... Des esprits généreux envoient les enfants « des familles pauvres et déshéritées, soit à la mer, soit à la mon- « tagne dans les conditions où les familles aisées y placent elles- « mêmes leurs propres fils. C'est dire que les pupilles des Colonies « de Vacances courent et doivent courir les mêmes risques. Il ne « s'agit pas de les enfermer en lieu clos, mais au contraire de leur « assurer le bénéfice de la vie au grand air, de les placer en plein « champ, au souffle du vent, en présence de la nature, avec tous « ses avantages, mais aussi *avec tous ses risques*... Ils sont dans

« la situation des jeunes gens qui se livrent aux exercices du corps...
« il est évident que ces exercices comportent avec eux certains
« risques, certains aléas, dont on ne saurait rendre responsables les
« sociétés auxquelles appartiennent les jeunes gens qui s'y livrent...
« il en est de même dans notre espèce.

« En troisième lieu, il convient également de considérer le lien
« juridique qui se forme entre les parties en cause... A ce point
« de vue, les œuvres de Colonies de Vacances ne sont en réalité
« que des *intermédiaires ;* c'est là une idée essentielle. Leur rôle
« consiste à faire ce que les parents eux-mêmes ne peuvent accom-
« plir et à les suppléer en les mettant directement en rapport avec
« des familles de cultivateurs qui garderont leurs enfants pendant
« les semaines de vacances. Les sociétés ne peuvent donc assumer
« que des obligations restreintes : elles doivent choisir à la cam-
« pagne un milieu sain et favorable pour le développement physique
« de leurs protégés ; — aider les parents à transporter leurs enfants
« dans la région choisie, en faisant accompagner ces derniers par
« des surveillants et en soldant les frais de voyage ; — puis,
« remettre leurs pupilles entre les mains de cultivateurs honnêtes et
« sûrs, choisis avec soin, en subvenant aux dépenses d'entretien et
« de séjour ; — une fois l'enfant confié à ces paysans, l'œuvre
« s'engage à exercer une certaine surveillance ; elle consistera à
« faire visiter fréquemment les enfants dans les fermes où ils sont
« placés pour vérifier l'hygiène et s'assurer que les soins néces-
« saires leur sont donnés ;... une société de bienfaisance ne saurait
« être tenue à une surveillance plus active et plus rigoureuse que
« celle qui est exercée par les parents eux-mêmes ; or, dans nos
« villes, les enfants des familles pauvres n'ont pas l'habitude d'être
« accompagnés du matin au soir par des domestiques. »

J'ai tenu à reproduire ces lignes, d'abord parce qu'il est difficile de mieux préciser le caractère véritable des Colonies de vacances, ensuite parce qu'elles ont été écrites par un magistrat et qu'il pourra être intéressant de les citer, non dans un Congrès, mais dans un prétoire.

Remarque C. — Comme vous l'avez observé, les œuvres définies par M. le substitut Guillot sont les Colonies à placement familial; les caractères des Colonies à internat collectif ne sont évidemment pas les mêmes, d'où il suit que les responsabilités de ces deux types de Colonies de Vacances sont nécessairement différentes.

D'abord, les Colonies à internat collectif ne sont plus les intermédiaires dont vient de parler M. Guillot ; elles sont elles-mêmes les hôtes des petits colons ; elles leur fournissent elles-mêmes la nourriture et le logement; d'où des risques particuliers qu'il leur faut assumer.

Ensuite, la surveillance est étroite, et l'on peut même dire qu'elle est nécessaire ; il est impossible de laisser vivre ensemble, dans l'intimité la plus complète et la plus permanente, un nombre considérable d'enfants, sans veiller sur tous leurs actes et sur tous leurs ébats; et de cette obligation de surveillance peuvent découler, en cas de négligence, des responsabilités spéciales.

En outre, les Colonies à internat collectif rassemblent les enfants dans des lieux clos ; or, dans sa très éloquente plaidoirie prononcée devant le tribunal de la Seine, Me Jacques Bonzon, après avoir résumé quelques décisions de jurisprudence portant condamnation, a fort judicieusement continué ainsi : « Il faut, Messieurs, après avoir « énuméré toutes ces espèces, en chercher le caractère commun. Or, « vous avez certainement été frappés, même au cours de leur rapide « lecture, par un fait constant. Tous les accidents arrivés dans les « cas qu'ont eu à examiner les tribunaux sont survenus dans *un lieu « clos :* Asile d'aliénés — lieu clos; Patronage de l'Abbé Cœur « à Grenoble — lieu clos; Patronage de Marseille, cour, préau « de gymnastique — lieu clos ; Affaire de Châteauroux (1898), « intérieur d'école ; de Paris (1892), lieu clos encore, lieu clos « toujours. Dans une cour, dans un préau, dans un asile, dans « une garderie, la surveillance est-elle possible ? Certes. Et, par « conséquent, l'on conçoit que la jurisprudence ait vu en ce cas « une possibilité de faute, une recevabilité contre ceux qui *devaient* « surveiller, parce qu'ils le *pouvaient.* Mais nous, œuvre d'enfants

Ligue Fraternelle des Enfants de France.

COLONIES DE VACANCES. — *Œuvre des 3 semaines.*

« à la Montagne, Colonie de Vacances, le pouvons-nous ? Toute « l'affaire est là. »

Et le Tribunal a donné raison à Me Bonzon. Et Me Bonzon eût peut-être perdu son procès — quoique, en l'espèce, j'en doute fort — si l'œuvre pour laquelle il plaidait eût pratiqué, au lieu du placement familial, l'internat collectif.

Pour résumer cette première partie, nous pouvons conclure que, à l'occasion de certains accidents, les œuvres se trouveront directement responsables; mais, dans l'appréciation de la faute, les tribunaux auront à tenir le plus grand compte des caractères spéciaux des Colonies de Vacances et, d'autre part, les Colonies à placement familial courent des risques de responsabilité directe moindres que les Colonies à internat collectif.

II. — ACCIDENTS CAUSÉS PAR LES PERSONNES DONT LES ŒUVRES SONT CIVILEMENT RESPONSABLES

D'après l'article 1384 du Code civil, on est responsable, non seulement du dommage que l'on cause directement, par sa propre faute, mais encore du dommage causé par les personnes, par la faute des personnes dont on doit répondre.

Et ces personnes « dont on doit répondre » sont énumérées par cet article 1384.

Deux exemples suffiront à faire comprendre la portée de ce texte : c'est en vertu de l'article 1384 que le propriétaire d'un automobile paie le prix du chien que son chauffeur a écrasé, ou qu'un père rembourse à la compagnie de chemin de fer le prix du carreau cassé par son fils.

Y a-t-il des personnes dont les Colonies de Vacances répondent comme un automobiliste de son chauffeur, ou un père de son enfant?

Nous examinerons successivement les trois seuls cas où il puisse être question d'une semblable responsabilité.

A. *Surveillants.* — Pour cette première catégorie de personnes, aucun doute n'est possible. L'œuvre est responsable des accidents causés par les surveillants pendant le temps où ils accomplissent la mission qui leur est confiée.

Et même on doit ne pas oublier que, d'après les tribunaux, le maître répond des fautes commises par ses préposés, non seulement dans leur fonction, mais encore quand ils abusent de leur fonction ; si bien que, si un surveillant organisait *de sa propre initiative,* une promenade collective dans un lieu très dangereux et si un accident survenait *par la faute de ce surveillant,* l'œuvre courrait le risque d'être déclarée responsable.

Il convient, en outre, de signaler que ce qui est à la charge de l'œuvre, ce n'est pas seulement le préjudice causé aux enfants par la faute des surveillants, mais ce sont tous les dommages causés à des personnes quelconques, par exemple un incendie allumé par un surveillant en visitant les petits colons.

Notons enfin, que cette responsabilité par ricochet est encourue, par les œuvres qui emploient un personnel salarié: cuisiniers, domestiques, cochers, etc... pour tous les actes accomplis en service par ce personnel.

B. *Parents nourriciers.* — Les parents nourriciers, les paysans chez lesquels les colonies à placement familial envoient leurs petits colons, doivent-ils être assimilés au personnel de l'œuvre et l'œuvre est-elle responsable des fautes des parents nourriciers ?

La question est sans doute assez délicate. Si l'on considère les parents nourriciers comme les préposés de l'œuvre, il faut conclure à la responsabilité de l'œuvre, et je sais que des avocats très compétents admettent cette responsabilité,

Laissez-moi vous dire que je ne partage pas leur avis.

1° Les parents nourriciers ne sont pas attachés à l'œuvre par un lien de subordination aussi étroit que celui qui unit les personnes énumérées dans l'article 1384 ; il n'y a pas entre l'œuvre et les nourriciers un contrat de travail ; l'œuvre n'a pas d'ordres à donner aux nourriciers dès l'instant qu'ils nourrissent, logent et surveillent les petits colons, comme ils nourrissent, logent et surveillent leurs propres enfants. Pourvu que ce résultat soit atteint (nourriture, logement et surveillance), les nourriciers peuvent agir à leur guise ; ils jouissent d'une absolue liberté, d'une absolue indépendance ; les nourriciers n'ont à exécuter que les conditions d'un contrat très spécial ; ils reçoivent en dépôt des enfants et promettent de les traiter en bons pères de famille ; il n'y a rien là qui ressemble à un louage de travail.

2° D'autre part, il faut rappeler, avec M. le substitut Guillot, que juridiquement les œuvres ne sont que de simples intermédiaires ; elles font ce que les parents ne peuvent faire directement; elles procurent aux parents des villes des parents nourriciers, des hôtes pour leurs enfants ; or, voit-on l'agence Cook responsable des fautes des hôteliers chez lesquels elle conduit ses excursionnistes ?

3° Faisant ce que les pères et mères des enfants ne peuvent faire directement, l'œuvre ne doit pas avoir plus de responsabilité que ces pères et mères. Et si ces pères et mères avaient placé eux-mêmes leurs enfants chez un paysan qui leur aurait causé un accident, voit-on les enfants, devenus majeurs, réclamer une indemnité à leurs pères et mères ? Nul n'oserait soutenir la recevabilité d'une telle action. Pourquoi serait-elle plus recevable contre une œuvre substituée aux parents ?

4° Poussons la théorie que nous combattons jusqu'à ses dernières conséquences : il faudra alors déclarer l'œuvre responsable de l'accident que le paysan emmenant chez lui en voiture un petit colon aura causé à un tiers en accrochant un autre véhicule. Qui songe à imposer à l'œuvre une pareille responsabilité ? Et si l'œuvre ne répond pas du paysan à l'égard du tiers, pourquoi répondrait-elle de ce paysan à l'égard du petit colon qui a pu être blessé dans le même accident?

En vérité, il faut s'élever contre toute assimilation des parents nourriciers avec des préposés des œuvres, et il faut dire que l'œuvre ne sera responsable d'un accident causé par un nourricier qu'au cas où il viendrait à être établi que cet accident est dû à un mauvais choix fait par l'œuvre ; mais alors on se trouve en présence d'une faute de l'œuvre qui devient responsable directement, comme dans le premier chapitre de cette étude, et qui n'est plus responsable pour autrui.

C. *Petits Colons.* — Les Colonies de Vacances sont-elles responsables des accidents causés par leurs petits colons comme le sont les instituteurs des accidents causés par leurs élèves ?

Telle est la question qui préoccupe justement les colonies depuis très longtemps, question à laquelle les tribunaux n'ont encore donné aucune solution.

Sans doute, le jugement de la Seine déclare bien que l'article 1384 n'est pas applicable aux Colonies de Vacances ; mais dans l'espèce qui était soumise au tribunal il ne pouvait être question de cet article 1384 puisque, comme je l'ai expliqué, il s'agissait d'un accident survenu à un colon et non d'un accident causé par un colon.

Toute la question se ramène à celle-ci : le mot « Instituteur » employé par l'article 1384 doit-il être pris dans une acception si large qu'il s'applique aux Colonies de Vacances ?

Au premier abord, il semble bien que les Colonies de Vacances qui ne s'occupent pas d'instruction, qui ne sont pas des écoles en plein air, qui fonctionnent précisément pendant les vacances, c'est-à-dire pendant le temps où l'esprit de l'enfant doit être laissé au repos, n'aient aucun caractère commun avec les instituteurs.

Mais plusieurs jugements et arrêts ont décidé que l'article 1384 s'applique aussi bien et même davantage aux personnes qui s'occupent d'éducation qu'à celles qui s'occupent d'instruction; qu'il s'applique notamment aux colonies agricoles et aux patronages. Et cette jurisprudence est assez inquiétante.

Toutefois, je ne la crois pas décisive, et je reste malgré tout convaincu que l'article 1384 n'est pas suspendu, nouvelle et lourde épée de Damoclès, au-dessus des Colonies de Vacances, ou du moins d'un grand nombre d'entre elles.

Je le crois pour deux raisons :

1° Les Colonies de vacances ne s'occupent pas plus d'éducation que d'instruction ; sans doute le milieu, la nature les sentiments d'affection et de reconnaissance qui naissent au cœur des petits colons sont des facteurs importants de leur progrès moral ; sans doute, il arrive que leur esprit s'améliore en même temps que leur corps; tant mieux, mais ces heureuses conséquences ne sont le résultat d'aucune méthode d'éducation, d'aucune direction, d'aucune pédagogie.

2° L'article 1384 limite la responsabilité des instituteurs au temps où les enfants sont sous leur surveillance ; or, comme je l'ai déjà indiqué, les petits colons ne sont jamais sous la surveillance des œuvres ; toute la méthode des colonies consiste à laisser l'enfant libre dans la nature. — La surveillance s'exerce sur le logement, sur la nourriture et sur le vêtement des enfants, non sur leurs ébats, leurs jeux et leurs exercices. Et s'il n'y a pas surveillance, il n'y a pas responsabilité.

Deux remarques s'imposent ici :

Remarque A. — Les colonies à internat collectif seront sans doute plus aisément assimilables à un instituteur que les colonies à placement familial. La différence est, en effet, bien ténue entre une colonie à internat et un patronage ; or, des patronages ont déjà été déclarés civilement responsables. En outre, au sein d'une colonie à internat, la surveillance est, non seulement possible, mais encore nécessaire. Dès lors, l'article 1384 peut être appliqué.

Remarque B. — De ce que l'article 1384 ne sera pas applicable aux Colonies de Vacances à placement familial, il ne résulte par que ces Colonies ne seront jamais responsables des accidents causés par leurs petits colons. Mais, pour qu'elles soient responsables, il faudra qu'une faute soit démontrée contre elles par le demandeur, c'est-à-dire qu'il faudra que l'accident donne lieu à l'application de l'article 1382 et rentre dans la catégorie des accidents examinés au premier chapitre.

Pour conclure, nous dirons que :

1° *Toutes les œuvres sont responsables de leurs surveillants et de leur personnel.*

2° *Les Colonies de Vacances à placement familial ne sont pas responsables — à moins de faute démontrée contre elles — des actes de leurs parents nourriciers.*

3° *Les œuvres ne sont pas responsables des actes de leurs petits colons, quoique ce principe devienne assez incertain quand il s'agit de Colonies à internat collectif.*

III. — CAS DE RESPONSABILITÉ EN DEHORS DES ACCIDENTS

Pour mémoire, je crois bon de rappeler aux œuvres que ce n'est pas seulement à l'occasion d'accidents que la question de leur responsabilité civile se pose.

J'ai déjà, en passant, signalé que le tribunal de Lyon a considéré comme un fait de nature à engager cette responsabilité l'insuffisance ou le défaut de soins, après un accident.

Le fait d'accepter en colonies, sans visite médicale sérieuse, des enfants atteints de maladies contagieuses, serait de nature à rendre l'œuvre responsable à l'égard de ceux qui viendraient à être contagionnés, petits colons, parents nourriciers ou même surveillants.

Si l'on admettait la responsabilité pour le fait des petits colons, — et elle est très admissible pour les Colonies à internat collectif — il faudrait songer aux incendies qui pourraient être allumés par les enfants ; j'ai d'ailleurs déjà fait allusion aux incendies allumés par les surveillants et indiqué que, sans aucun doute, la charge en incomberait aux œuvres.

On pourrait sans doute trouver d'autres cas de responsabilité.

Mais je ne veux pas vous émouvoir trop violemment par un noir tableau de tous les soucis qui pèsent sur vous, quoique je sache bien, vous ayant vus à l'œuvre et ayant travaillé avec quelques-uns d'entre vous, que vous n'êtes pas hommes ou femmes à vous laisser arrêter, dans l'accomplissement d'une œuvre passionnante et désintéressée, par la crainte des responsabilités. Vous avez déjà sacrifié depuis longtemps, sur l'autel du progrès social, tout désir d'égoïste quiétude.

Et c'est ce qui m'a permis de vous parler en toute franchise et de vous dire ce que je crois être la vérité.

IV. — MOYENS DE SE GARANTIR

Sur ce point, que je n'avais pas tout d'abord à traiter, je serai très bref, non parce que la matière n'est pas ample, mais parce que j'ai déjà dépassé les limites qui m'étaient fixées et parce que je suis tenu, par profession, à une certaine réserve.

Je vous dirai seulement — et nous pourrons discuter ces divers points :

1° Que vos polices d'assurances ne vous couvrent en général que des accidents causés aux colons ou par les colons ; or, il faut que vous soyez couverts contre les accidents atteignant les surveillants et le personnel ou causés par eux ;

2° Que vos polices ne couvrent généralement que les accidents, et non les autres causes éventuelles de très lourdes responsabilités et qu'à cet égard une lacune est à combler ;

3° Que ce n'est pas assez que d'assurer vos responsabilités ; depuis que fonctionne la loi sur les accidents du travail, depuis surtout qu'elle s'applique au commerce (et encore plus quand elle s'appliquera aux domestiques et aux agriculteurs), l'idée que tout accident donne droit à une indemnité est profondément entrée dans l'esprit public; la notion de responsabilité a fait place à une notion d'indemnisation forfaitaire et nécessaire — il faut tenir compte de cet état d'esprit ; il faut que vos polices garantissent :

a) La responsabilité des articles 1382, 1383 et 1384 du Code civil (et 1386 — immeubles — pour les Colonies à internat collectif) ;

b) Les frais médicaux, pharmaceutiques, d'hospitalisation et funéraires, dans tous les cas ;

c) Des indemnités forfaitaires comprenant un certain capital (mille francs, par exemple) en cas de mort et un certain capital en cas d'infirmités définitives, capital réductible selon le degré d'invalidité.

Grâce à ces capitaux, vous éviterez bien des chicanes et des procès qui pourraient nuire aux Colonies, et surtout vous contribuerez à réparer un préjudice, dont vous n'êtes peut-être pas juridiquement responsables, mais qui est cependant réel et qui atteint de pauvres gens ;

4° Je vous dirai encore que, pour couvrir uniquement vos responsabilités, vous pouvez vous adresser avec profit à la petite Caisse intercoloniale de M. Bonzon ; d'abord ces responsabilités étant assez rarement mises en jeu, cette petite Caisse est déjà assez riche pour y faire face ; ensuite les bonis devant vous être restitués quand l'encaisse sera suffisant, vous êtes sûrs de ne payer que le prix exact du risque à couvrir ; enfin ce prix est à l'heure actuelle des plus incertains et ce qui le prouve, c'est que les primes qui vous sont demandées varient entre 0 fr. 25 par enfant et *par an*, 2 francs par enfant et *par saison* et 0 fr. 10 par enfant et *par jour;* quand la valeur de l'assurance est aussi incertaine, on ne fait plus de l'assurance, mais du jeu et de la spéculation.

5° J'ajouterai que si, au contraire, vous faites couvrir des indemnités forfaitaires, vous pouvez vous adresser aux Compagnies, car, d'abord, la charge de ces indemnités serait trop lourde à l'heure actuelle pour votre petite Caisse intercoloniale ; ensuite, si les statistiques ne renseignent pas les Compagnies sur la fréquence des cas de responsabilité et si, par suite, leurs primes pour ce risque sont hasardeuses, au contraire les statistiques les renseignent sur la fréquence et la gravité des accidents et leurs primes alors participent un peu de la certitude des vérités mathématiques.

Mesdames, Messieurs, j'ai terminé cette trop longue étude, qui soulèvera, sans doute, quelques controverses.

J'espère — excusez ma vanité — qu'elle vous sera, si peu que ce soit, utile et que, par conséquent, tout en travaillant pour le succès du Congrès, j'aurai travaillé pour le développement des Colonies de Vacances.

Et ce sera double joie pour moi.

DICUSSION des rapports de MM. **Vallier, Bonzon** et **Vimard.**

M. Régaud. — Les médecins ont tellement fait croire qu'ils étaient avocats, en prenant la parole ici, qu'ils n'ont laissé à ceux qui exercent cette profession que fort peu de temps. Arrivé à la dernière séance du Congrès, je m'aperçois avec surprise que cette grosse question qui est à mon sens un point capital du Congrès, celle qui préoccupe tout le monde, n'est pas résolue.

On ne réfléchit pas sans une certaine angoisse après la lecture des rapports de M. Vallier, de M. Vimard, et après l'audition de M. Alfred Bonzon, à la responsabilité terrible qu'encourent les Colonies de vacances et leurs Administrateurs en envoyant des enfants soit en placement collectif, soit en placement familial.

Je suis administrateur de l'une des deux œuvres qui ont eu la bonne fortune d'avoir un procès. Le Tribunal civil de la Seine, par un jugement du 13 novembre 1909, le Tribunal Civil de Lyon, par un autre jugement du 5 février 1910, ne sont pas tombés d'accord.

Les deux faits étaient cependant les mêmes ; il s'agissait d'un cas qui doit être le cas-type d'accidents arrivés à des enfants dans les Colonies de vacances ; à Lyon comme à Paris, c'était un enfant sautant d'une petite éminence insignifiante ; à Lyon, il s'agissait d'un jeune homme qui, ayant sauté d'une hauteur de 80 centimètres en jouant au chat perché, tomba maladroitement, se fractura le coude gauche et tout le monde sait ici que les fractures du coude se consolident quelquefois d'une façon vicieuse ; immédiatement Messieurs les surveillants que nous avions dans notre colonie, qui est pourtant une colonie par placement familial, ont fait le nécessaire. On est allé chercher le médecin le plus proche à 7 kilomètres, il est venu aussitôt, il a examiné l'enfant, lui a fait les pansements nécessités par son état et a déclaré qu'il se trouverait infiniment mieux de rester à la campagne. La seule faute que le Tribunal de Lyon a cru devoir imputer à notre œuvre est celle de ne pas avoir prévenu la famille dans les trois jours qui ont suivi l'accident.

Je m'empresse de vous dire que le rapport du médecin-expert, le docteur Martin, Professeur à la Faculté de Lyon, a été déposé, et qu'il conclut en disant que la Colonie de vacances en question ne peut avoir aucune espèce de faute à se reprocher, les soins médicaux ayant été donnés à la jeune victime dans les meilleures conditions possibles; il n'en reste pas moins qu'un procès nous a été fait.

Nous étions assurés à une Compagnie d'assurances; nous payions une prime; c'est elle qui a eu les ennuis du procès, mais c'est elle aussi qui, n'ayant peut-être pas suffisamment documenté son avocat ou ne lui ayant pas inculqué au cœur l'amour du cas qu'il avait à défendre, n'a pas, à mon sens, défendu l'affaire comme elle le méritait.

J'avais essayé, pour ma part, d'intéresser à notre cas, et j'y ai réussi, M. le Substitut Guillot qui a, dans des conclusions extrêmement remarquables, examiné complètement cette question.

Je ne qualifie pas le Code de grimoire, cela ne servirait à rien, je ne veux pas non plus blâmer l'article 1382, il n'en subsisterait pas moins, et les juges auraient le devoir de ne tenir aucune espèce de compte de la délibération que nous prendrions tout à l'heure; ils ne s'occupent que d'une chose : c'est d'appliquer la justice et de savoir si les conditions dans lesquelles un accident est arrivé peuvent mettre en cause la responsabilité.

Je remercie M. Alfred Bonzon d'avoir indiqué ce que moi-même je voulais indiquer : que si des procès ont pu être faits, si d'autres dans l'avenir seront faits à toutes vos sociétés, ne croyez pas un instant que ce seront les membres du barreau de Paris, de Lyon ou d'ailleurs qui les feront, ce seront, Mesdames et Messieurs, ceux qui dans les petites officines louches ont un intérêt pécuniaire à voir naître des procès, parce qu'on ne sait jamais ce qui peut en sortir, et que, dans l'indemnité versée aux parents de la victime, la plus forte part va à l'agent d'affaires.

C'est ce qui nous est arrivé à Lyon; mais j'estime que l'agent d'affaires a rendu un grand service aux Colonies de vacances; nous avons vu que les responsabilités considérables, j'insiste sur le mot, pèsent sur les administrateurs et sur toutes les œuvres d'enfants à la montagne..

Pour l'article 1384, on est responsable du dommage causé par le fait de personnes dont on doit répondre; c'est ainsi que si nos surveillants, qui sont bien des personnes dont nous devons répondre, commettent une faute de surveillance ou une faute quelconque, nous en sommes évidemment responsables, et c'est sur ce point, que MM. Bonzon et Vimard doivent s'entendre; évidemment, puisque les surveillants sont les intermédiaires entre les parents et les œuvres de Colonies de vacances, les surveillants ont une grande responsabilité.

Nous sommes venus, le Docteur Philippe et moi, à ce Congrès pour vous demander de nommer une commission qui ne soit pas composée exclusivement de médecins, parce qu'il y aura des questions juridiques; je soumets à votre Congrès un vœu demandant que la question fasse l'objet d'une étude d'un comité, je ne dirais pas permanent, mais d'un comité de travailleurs qui, d'ici au prochain Congrès, nous apportera quelque chose que les trois rapports, auxquels je rends hommage, de Messieurs Vimard, Bonzon et Vallier ont mis suffisamment en valeur; il y a une responsabilité et puisqu'il y a responsabilité, il y a des conséquences pécuniaires possibles. Comment nous couvrir, nous autres administrateurs des Colonies de vacances, de ces conséquences, des responsabilités pécuniaires? Ceci pourrait se faire en nous adressant à une Caisse d'assurance mutuelle ou à une Société anonyme, peu importe; je crois que l'on ne peut pas avoir une opinion pour l'une ou l'autre; il faut mûrir cette question.

Je vous demande de donner à une commission mandat de nous apporter un rapport sur ce point, ou plutôt mandat, même si cette commission a toute votre confiance, de décider quel est le meilleur mode d'assurance, et de le proposer, sans attendre plus longtemps.

Ce sont les simples observations que je désirais présenter.

M. Nast. — Ce que je voudrais, c'est simplement que vous ne restiez pas sur une ou deux impressions que vous avez peut-être eues à la suite des rapports très éminents de M. Bonzon et de M. Vimard, avec lesquels je ne suis pas tout à fait d'accord.

Les Colonies de vacances sont des œuvres de charité, de solidarité; elles n'ont pas le droit de se mettre en dehors de la loi.

Je crois de mon devoir de vous dire ce que je pense être la vérité, et je vous assure que, personnellement, c'est avec émotion que je prends ici la parole; tous ceux qui me connaissent savent qu'il m'est impossible de soutenir une cause que je ne crois pas pouvoir être défendue selon ma conscience.

Au point de vue social, au point de vue moral, je vous demande de bien réfléchir et de vous poser cette question : si, parce que nous sommes des œuvres de bienfaisance, nous devons nous laisser entraîner à demander une bienveillance pour nous.

Lorsqu'on nous parlait des avocats, du grimoire, du Code, je me demandais s'il n'y avait pas aussi des malheureux individus qui attendent la Justice pendant de longues années, si franchement les personnes, les individus ne sont pas aussi intéressants que les œuvres de bienfaisance?

Je crois que nous devons rentrer le plus possible dans la loi ; nous ne devons nous laisser influencer que par des considérations purement juridiques ; il me semble que si nous demandons des mesures spéciales, les parents auront cette impression que nous voulons faire de la *bienfaisance limitée.* Or, je crois que nous devons nous arranger pour faire du bien, et faire du bien largement. Il faut donc nous arranger pour prendre toutes les responsabilités comme n'importe quel citoyen.

Et je persiste, peut-être avec un peu d'audace, je persiste à soutenir que M. Alfred Bonzon n'amènerait pas à partager son avis, beaucoup de juristes de la Faculté de droit ou de la Cour de Cassation ; ce serait peut-être la minorité qui ne serait pas de son avis, mais il y en aurait cependant beaucoup. Et c'est pourquoi je demande qu'on renvoie la question à une commission, non pas exclusivement juridique, mais composée d'un bon nombre de juristes.

Vœux relatifs à l'Assurance

Présentés par MM. Vimard, Bonzon, Regaud et Coudurier.

Le Congrès des colonies de vacances, s'élevant dès maintenant contre toute assimilation au point de vue de la responsabilité civile entre les Œuvres de colonies de vacances et les instituteurs, émet le vœu que dans le sein du Comité exécutif nommé par l'Assemblée, soit constituée une sous-commission chargée spécialement d'étudier les responsabilités civiles, encourues par les colonies de vacances, et de leur proposer, sans attendre le prochain Congrès, le mode le plus pratique d'assurer ces responsabilités.

— IV —

VŒU DU COMITE EXECUTIF

Communication lue par M. Duprez.

M. Duprez demande la parole et donne lecture de la proposition suivante :

Délégué de la Caisse des Ecoles d'Argenteuil et parlant en

même temps au nom de la Caisse des Ecoles d'Enghien, je désire déposer un vœu sur le bureau du Congrès.

Mes collègues et moi avons été frappés depuis longtemps d'un fait qui n'a malheureusement pas dû, j'en suis convaincu, passer inaperçu parmi vous.

Je veux parler de l'inanité des Congrès la plupart du temps.

Des bonnes volontés se groupent en masse, tout le monde travaille avec zèle pour l'œuvre commune, des délibérations sont prises, des vœux sont émis ; mais hélas ! les Congrès ne constituent qu'une manifestation éclatante, mais malheureusement éphémère ; paroles, propositions, vœux sont dispersés à tous vents, la moisson n'est pas surveillée, la récolte abandonnée ; l'œuvre commencée n'a pas de lendemain.

A quoi bon dès lors tant d'activité éclairée et de désintéressement.

Nous proposons donc au Congrès la nomination d'un Comité exécutif permanent des Colonies de Vacances.

Ce Comité aurait pour but : 1° Assurer à force de démarches, de propagande, de documentation, l'exécution des vœux émis par le Congrès et achever l'étude des questions traitées ou amorcées au cours du Congrès ;

2° Préparer, à l'aide des renseignements et des relations obtenus au présent Congrès, le prochain Congrès des Colonies de Vacances, afin d'éviter que toute la besogne de propagande et d'organisation accomplie déjà par notre Comité ne soit sans cesse à recommencer.

Maintenant, comment serait constitué ce Comité ?

A mon sens, il devrait comprendre des délégués de tous les grands centres des Colonies de Vacances et plus spécialement des membres habitant Paris ou ayant la facilité d'y venir fréquemment, afin d'avoir toujours un noyau de gens dévoués prêts à agir là où il serait nécessaire de le faire, c'est-à-dire auprès des Pouvoirs publics, Administrations, Presse, etc, pour poursuivre la réalisation de nos vœux.

Après une longue discussion, le vœu suivant est adopté :

« *Un Comité exécutif est nommé pour poursuivre la réalisation des vœux adoptés et préparer le prochain Congrès.* »

Les adhérents au Congrès désigent ensuite les membres devant faire partie de ce Comité. Sont nommés :

Paris : MM. André, Dr Bourreille, Charraux, Conlombant, Delperier, Delpy, R. Dreyfus, Dr Dufestel, Duprey, F. Gibon, Dr Madeuf, Abbé Mainguet, Paris, Plantet, Renard, Risler, Séhé, Scafer, Verlot, Vimard.

Départements : MM. Dr Beauvisage (Lyon), Mme Benoit (Montpellier, Dr Calvet (Valence), Camin (Bordeaux), Combet (Marseille), Comte (Saint-Etienne), Coussy (Poitiers), Delibes (Marseille), Demolon (Cambrai), Engel (Oran), Fontaine-Souverain (Dijon), Fougerolle (Saint-Etienne), Gautheron (Cette), Mme Gavault-St-Léger (Alger), Gillard (Toulouse), Goué (Châteauroux), Mlle de Gourlet (Salies-de-Béarn), Gradel (Denain), Granier (Le Havre), Herubel (Rouen), Lechantre (Saint-Quentin), Maurain (Bordeaux), Monod (Pau), Neau (Les Sables-d'Olonnes), Dr Paquet (Douai), Regaud (Lyon), Sahler (Montbéliard), Abbé Vallier (Lyon), Mme Viguié (Toulouse).

Banquet du 1er Octobre

à l'Hôtel des Sociétés Savantes

Le soir, un banquet par souscriptions, réunissait les congressistes. Voici les discours qui y furent prononcés :

*
* *

M. Comte.

MESDAMES, MESSIEURS,

A la fin d'un banquet, au moment où chacun serait bien aise de causer avec son voisin ou sa voisine, il est pour le président un devoir, auquel, hélas ! je ne puis aujourd'hui me soustraire, le devoir de porter la santé de quelqu'un ou de boire en l'honneur de quelques idées ou de quelques principes.

Mais en l'honneur de qui dois-je lever mon verre ? En l'honneur des dames qui nous ont fait le grand honneur d'assister aux séances du Congrès, de prendre part aux débats et qui nous font le plaisir plus grand encore d'assister à ce banquet ? J'espère que l'un de vous, Messieurs, voudra bien se charger de cette mission agréable.

Dois-je porter la santé des médecins ? Je risquerais de me faire accuser de flatterie pour nous assurer leurs bonnes grâces dont vous devez avoir bien besoin, diront les mauvaises langues, car s'ils sont si nombreux parmi vous, c'est que votre Société est bien malade puisqu'elle exige le concours de tant de praticiens au Congrès. *(Rires.)*

Je pourrais également lever mon verre en l'honneur des avocats et leur souhaiter de devenir de plus en plus éloquents pour défendre les belles et bonnes causes comme la nôtre, mais il me semble parfaitement inutile de formuler un pareil vœu, car au cours des séances du Congrès, vous vous êtes montrés de véritables maîtres dans l'art de la parole. *(Applaudissements.)*

Et je n'aurais garde d'oublier, si je devais être complet, de boire à la santé des membres de l'enseignement qui nous prêtent un concours précieux et ne sont pas seulement nos collaborateurs, mais aussi des propagandistes dont le talent n'est égalé que par le cœur. *(Applaudissements.)*

Mais je veux porter plutôt un toast qui sera comme le grand et salutaire enseignement qui se dégagera de ce beau congrès, un toast en l'honneur des ecclésiastiques de toutes les Eglises dont la participation à ces agapes fraternelles est pour nous un honneur autant qu'une joie. Et comme, d'autre part, nous avons passablement discouru au cours de ce Congrès et que je risquerais de vous ennuyer si je prononçais un nouveau discours, je me contenterai de vous conter une histoire pour gagner votre sympathie, puisque les petites histoires, comme les petits cadeaux, entretiennent l'amitié.

Il y a quelques années, alors que le chemin de fer à voie étroite qui relie la gare de Dunières aux belles communes de l'arrondissement d'Yssingeaux ne fonctionnait pas encore, nous étions obligés pour transporter nos enfants, lorsqu'ils descendaient à Dunières, de fréter d'immenses voitures attelées de quatre chevaux.

Or, un jour, une de ces diligences, ainsi appelées parce qu'elles allaient très lentement, eut à subir une ondée que j'oserais qualifier de peu bienfaisante. Immédiatement les trois personnes qui surveillaient les 75 enfants tassés dans l'intérieur ou sur l'impériale donnèrent leurs pardessus et les couvertures pour préserver nos petits voyageurs et s'exposèrent bravement à la pluie. Quand l'équipage, trempé, mouillé, n'en pouvant plus, arriva à Saint-Jeures, terme du voyage, les enfants étaient secs, mais leurs conducteurs étaient trempés comme des soupes, pour employer une expression chère à nos montagnards. Les premiers furent distribués aux cultivateurs, les seconds furent reçus par mon vénérable ami, M. l'abbé Jamuel, curé de Saint-Jeures.

Arrivé chez lui, le digne abbé fut ému de compassion à la vue de mes pauvres collaborateurs et, au moment de se mettre à table, il leur tint le petit discours suivant : « Vous avez besoin de vous réconforter, sans doute, mais aussi et surtout de vous mettre au sec. Or, si j'ai un dîner suffisant, à vous offrir, je n'ai pas d'habits de rechange et pour cause...... cependant j'ai des chemises, des bas, pas de pantalons, mais j'ai aussi trois vieilles soutanes. Prenez-les, je vous les offre de grand cœur.

Un quart d'heure après, M. l'abbé Jamuel et ses hôtes se mirent à table et si Monseigneur du Puy était entré au presbytère, il aurait été agréablement surpris de voir quatre vénérables ecclésiastiques assis autour d'une table ou fumait un excellent potage, un gigot entouré de pommes de terre appétissantes, et où se prélassait une salade à l'ail comme on sait en faire dans la Haute-Loire. Mais, en regardant de près ces convives au coup de fourchette vigoureux, il se serait aperçu que trois d'entre eux n'avaient pas la tonsure ; je le crois bien, l'aîné était membre du conseil presbytéral de mon église, le second était membre d'une Eglise libre et le troisième n'était, au point de vue religieux, qu'un vulgaire mécréant.

Et cependant la plus franche cordialité ne cessa de régner, comme on dit dans les comptes rendus des journaux, pendant tout le repas, et le prêtre, comme les hérétiques et le libre-penseur, comprirent que, malgré leurs divergences d'opinions, ils appartenaient au grand diocèse des hommes de bonne volonté.

Eh bien, Messieurs, voici où je veux en venir, les colonies de vacances ont ce privilège merveilleux de nous enseigner la justice, le respect de la personnalité humaine, si bien que lorsque nous nous occupons des enfants, nous ne pensons plus à nos divergences d'opinion, à ce qui nous divise, nous sépare ; nous sentons tous qu'il y a au fond de nous quelque chose de commun, un lien de fraternité et voilà pourquoi, Messieurs, voulant exalter cette vertu si belle qui s'appelle la tolérance, ou mieux le respect des opinions d'autrui, je lève mon verre en l'honneur de Messieurs les ecclésiastiques dont la présence au milieu de nous m'a fourni l'occasion d'affirmer que nos œuvres de colonies de vacances ont l'avantage, parmi beaucoup d'autres que je ne veux pas énumérer, de grouper des hommes venant de tous les horizons politiques, philosophiques et religieux, pour faire le plus de bien possible aux faibles et aux petits. *(Applaudissements.)*

***

M. le Docteur **Beauvisage.**

Dans une gentille causerie, très humoristique, M. le Docteur Beauvisage, sénateur du Rhône, promet son appui « *parlementaire* », aux Colonies de vacances, si quelques questions à ce sujet se trouvaient portées à la tribune...

Il fera son possible pour faire « *sortir* » les propositions de loi ou autres, qui auront été bien mûries par le Congrès de Colonies de Vacances et œuvres de grand air.

Il promet également une bonne propagande personnelle auprès de ses collègues, en faveur des œuvres d'enfance, et il sera à la disposition des délégations pour intervenir auprès des administrations.

Avec une délicieuse bonhomie, il met son « **galon** » au service des œuvres.

Il se félicite d'être venu à ce Congrès, d'y avoir rencontré des personnes avec lesquelles il est heureux d'avoir noué des liens de sympathie, et s'il y a une solidarité entre les Œuvres de Colonies de Vacances, il peut y avoir aussi une solidarité entre les membres du Parlement, les Sénateurs en particulier. Il se permet donc de présenter les excuses de ses collègues du Sénat et de la Chambre des Députés qui n'ont pas cru devoir faire comme lui, venir prendre part à nos délibérations. *(Rires, applaudissements.)*

Pour conclure, il demande de continuer à faire régner cet esprit de concorde, d'entente qui semble unir toutes les Œuvres. *(Applaudissements.)*

M. l'Abbé **Vallier.**

Mesdames, Messieurs,

M. Gibon comme M. Delpy ont la science des toasts ils savent les faire courts et bons. M. Regaut nous a montré, s'il est permis de parler ainsi, qu'un Lyonnais ne craint pas le « morose ! » *(Rires.)* Que puis-je dire maintenant après le discours spirituel du Pasteur Comte, et l'homélie sénatoriale du Docteur Beauvisage ? J'essaierai de célébrer ce qui m'a le plus frappé pendant le Congrès : l'ardeur que chacun a mis à défendre ses convictions personnelles, et, cependant, le bon esprit d'union et de concorde qui nous a tous animés.

Il est indéniable qu'à propos de chemins de fer il y a eu des transports d'éloquence ; pour ce qui est du régime de la dispersion des enfants dans les familles ou de leur groupement dans l'internat — n'ayons pas peur des mots, — chacun a pris publiquement ses positions et les a défendues avec feu ; quand il s'est agi de responsabilités, nous avons tous tenu à revendiquer hautement les nôtres. Et voici qu'au banquet encore, c'est flagrant, on nous sert des bombes ! *(Rires et applaudissements.)*

Hé bien, de cette ardeur, je me réjouis. Et je souhaite qu'à proclamer et à soutenir nos convictions personnelles, nous la conservions tous. Chacun de nous doit aimer passionnément la vérité ; nous devons la rechercher et la saluer où qu'elle se trouve, la recueillir avidement sur les lèvres du plus petit des enfants comme sur celles des grandes personnes, et même sur les lèvres de nos ennemis ; et quand nous croyons la posséder, nous devons la dire tout entière, quelle qu'elle soit, sans crainte, toujours, et ne pas la dissimuler par un coupable silence ; et il faut aimer assez la vérité pour avoir le courage de dire à ceux que l'on aime le plus : je ne partage pas votre avis, laissez-moi vous persuader que vous vous trompez. *(Applaudissements.)*

Pour moi, le costume que je porte, et dont je m'honore, fait que partout où je vais, on sait qui je suis, et je m'en flatte : comme cela, il n'y a pas à s'y tromper ; n'est-il pas vrai qu'il faudrait que de tout le monde on en puisse dire autant ?

Ce qu'il y a de remarquable, c'est que sans aucune abdication de convictions personnelles, à cause de cela peut-être, nous avons eu des relations cordiales pendant ces jours de Congrès. Tout à l'heure, le Pasteur Comte, avec un humour pittoresque et une fine ironie... que je lui envie, nous faisait le tableau réjouissant de quatre bons ecclésiastiques réunis à une même table. Trois d'entre eux, il est vrai, avaient endossé un habit de circonstance. Et je me suis pris à rêver en regardant le spectacle que nous offrons en ce moment ; autour d'une table, qui ne supporte pas seulement un appétissant gigot et une succulente salade, j'apercevais une idéale communauté : là des fronts ridés par les travaux de la science me donnaient l'illusion de vrais bénédictins ; ici, à s'y tromper, des barbes de capucins ; ailleurs des têtes vénérables qui portent tout naturellement la couronne des dominicains, de-ci de-là, le clergé séculier...

Mais non, chacun reste bien soi ! Et, cependant, il y a entente commune. Ah ! c'est que quand on a le cœur bon, on ne craint pas de collaborer avec qui a pareillement le cœur bon ; et où que l'on soit, sans aucune abdication, j'y tiens, avec des idées religieuses ou politiques très différentes et jalousement conservées, on arrive toujours à être d'accord sur certains points, lorsqu'il s'agit de faire le bien, et de faire surtout le bien aux enfants, et dans nos œuvres du grand air tout particulièrement. *(Applaudissements.)* Nous en avons donné la preuve et l'exemple.

Aussi bien continuerons-nous, Mesdames et Messieurs, non seulement lorsqu'il s'agira pour nous de nous réunir en Congrès, mais encore dans nos relations de chaque jour, à nous tendre loyalement et fraternellement la main : à cette double condition, nous ne pouvons manquer de nous entendre. Je bois à la persévérance de nos ardeurs personnelles dans la poursuite de notre Idéal particulier ; je bois en même temps à la durée et à la concorde de nos efforts enthousiastes pour faire du bien aux enfants par les Colonies de vacances, ce qui est, ici, notre idéal à tous. *(Applaudissements.)*

M. VIMARD.

Mesdames, Messieurs,

Je suis maintenant votre obligé, et je commence par boire à vos santés, parce qu'en effet nous avons le devoir, nous qui avons été jusqu'à ce soir le comité d'organisation, de boire à ceux qui ont répondu à notre appel, et nous ont fait le plaisir d'assister à ce banquet.

Mais aussi, je veux boire à ceux qui sont restés loin de nous, à ceux qui nous ont boudé, qui ne sont pas venus ici pour profiter de notre enthousiasme. Je veux boire (oh! pas beaucoup de boisson!) à ces œuvres qui sont restées solitaires; je voudrais pouvoir les atteindre, je voudrais pouvoir leur parler, les exhorter, les plaindre et leur faire comprendre qu'elles ne doivent pas rester isolées, qu'elles ne doivent pas, comme le disait fort bien, hier, Monsieur Comte, s'envelopper dans un splendide isolement; je voudrais les engager à venir prendre leur place parmi nous, et à ne pas faire bande à part.

Et maintenant, je voudrais vous raconter, moi aussi, une petite histoire. Un jour que je revenais avec les Colonies de Vacances, en 1900, avec les 1.200 enfants dont j'avais été le surveillant général et l'ami, dans le train, une petite fille, pour témoigner toute son affection, toute sa tendresse, toute sa reconnaissance envers les surveillants qui s'étaient promenés à travers les placements familiaux, pour exprimer tous les sentiments qui avaient transformé sa personnalité et y avaient mis une fleur de sympathie qui n'aurait pas pu naître dans la ville, ne trouva rien de mieux que de m'offrir comme souvenir, croyant sans doute que je fumais, un cahier de papier à cigarettes. Je l'ai conservé comme une relique, ce petit cahier de papier à cigarettes de la petite fille de 1900.

Et c'est à tous ces pauvres enfants, qui, ce soir, sachant ce que nous avons voulu faire pour eux, sachant que si nous nous sommes réunis, c'est pour eux, sachant que nous avons travaillé, avec Gibon, pendant plusieurs mois pour eux, sachant aussi que c'est pour eux que nous avons dépensé tant de paroles depuis deux jours, sachant enfin que c'est pour eux que nous avons étudié les questions ardues qui figuraient au programme; c'est à tous ces pauvres enfants qui, s'ils étaient là, ce soir, et s'ils savaient tout cela, nous apporteraient certainement à tous, un petit cahier de papier à cigarettes; c'est à ces enfants-là que je veux boire, et que je vous demande de boire. *(Applaudissements.)*

M. REGAUD.

MESDAMES, MESSIEURS,

Je n'ai point demandé la parole, j'en atteste la loyauté de notre Président, mais puisqu'il a bien voulu me la donner, malgré le désir que j'avais de ne rien dire, je le remercie.

Je dois ajouter, Mesdames et Messieurs, au titre de ma profession, celui de conseiller municipal, que j'ai la bonne fortune de partager avec mon collègue Beauvisage.

Le Congrès, par une décision qui est allée droit au cœur de Beauvisage comme au mien, a décidé que dans deux ans, peut-être 18 mois, si nous suivons l'indication qui parait avoir été donnée, le prochain Congrès aurait lieu à Lyon, au mois de mars ou d'avril, au moment des vacances de Pâques. Eh bien, je souhaite que des journées aussi belles, aussi heureuses que celles vécues à Paris, vous les reviviez à Lyon.

Les Lyonnais ont une réputation déplorable. La ville, vous le savez, est embrumée ; il y a des brouillards, un peu moins qu'à Saint-Etienne, beaucoup moins qu''à Paris ; et, la légende aidant, il s'est trouvé que cette ville qui a la bonne fortune, le privilège de se trouver dans le plus merveilleux confluent de la Saône et du Rhône, a acquis la réputation d'être une ville de brouillards... et... son tempérament climatérique a déteint sur l'esprit des Lyonnais. *(Rires).*

Mais chaque jour, je pourrais dire grâce un peu aux colons que nous envoyons dans les montagnes l'esprit se modifie. Vous verrez donc, j'en suis convaincu, dans 18 mois ou deux ans, une ville qui se parera pour vous recevoir de son mieux ; Beauvisage et moi, nous en sommes les garants, et à nous deux nous réunirons l'unanimité du Conseil Municipal, puisqu'il représente, dans ce Conseil, la majorité et que je suis, au contraire, du côté de la minorité *(Rires).* Nous tendrons donc, Mesdames et Messieurs, une fois de plus, fraternellement la main aux membres du Congrès, et la ville de Lyon, qui généralement fait convenablement les choses, les fera mieux encore, si c'est possible.

C'est donc, Mesdames et Messieurs, au nom de la ville de Lyon, puisque notre éminent Président Monsieur Comte m'a donné la parole comme conseiller municipal de la ville de Lyon, que je vous souhaite une cordiale future bienvenue dans notre ville.

Je désire que les grandes questions que nous avons étudiées au cours de ces deux belles journées de Congrès soient assez bien élucidées pour que, dans le Congrès de Lyon, nous puissions vous apporter, ceux d'entre vous ou d'entre nous qui feront partie de la commission exécutive que vous avez bien voulu nommer, des solutions que vous pourrez adopter à l'unanimité, puisqu'elles auront été mûries par des esprits sans prévention, désireux simplement de penser à ce qui est le mieux, à ce qui, dans tous les cas, sera le bien.

En remerciant Monsieur Comte de son impartialité, le mot n'est pas trop fort, de la belle direction qu'il a donnée à ce Congrès, je me permets de lever mon verre en son honneur, et en l'honneur de tous ceux qui ont assumé cette lourde charge d'organiser ce Congrès qui a si bien réussi.

(Applaudissements).

Journée du 2 Octobre 1910

FETE DE CLOTURE

Donnée dans le Grand Amphithéâtre de la Sorbonne.

sous la présidence de M. le Ministre de l'Instruction Publique.

Le dimanche 2 octobre, le Grand Amphithéâtre de la Sorbonne était rempli d'une foule de congressistes, de leurs parents, de leurs amis et de parents ayant déjà confié leurs enfants à des Colonies de Vacances.

Une partie concert avec le concours de la Musique du 31e de Ligne, d'un chœur d'enfants, et de nombreux artistes de théâtres et concerts de Paris, entrecoupa les discours suivants qui furent chaleureusement applaudis :

— I —

M. Raoul Vimard, secrétaire général adjoint du Congrès.

MESDAMES, MESSIEURS,

J'ai d'abord, au nom du Comité d'organisation, à vous remercier d'être venus en si grand nombre, pour consacrer, dans cette séance de clôture, tous les efforts que nous avons faits pendant les derniers jours de cette semaine. Hier, c'était le Conseil municipal de Paris qui nous recevait, et aujourd'hui, grâce à vous, c'est Paris même qui nous reçoit, c'est Paris qui nous accueille et c'est Paris qui fête le Congrès National des Colonies de Vacances. J'ai donc à vous remercier chaleureusement, et à vous témoigner toute notre reconnaissance d'avoir bien voulu honorer de votre présence la clôture de ce Congrès que nous avions préparé depuis si longtemps et avec un si vif désir de lui assurer le succès.

Je serai très bref dans le compte rendu dont on m'a chargé, parce que ce n'est pas un compte rendu du Congrès que vous êtes venus chercher, parce que vous êtes plus pressés d'entendre la partie artistique que nous vous avons réservée, partie artistique qui ne sera pas aussi complète que nous l'avions espéré, car, je dois vous le dire, jusqu'à ces derniers jours, nous avions compté sur le concours de la Société de Chant Choral de Paris, qui est, vous le savez une des plus belles manifestations artistiques de notre époque ; mais malheureusement, les chanteurs sont encore aux champs, si bien qu'il leur a été impossible de préparer les répétitions et par conséquent de nous faire le plaisir de venir à cette fête. Nous avons, il est vrai, pour les remplacer les bambins de nos écoles, ceux qui représentent bien mieux que nous les Colonies de Vacances : ceux qui sont « les Colons de Vacances ».

Voici maintenant le compte rendu, très abrégé, je le répète, de notre Congrès des Colonies de Vacances.

Je dois vous dire tout d'abord que le Congrès National des Colonies de Vacances a eu un véritable succès, et nous sommes tous très contents de la joie qu'il nous a procurée. Songez que le Congrès a réuni 156 Œuvres de Paris et Province, Œuvres municipales et privées, Œuvres dues aux Caisses des Ecoles et aux initiatives privées, et à ces 156 Œuvres, sont venus s'ajouter 130 adhérents individuels, qui nous ont apporté et leur compétence, et leur secours pécuniaire.

Pendant ces deux derniers jours, nous avons traité de différentes questions, que je vais simplement vous énumérer, pour bien vous prouver que notre Congrès n'a pas été un vain bruit, et que nous y avons travaillé.

La première question que nous avons étudiée, a été celle des statistiques des Œuvres. Grâce au Rapporteur, M. Plantet, nous avons pu apprendre que cette année, les Colonies de Vacances, qui se sont beaucoup développées, et qui, nous l'espérons, se développeront encore davantage, ont envoyé à la montagne, à la mer, ou à la campagne, 75.000 enfants. *(Bravos.)*

Nous avons examiné ensuite une question qui nous préoccupe

beaucoup et de la solution de laquelle dépend l'avenir de nos Œuvres de Colonies de Vacances : je veux dire la question des transports.

Les rapporteurs, M. Joël Gradel de Denain, et le Docteur Bourreille de Paris, ont examiné cette question si difficile et si délicate, en même temps que si importante et nous avons beaucoup émis de vœux ; vous devez bien penser que ce n'est pas sans de lourdes charges que l'on envoie ainsi une grande quantité d'enfants en vacances dans tous les coins de la France ; et pour ces petits colons qui viennent aussi bien de Paris que des grandes villes, il nous faut toujours demander des réductions ; il faut que les Compagnies de chemins de fer diminuent sans cesse leurs tarifs, et il faut aussi que les transports s'effectuent dans des conditions absolues, certaines de sécurité ; il faut que les enfants qui vont en Colonies de Vacances soient aussi bien installés pour voyager que les enfants des classes aisées, car, du moins quand il s'agit de prendre des vacances, tous les enfants sont égaux, tous les enfants ont les mêmes droits. *(Bravos.)*

Et si j'insiste autant sur ce point, si j'insiste sur cette question des transports, c'est pour que vous, qui êtes le public, vous soyez saisis de cette question ; ce n'est que grâce à l'opinion publique, et par elle, que nous arriverons à obtenir des tarifs qui nous permettront d'envoyer beaucoup d'enfants refaire leur santé au grand air, en pleine nature. *(Bravos.)*

Ensuite, nous avons examiné une question un peu plus spéciale, mais qui, au point de vue de l'équité sociale, nous tient aussi fort à l'âme : c'est la question de l'hivernage des enfants. Jusqu'à présent, on s'était contenté de procurer des vacances aux jeunes enfants des villes, aux enfants dont les parents n'avaient pas de fortune, ou tout au moins pas une fortune suffisante pour les envoyer, comme leurs camarades des classes riches, passer leurs vacances à la campagne, à la montagne ou à la mer. Des esprits généreux ont fait observer que ce n'était pas assez, et qu'il fallait songer, non seulement aux enfants pauvres, qui prennent leurs vacances au moment où tous les enfants prennent leurs vacances, mais encore aux enfants qui prennent des vacances forcées, à la suite d'une maladie, à ceux qui sont convalescents, et qui, pour se refaire, ont souvent besoin du soleil du Midi ; et si M. Comte a pu dire que la mer et la montagne étaient à tout le monde, le Docteur Madeuf, notre rapporteur, a pensé que le soleil, aussi le bon climat du Midi, devaient être à tout le monde.*(Applaudissements.)*

D'excellents médecins nous ont plus tard entretenus des questions d'hygiène, car vous savez que l'hygiène est très importante dans les Colonies de Vacances. Les Docteurs Calvet de Valence et Paquet de Douai, ont indiqué quels étaient les enfants qui devaient être choisis ; ils ont recherché aussi quelles étaient les régions où l'on devait envoyer les enfants atteints de certaines affections, afin qu'ils obtiennent le maximum de résultats.

Nous avons ensuite examiné, un peu rapidement, car nous avions un programme extrêmement chargé, la question technique de l'organisation de certaines Colonies, je veux parler des Colonies Maritimes et des Sanatoria marins permanents qui, eux aussi, sont fort nécessaires.

Puis, deux rapporteurs d'une compétence toute spéciale, M. Edouard Petit, Inspecteur général de l'Instruction publique, et M. Mascle, Directeur de la Mutualité au Ministère du Travail et de la Prévoyance sociale ont bien voulu nous présenter un rapport sur les relations qui devaient exister entre les mutualités scolaires et les Colonies de Vacances.

Nous sommes alors parvenus au moment des discussions les plus chaudes, et c'est là que les opinions les plus opposées et les plus passionnées se sont heurtées ; nous avons examiné quel placement était le plus à répandre : le placement collectif, ou le placement familial.

Je ne veux pas renouveler l'émotion de nos séances, je ne veux pas échauffer à nouveau les esprits, car je dois avouer que j'étais moi-même un des esprits les plus échauffés ; je me bornerai donc simplement à dire que les deux modes de placement ont des avantages incontestables, et qu'il est très juste d'encourager tous ceux qui s'occupent d'Œuvres de Colonies de Vacances, qu'ils pratiquent un système ou l'autre.

Enfin, Mesdames et Messieurs, nous ne sommes pas hommes à repousser les responsabilités qui nous incombent, mais encore devons-nous chercher à réduire au minimum le risque de responsabilité que peuvent courir nos œuvres ; grâce à nos rapporteurs, MM. Bonzon et Vallier, nous avons pu nous faire une opinion sur la question de la responsabilité civile des Colonies de Vacances, sur la possibilité d'assumer cette responsabilité, et les moyens de mettre nos œuvres à l'abri des catastrophes éventuelles.

Mais nous avons voulu aussi que dans cette Assemblée, qui réunissait les Œuvres de tous les points de la France, et je pourrais même dire de la France Africaine, puisque des Œuvres Algériennes étaient représentées à ce Congrès, nous avons voulu que nos efforts ne soient pas perdus, ne soient pas accomplis en vain.

Nous avons voulu que cette réunion ait un lendemain, et que le grain semé par nous soit cultivé, que la moisson soit faite avec soin, et nous avons décidé de continuer notre Œuvre en instituant, ce qui a été fait hier soir, le Comité exécutif des Congrès des Colonies de Vacances. *(Bravos.)*

Voilà, Mesdames et Messieurs, la besogne que nous venons d'achever, mais il y a une chose que vous ne pouvez ni comprendre ni soupçonner et que je suis incapable de vous décrire. Je ne puis pas vous indiquer, par un répertoire de nos travaux, l'enthousiasme qui a présidé à ces travaux : il vous aurait fallu être à la Faculté de médecine et non à la Sorbonne pour le comprendre ; oui, je vous assure, c'est un véritable enthousiasme qui a présidé à nos délibérations ; toutes nos discussions se sont poursuivies avec la plus grande chaleur de cœur, dans une atmosphère de joie désintéressée.

Ce Congrès mérite réellement qu'on en parle, et si cette parole d'un philosophe « Etre, c'est être utile » est vraie, eh bien, le Congrès National des Colonies de Vacances a beaucoup été.

Et nous pouvons dire aussi que sur les bancs de la Faculté de médecine a été réalisé le plus parfait « apaisement », là se sont rencontrées, pendant ces deux jours, les opinions les plus diverses, des opinions parfaitements opposées ; il y avait à notre Congrès des pasteurs, des abbés, des libres-penseurs, et tout ce monde-là, tout ce mélange d'opinions adverses a fait un excellent ménage. *(Applaudissements.)*

Tous ont pensé qu'il était nécessaire de s'accorder pour secourir les enfants et toutes les questions politiques ou philosophiques ont été mises en dehors de nos discussions. Lorsqu'il s'agit de faire du bien aux enfants, tout le monde s'accorde ; tous les partis sentent la nécessité de donner aux générations futures une provision de santé, de vigueur physique et morale ; tous les congressistes ont compris que pour continuer leur tâche sociale ils devaient fortifier, dans le grand air salubre des montagnes ou de la mer, les âmes et les poitrines de ceux qui recevront de nos mains le flambeau du progrès.

Et pour terminer, pour résumer d'un mot et le travail du Congrès, et les conditions dans lesquelles s'est accompli ce travail et le but visé et atteint par le Congrès, permettez-moi de citer le joli mot d'argot d'un poète montmartrois, ce joli mot qui pourrait être la devise et l'épigraphe de tous nos efforts :

Aimez-vous ben les uns les aut's
Faut tous êt' copains su la terre!

(Applaudissements prolongés.)

*
* *

M. Comte, Président du Congrès.

Monsieur le Président, soyez assez aimable pour transmettre, de la part du Congrès National des Colonies de Vacances, à Monsieur le Ministre de l'Instruction publique, l'expression de notre reconnaissance pour la sympathie qu'il a bien voulu témoigner à nos efforts en acceptant la présidence de cette séance solennelle de clôture, et dites lui surtout que, puisqu'il a été dans l'impossibilité de venir parmi nous aujourd'hui, il ne pouvait choisir pour le remplacer, un homme dont la présence nous fut aussi agréable que la vôtre.

Nous vous connaissons depuis longtemps, Monsieur le Directeur, et nous savons tout ce que vous avez fait, pour la grande cause qui nous est si chère : l'enseignement de l'enfance dans les classes populaires, et il y a parmi nos collaborateurs les plus dévoués, parmi nos propagandistes les plus ardents, des instituteurs et des institutrices qui ne prononcent votre nom qu'avec le plus profond respect. *(Applaudissements.)*

Et c'est pour eux, j'en ai la certitude à cette heure, c'est pour eux un véritable réconfort de vous voir ici parmi nous; c'est un réconfort de penser que bientôt vous allez leur parler, que vous allez leur dire quelques-unes de ces paroles qui leur serviront de sursum corda quand parfois, méchamment attaqués par les égoïstes ou par les jaloux, ils seraient peut-être tentés d'abandonner l'Œuvre merveilleuse d'altruisme et de solidarité à laquelle ils se dévouent avec le désintéressement le plus absolu; et nous vous remercions, Monsieur le Directeur, d'être venu nous apporter, par votre présence, l'encouragement dont tous nos collaborateurs ont besoin.

Je ne suis qu'un étranger ; je ne suis pas de votre maison, je le regrette et je crois bien que si je n'exerçais pas la noble mission que j'ai acceptée, j'aurais voulu être des vôtres.

Permettez-moi, bien que je ne sois pas des vôtres, de vous dire que l'Œuvre des Colonies de vacances n'est que la continuation de vos efforts, c'est ce que je voudrais démontrer aujourd'hui, mais je crois qu'en vérité vous m'en voudriez d'insister. Il faudrait que je reprenne les uns après les autres avec beaucoup moins d'entrain, avec moins d'éloquence que notre ami Vimard que vous venez d'applaudir les vœux émis par le Congrès pour en faire ressortir la haute portée pédagogique ; mais, je suis à un âge où l'on n'a plus cette ardeur, cet enthousiasme, qui est le privilège de la jeunesse, et dans tous les cas, si on l'a on ne peut pas l'exprimer, on ne peut pas le rendre d'une façon aussi enflammée.

Je me contenterai par conséquent, Messieurs, de vous faire en peu de mots, la théorie des Colonies de Vacances, espérant ainsi vous gagner à cette grande cause, et faire de vous tous des collaborateurs passionnés.

Je m'adresse surtout aux dames qui nous ont fait le très grand honneur d'assister à cette réunion, et je leur demande de vouloir bien se reporter, par la pensée, au moment où les enfants des classes laborieuses sont entassés sur les bancs de l'Ecole, en des classes souvent trop étroites, pendant le mois de juillet et je leur demande de se représenter ces pauvres petits quand ils sont obligés, par une chaleur accablante sur le coup de deux heures de l'après-midi, de se livrer à un travail qui est pour leur faible organisme un travail de galériens, alors qu'ils auraient plutôt envie de dormir ou de secouer un peu leurs membres ; et cependant il faut écouter, ou faire semblant d'écouter, écrire, apprendre ou réciter... Eh bien, ne croyez-vous pas, que les enfants qui ont ainsi passé de longs mois dans les écoles ont droit à un peu de repos, de délassement et que ce n'est pas dans les rues de nos grandes villes, de nos faubourgs qu'ils pourront prendre des vacances saines et agréables? Il faut donc envisager la nécessité d'envoyer ces enfants passer quelque temps au grand air, pour se refaire une bonne santé physique en même temps qu'une bonne santé morale, car quoiqu'on en dise nous ne pensons pas seulement à faire des petits animaux robustes et forts, nous songeons aussi à faire des enfants de raison et de conscience saines et droits *(bravos)* ; nous songeons aussi à procurer un peu de bonheur à cette marmaille qui nous est chère, car nous nous regardons comme des privilégiés et dès lors nous nous sentons obligés à soulager les infortunes des autres et à procurer aux petits ce que nous voudrions qu'on procurât à nos enfants. *(Applaudissements.)*

Et c'est dans cet esprit, poussés par ces sentiments que nous avons institué les Colonies de Vacances.

Dès lors on comprendra notre ferme propos de prendre tous les enfants sans nous demander si leurs papas et leurs mamans disent le *pater* en latin ou en français ou ne le disent pas du tout. Nous entendons nous occuper ni des questions politiques, ni des questions religieuses et nous en sommes encore à nous demander pourquoi les opinions des parents seraient une cause d'admission ou d'exclusion des enfants. La mer, la montagne et les champs réservent leurs bienfaits pour tous les enfants ; le soleil luit, la brise souffle, les parfums s'exhalent des fleurs, l'ombre des grands bois et des monts s'allongent pour l'enfant de l'athée, du juif, aussi bien que pour l'enfant du catholique ou du protestant. *(Applaudissements.)*

Avant d'envoyer les enfants à la campagne, nous nous occupons et nous nous préoccupons de leur état de propreté et de leur santé. Les médecins, partout, dans toutes les villes, nous prêtent un concours dévoué ; ils sont nos collaborateurs et surtout nos conseillers. Sans eux nous risquerions, dans bien des cas, de faire de la mauvaise besogne. C'est grâce à leur science que nous pouvons envoyer nos enfants à l'endroit précis où ils seront le mieux placés, les uns à l'altitude, les autres à la plaine, les autres à la mer.

Quant aux soins de propreté, nous faisons appel pour les donner aux vaillantes femmes qui nous aident. Ce sont elles qui sont chargées de visiter tout particulièrement les mains, le visage, les effets et surtout la chevelure... Oh ! les chevelures des petites filles, forêts vierges souvent où se promènent en rangs serrés des animaux carnassiers, qui pour être petits n'en sont pas moins repoussants ; je ne leur ferai pas l'honneur de les nommer *(rires prolongés)*, mais nous ne voulons pas davantage leur faire l'honneur de les amener en villégiature pour leur procurer une santé dont le besoin, si j'ose le dire, ne se fait pas sentir. *(Rires et bravos.)*

En procédant ainsi, nous faisons œuvre utile. Nous apprenons la propreté aux enfants ; nous commençons sur les enfants un travail... d'échenillage que nous continuons à la campagne.

Nous n'abandonnons pas nos enfants, en effet, comme on pourrait le croire pendant les vacances. Nous continuons à nous occuper d'eux ; nous les visitons dans les fermes ; nous avons des surveillants qui les suivent de près, les voient aussi souvent que possible, inspectent les chambres où ils couchent, s'assurent que leur nourriture est saine et abondante, que leur conduite, leurs propos sont irréprochables et savent, le cas échéant, leur adresser quelques réprimandes et leur donner quelques bons conseils.

Dans l'œuvre des enfants à la montagne de la région stéphanoise, nos surveillants sont mêmes priés de donner aux parents nourriciers des conseils d'hygiène, de leur montrer à l'occasion, comment on traite le fumier de basse-cour et quels profits on retire d'un emploi judicieux des engrais chimiques, ou de l'élevage d'animaux sélectionnés.

Nous avons même fondé une œuvre de l'arbre à la montagne, à côté de celle des enfants. Pourquoi? d'abord pour rendre aux cultivateurs qui se chargent de nos enfants un peu de ce qu'ils font pour ces derniers, pour leur témoigner notre reconnaissance en leur donnant des plants de sapins, de mélèze ou d'épicéas, pour leur apprendre que par le reboisement on fait la fortune d'une région, et aussi pour rendre la montagne plus agréable et plus utile à nos enfants.

En effet, sans arbre un enfant ne peut pas grimper, pas moyen de se déchirer, à l'occasion, les fonds de culotte, de se coucher à l'ombre quand il fait bien chaud, de respirer à pleins poumons, l'air saturé d'une bonne odeur de résine, de se remplir les yeux de verdure, d'entendre le bruit merveilleux du vent à travers les branches... L'œuvre des arbres à la montagne est donc le complément indispensable de celle des enfants, d'autant plus que planter, dans les conditions où nous le faisons, est une œuvre essentiellement altruiste, désintéressée. Ce n'est pas pour nous que nous plantons, c'est pour les autres ; ce ne sont pas nos enfants à nous qui profiteront des arbres dont nous jetons en terre la semence, ce sont les enfants qui viendront à la montagne dans vingt ans d'ici... ainsi d'autres récolteront ce que nous avons semé, d'autres mangeront le miel que nous aurons distillé ; nous ne serons pas là pour jouir des produits de notre travail. Planter, je le répète, c'est l'acte de désintéressement par excellence, de même que — et mon éminent ami M. le Sénateur Beauvisage ne me contredira pas, car je vais exprimer une idée qui lui est chère, de même que s'occuper de l'enfant c'est pratiquer la morale la plus haute, la plus altruiste, puisque l'enfant ne peut pas nous rendre ce que nous faisons pour lui et voilà pourquoi, sans doute, âmes d'élite, cœurs très chauds, qui composez ce Congrès, vous vous occupez des enfants avec un dévouement qui n'a d'égal que votre désintéressement. *(Applaudissements.)*

Les résultats que nous obtenons avec nos œuvres tiennent du miracle. Ainsi, cette année-ci, une œuvre qui a envoyé à la montagne 2.500 enfants en chiffres ronds — et les chiffres sont exactement les mêmes pour les autres œuvres, toute proportion gardée — a descendu des flancs du Mézenc 6.000 kilos de chair, de sang et de muscles de plus qu'elle n'en avait monté. *(Applaudissements).*

En sorte que si la Compagnie P.-L.-M. avait compris ses intérêts et si elle nous avait traités comme des marchandises ordinaires, elle nous aurait fait payer un supplément pour le transport de nos enfants au retour. *(Applaudissements.)*

Je vous ai dit que nous placions nos enfants dans les familles des cultivateurs. Mais nous pratiquons également le placement collectif quand il s'agit des jeunes filles. Je puis donc parler en connaissance de cause des deux placements, sans parti pris. Aussi quand notre distingué et éloquent secrétaire Vimard faisait allusion à la discussion un peu orageuse qui a été instituée au cours du Congrès sur les avantages et les inconvénients des deux sortes de placement, le placement collectif et le placement familial, ce dernier soutenu, avec l'approbation de la grande majorité du Congrès, par M. le Sénateur Beauvisage qui a un sens pratique si avisé, je me suis demandé quel était le meilleur de ces deux modes de placement, j'ai été un peu embarrassé pour me prononcer et je me suis dit qu'après tout, en pareille matière, il n'y avait qu'une réponse à faire, celle que fit un disciple de Saint Hubert à un profane qui lui demandait : préférez-vous le lièvre ou le perdreau ?

Je préfère les deux, répondit le chasseur. *(Rires.)*

C'est bien cela. Dans certains cas, le placement familial s'impose ; dans d'autres cas, c'est le placement collectif en internat, qui paraît être préférable.

Messieurs, l'Œuvre des Colonies de vacances n'a pas seulement pour but, comme on pourrait le croire, de donner la santé physique aux enfants, elle a aussi pour but de leur procurer le bonheur, la joie, de remplir en quelque sorte leurs yeux si curieux, si naïfs, de belles choses ; elle a aussi pour but de rétablir l'équilibre entre leurs forces physiques et leurs forces intellectuelles; elle a pour but de calmer un peu cet énervement qui est le propre de nos enfants des grands centres industriels, et je suis bien persuadé que si tous les enfants de nos faubourgs, pouvaient passer, pendant plusieurs années, quelques semaines, quelques mois à la montagne, il y aurait beaucoup moins de jeunes apaches, parce qu'il y aurait plus de maîtrise de soi et plus de volontés droites et fermes dans des corps bien portants. *(Applaudissements).*

Souvent, nous voyons des enfants commettre de très vilains actes; mais il faut bien, avant de les juger, réfléchir que c'est parce que ces pauvres petits ont été écrasés en quelque sorte dans leur personnalité, par le poids de tares héréditaires, et que ce poids n'a pas été contrebalancé par un séjour bienfaisant dans les montagnes, et c'est aussi parce que ces pauvres petites victimes de nos villes ont été condamnées à rester dans un logement où, ne pouvant pas, la plupart du temps, respirer à leur aise, ils sont devenus des énervés, d'autant plus énervés qu'on les a soumis à une alimentation fort peu rationnelle et qu'on les a forcés à être les spectateurs de scènes ignobles, qu'ils reproduisent ensuite par imitation d'abord, puis pour satisfaire les passions que la répétition de ces actes excite et rend hurlantes de désirs inassouvis. *(Applaudissements).*

Nous nous faisons donc un devoir de prendre cet enfant, qui est le résumé de tout le passé, la joie du passé, l'espoir de l'avenir et de l'emporter là-haut, dans les montagnes, où il a la tête presque perdue dans les nuages; nous lui donnons l'occasion d'avoir de magnifiques spectacles sous les yeux, car peut-on voir un spectacle plus beau, plus bienfaisant que celui que nous offre la nature et là, les enfants échappent aux mauvaises influences de la rue, ils entrent en relations directes avec les animaux de la ferme qui leur donnent l'exemple du travail, de la patience robuste et féconde, ils entrent en relations avec le cultivateur qui leur apprend la simplicité de la vie et un optimisme que rien ne lasse, et ces enfants deviennent plus tard des hommes doux, patients et forts, des hommes et des femmes dont les cœurs débordent de beauté et de bonté.

Nous pouvons donc conclure en disant qu'envoyer ainsi les enfants respirer un air pur pendant quelque temps, c'est en faire des citoyens et des citoyennes ayant un équilibre parfait de leurs facultés, des citoyens forts, et nous pouvons conclure en disant qu'envoyer ainsi les enfants respirer l'air pur des

Ligue Fraternelle des Enfants de France.

cîmes, pendant un mois ou un mois et demi, chaque année, c'est préparer des citoyens et des citoyennes qui jouiront d'un parfait équilibre entre leurs facultés physiques et intellectuelles et deviendront des membres vraiment utiles de la démocratie ; et vous pouvez, dès maintenant, vous montrer fiers des résultats que vous avez obtenus et avoir la conscience de ne rien demander que ce qui vous est dû. Vous pouvez réclamer en faveur de votre œuvre la sympathie et les encouragements des pouvoirs publics, du pays tout entier.

Et vous tous, Messieurs, quelles que soient vos opinions politiques ou religieuses, que vous soyez catholiques ou protestants, israélites ou libres-penseurs, en présence d'une œuvre aussi belle, aussi enthousiasmante que celle des Colonies de vacances, adoptez, sans rien renier de vos convictions, ce nouveau credo dans lequel se résument tous les sentiments qui nous poussent à nous occuper de l'enfant et surtout de l'enfant déshérité : je crois à la vie, je crois à l'humanité.

ALLOCUTION de M. **Gasquet**, Directeur de l'Enseignement, représentant M. le Ministre de l'Instruction Publique.

MESDAMES, MESSIEURS,

M. le Ministre de l'Instruction publique eût été heureux de présider la séance de clôture du Congrès National des Colonies de Vacances.

Empêché par les devoirs de sa charge d'acquitter la promesse qu'il vous avait faite, il a bien voulu me déléguer l'honneur de le représenter auprès de vous. Permettez-moi de le remercier de cette faveur qui me donne l'occasion précieuse de vous dire tout l'intérêt que l'Etat porte à votre Œuvre et de vous témoigner la particulière estime en laquelle il tient les promoteurs, les ouvriers de la première heure qui l'ont portée en dix ans, à ce point de prospérité que nous constatons et admirons aujourd'hui.

J'ai pour ma part grandement à cœur de remercier les excellent citoyens, les personnes au cœur vaillant, à l'âme compatissante, qui les premiers ont vu dans cette Œuvre des Colonies de Vacances, un devoir d'humanité à accomplir, et qui, peut-être, sans s'en douter au début, se trouvent avoir réalisé du même coup une œuvre de préservation sociale, dont nous pouvons dès à présent mesurer et prévoir les résultats. Ne pouvant et ne voulant pas, par égard pour leur modestie, les nommer ici avec les louanges qui leur reviennent, je me bornerai à féliciter du succès commun le promoteur et le Président de ce Congrès, M. L. Comte, dont je connais depuis longtemps l'âme intrépide et courageuse, les initiatives hardies et contagieuses, la parole ardente au service de toutes les idées de moralisation et de relèvement social. Il nous donne tous les jours l'exemple de ce que peut, dans une société affamée de bien-être et de jouissances immédiates, une volonté énergique éprise d'un haut idéal moral et que rien n'a découragé dans la lutte pour le bien et le vrai.

Je ne crois pas me tromper en disant que l'idée première qui a présidé à l'Œuvre des Colonies de Vacances, fût avant tout un sentiment de pitié profonde pour l'enfance malheureuse. Je n'oublierai jamais, en ce qui me concerne, la poignante tristesse qui me serra le cœur la première fois que je visitai une des grandes écoles des faubourgs populeux de Paris et que je me trouvai en présence de centaines d'enfants pressés sur les bancs de leur classe ; au lieu de ces visages épanouis de santé et de bonheur, de ces traits sous lesquels on a coutume de se représenter l''enfance, de couleurs brillantes, de joues rebondies, d'yeux baignés de fraîcheur et d'innocence, trop souvent j'observais des mines chétives et lasses, comme opprimées déjà par le poids de la vie et fixées par ses soucis prématurés, de regards sans joie, des corps malingres affligés de tares précoces et portant la trace et les stigmates des hérédités funestes. Quelle proie promise à l'avance à toutes les contagions ! à tous les ravages de la misère et du vice, à toutes les suggestions redoutables contre une société qui les avait frappés dès le berceau. Et c'est pourtant de cette humanité qu'était faite la France de demain ! C'est sur ces enfants que nous comptions pour réaliser nos rêves de progrès et de justice ! Ce sont eux que nous appelions à défendre le trésor lentement accumulé de la civilisation, et que nous invitions à préparer la cité future. Quelle pitié et quelle ironie !

Avant de cultiver ces intelligences et de former ces esprits, le premier devoir était de sauver et de fortifier ces corps, d'affermir ces santés, d'assainir l'habitacle de ces âmes que nous avions l'ambition de façonner pour les œuvres de l'avenir. Et le remède n'était-il pas tout d'abord d'arracher momentanément ces êtres au milieu tout artificiel où ils végétaient, comme des plantes exilées du sol natal ? Interrogez ces petits. Pour la plupart la nature est comme un monde fermé, une *terra incognita.*

Ils n'en connaissent que les ciels ternis de nos villes, les verdures poussiéreuses de nos squares, les émanations fétides de nos rues et de nos boulevards; beaucoup n'ont jamais franchi les fossés des fortifications et des êtres, des animaux qui vivent dans les campagnes, ils n'ont jamais vu que les lamentables troupeaux qui se dirigent vers les Abattoirs suburbains. Ce sont là les rançons des civilisations extrêmes, des agglomérations industrielles; c'est à ce prix que s'achète le luxe et le bien-être dont se glorifient nos capitales. De là aussi toutes les déformations matérielles et morales qui affaiblissent et pervertissent les races, de là tous les vices qui empoisonnent le sang des humanités vieillies.

Le grand remède est le retour à la nature, à la grande mère nourricière, source inépuisable de santé, de vigueur et de raison. A ces enfants, privés de ses bienfaits, ignorants de ses dons, sevrés de ses énergies, vous donnez le répit et le réconfort de quelques semaines à la montagne et à la mer. Quels étonnements et quelles joies! et qui n'a pu assister sans une émotion profonde au spectacle de cette éclosion à des sensations inconnues et nouvelles. Voilà que ces enfants, arrachés à leurs milieux factices et artificiels découvrent le monde réel. Ils se plongent pour la première fois dans un bain de lumière et de soleil; un air pur et salubre les enveloppe et les pénètre tout entiers, leurs poumons se dilatent et dans un rythme régulier distendent peu à peu leurs poitrines étroites, leur sang fouetté par l'air vif se colore et s'enrichit; leurs yeux s'éclairent de rayons plus lumineux, et en même temps que la force, la gaîté les invite aux cris et aux jeux de leur âge. Retournée à ses origines, l'humanité comme le Titan de la fable, retrouve en touchant la terre toutes ses énergies naturelles.

En même temps, à leur insu, par une sorte d'infiltration insensible, ils se sentent pénétrés par les influences bienfaisantes et moralisatrices qui émanent des grands spectacles de la nature. Des horizons illimités s'ouvrent à leurs yeux; une paix auguste descend du ciel, le grand silence des soirs lumineux succède tout à coup au fracas des villes et au tumulte affairé de la rue, prolongé jusque dans la nuit. Ils assistent aux travaux de la campagne, au labeur obstiné du paysan, ils participent à la saine fatigue des occupations rurales. Des hommes au milieu desquels ils vivent si dissemblables de ceux qu'ils avaient connus, ils apprennent la patience, la résignation, la soumission aux lois inéluctables qui rythment les saisons et les jours, la confiance dans les lendemains réparateurs. Ils sentent obscurément qu'il est une autre vie que celle de l'usine et de l'atelier, d'autres plaisirs que les joies bruyantes et brutales dont s'étourdit la foule des faubourgs. Un peu de tous ces enseignements se dépose lentement dans leurs âmes d'enfants et quand ils reviendront dans le logis encombré de la famille, dans le tumulte affairé de la vie grouillante de la rue, le corps plus vigoureux et l'âme rassérénée, plus d'un sera repris par le nostalgique souvenir des paradis entrevus et traversés, plus d'un se rappellera le chemin qu'il faut prendre pour retrouver le double bienfait que vous lui avez procuré et dont son âme a conservé la saveur.

Tel est, Mesdames et Messieurs, le double aspect de votre œuvre, si simple et si digne d'admiration ; sauver des corps débiles, les fortifier contre la contagion qui les guette, arracher à la maladie et à la mort précoce un peu de cette humanité qui est si précieuse à un pays où la population n'augmente pas ; et d'autre part entreprendre la guérison et le sauvetage de jeunes âmes et de jeunes cerveaux, non par le zèle d'une propagande souvent indiscrète, mais simplement par le retour aux réalités éternelles, par les leçons et les enseignements qui se dégagent des grands spectacles de la nature et de ses lois. Voilà ce que vous avez compris du premier jour, c'est la raison pourquoi tant d'hommes et de femmes de cœur se sont donnés avec tant de dévouement à l'Œuvre des Vacances scolaires. Vous pouvez à coup sûr être fiers des résultats obtenus, puisque en dix ans, le nombre des enfants qui participent à votre bienfait a passé de 8.000 à 70.000. Mais le succès vous a rendus difficiles pour vous-mêmes. Certes c'est un beau chiffre que celui que proclament vos statistiques. Que d'efforts, de dévouements, de démarches, de paroles, il résume et suppose ! Mais combien il est faible encore et insuffisant, si on le compare aux besoins à satisfaire, à la multitude d'enfants chétifs, qu'une cure d'air, quelques semaines de libre vie dans les espaces lumineux, arracherait aux menaces de la maladie, aux sournoises revanches de l'hérédité. Partout où s'entassent les foules humaines, dans toutes les grandes villes où le travail industriel agglomère les individus, anémie la race et prépare la dégénérescence, votre zèle trouve à s'employer utilement. A l'exode qui entraîne les populations rurales vers les centres ouvriers par l'appât factice de hauts salaires et l'attrait de grossiers plaisirs, doit répondre l'exode en sens contraire de la ville aux champs de bataillons d'enfants, que vous enverrez se retremper aux sources d'énergie que recèle la nature afin de récupérer par eux les forces qui par ailleurs s'usent et se gâchent, au détriment de la race. Votre œuvre n'est pas achevée, vous en avez le sentiment, elle ne fait que commencer. Vous avez encore des sympathies à éveiller, des cœurs à émouvoir, des nonchalances à secouer, à créer un vaste et victorieux courant de bonnes volontés qui emportera tous les obstacles et réalisera l'idéal bienfaisant que vous avez conçu.

Sans doute l'initiative privée, les efforts dispersés des sociétés autonomes ont suffit au début pour faire beaucoup de bien ; mais à mesure que l'œuvre se développe et que son action s'étend, les problèmes se compliquent, le besoin d'entente et d'organisation se fait sentir. Si la formule du remède est une, les modes d'application et les méthodes sont sujets à varier. A certaines catégories d'enfants la cure de montagne convient mieux, pour d'autres s'impose la cure maritime. A ceux-ci, dont la santé n'est que légèrement atteinte, une seule période de vacances suffit pour les mettre en état de résistance efficace ; pour d'autres plus sérieusement compromis, la cure doit être redoublée et poursuivie pendant plusieurs années. Le problème de l'hivernage, c'est-à-dire du séjour en dehors de la période de vacances, est de ceux qui vous ont sérieusement préoccupés ! Enfin quel régime convient-il d'adopter pour ces villégiatures ! le régime de l'internat en commun dans des établissements surveillés par des maîtres spéciaux, ou l'essaimage par groupes peu nombreux parmi les paysans, afin de rapprocher davantage l'enfant de la vie rurale et de ses occupations habituelles. Autant de questions qui se sont posées devant vous, que vous avez discutées avec votre expérience personnelle et pour la solution desquelles vous avez mis en commun vos compétences variées de médecins, de moralistes, d'administrateurs, vivifiées par votre amour de l'enfance et votre zèle pour le bien public.

Le rôle de l'Etat en la matière ne saurait-être de se substituer aux initiatives privées. Il ne peut agir que par instruction générale et manque de souplesse pour s'accommoder aux conditions essentiellement variables suivant les lieux et les circonstances où doit s'exercer votre action. C'est aux communes, aux Caisses des Ecoles, aux Sociétés particulières qu'il appartient de créer ou de solliciter des ressources et de les mesurer aux besoins. A l'Etat de seconder votre zèle, de vous aider par voie d'encouragements et de subventions. Gérant de la collectivité, il ne saurait, sans manquer à un devoir essentiel, se désintéresser d'une œuvre qui importe à un si haut point à la santé physique et morale du pays tout entier.

(Applaudissements.)

Table

Œuvres adhérentes (2 Délégués)

—o—

Œuvres des Saines Vacances, Paris.
Œuvres des Vacances au Grand Air, Lille.
Œuvre des Marguerites « Mathilde Comte », Saint-Etienne.
Œuvre des Colonies de Vacances de Montbéliard.
Œuvre des Enfants à la Montagne de Montpellier.
Les Petits Angevins à la Mer et à la Montagne, Angers.
Œuvre municipale des Colonies scolaires, Marseille.
Cercle Amical du Cher et de l'Indre, Paris.
Œuvre des Enfants à la Montagne, de Saint-Etienne.
Colonie fermière de Saint-Louis, près Dieppe, Paris.
Œuvre des Vacances de l'Union populaire catholique, Juilly (Seine-et-Marne).
Œuvres des Enfants à la Montagne, de Clermont-Ferrand.
Œuvre des Enfants à la Montagne, d'Alger.
Le Rayon de Soleil pour la Jeune Fille, Paris.
Œuvre Douaisienne des Colonies de Vacances, Douai.
Colonie Sainte-Catherine, Paris.
Œuvre Parisienne des Enfants à la Montagne, Paris.
Société des Colonies de Vacances de Bourges.
Assistance fraternelle de l'Enfance par la Jeunesse, Lyon.
Œuvre des Enfants à la Montagne, Avignon.
Colonies sanitaires des Tramways électriques, Bordeaux.
Associations des Jeunes Filles à la Campagne, Lyon.
Œuvre des Trois-Semaines, Levallois-Perret.
Œuvre Hâvraise des Enfants à la Campagne, Le Hâvre.
Colonie scolaire Croix-Roussienne de Jacquart, Lyon.
Œuvre des Enfants à la Montagne, Nîmes.
Œuvre des Voyages scolaires et des Colonies de Vacances, Châteauroux.
Société du Sou des Ecoles publiques, Grasse.
Œuvre municipale des Enfants à la Montagne et à la Mer, Lyon.
Sanatorium du Pé-au-Midy, Nantes-St-Viaud.

Manécanterie des Petits Chanteurs à la croix de bois, Paris.
L'Air Pur, Paris.
Œuvre Maritime des Colonies scolaires permanentes et temporaires, Vincennes.
Colonie des Enfants de Paris, Paris.
Œuvre mutuelle des Colonies de Vacances de l'Association des Instituteurs, Paris.
Œuvre Rouennaise des Enfants à la Mer, Rouen.
Œuvre Municipale des Colonies scolaires d'Arles.
Œuvre des Enfants à la Montagne et à la Mer de Carcassonne.
Œuvre des Colonies scolaires de Vacances de Toulon.
Œuvre des Enfants à la Montagne de Firminy (Loire).
Ligue Fraternelle des Enfants de France, Paris.
Œuvre protestante des Enfants à la Montagne de Marseille.
Œuvre des Enfants à la Montagne de Lyon.
La Nature pour tous, Paris.
Groupe d'Etudes sociales du IIe Arrondissement, Lyon.
Colonie de Vacances de Ker-Trey Malaouen, Paris.
Colonies scolaires Versaillaise, Versailles.
Œuvre israëlite des Colonies de Vacances, Nancy.
La Solidarité scolaire du IIe Arrondissement, Lyon.
Œuvre des Cures rurales de Champrosay, Paris.
Association de bienfaisance parmi les protestants, Reims.
Colonies de Vacances Paloises, Pau.
Œuvre Valentinoise des Enfants à la Montagne et à la Mer, Valence.
Hivernage des Enfants, Paris.
Œuvre des Petits Savoyards à la Montagne, Paris.
Œuvre catholique des Colonies de Vacances de Nancy.
Cure d'air marin, Arromanches.
Société des Colonies de Vacances, Rennes.
Les Petits Toulousains aux Pyrénées, Toulouse.
Colonie de la Côte d'Emeraude, Paris.
Œuvre des Enfants à la Montagne, Nice.

Les Œuvres d'Aubervilliers, Aubervilliers.
Colonie de Vacances du Quartier de la Gare, Paris.
Colonie Laurentienne, Paris.
La Clé des Champs, Châlon-sur-Sâone.
Les Gars Normands, Paris.
Association ouvrière familiale du Moulin-Vert, Paris.
Association pour le Développement des Colonies de Vacances, Versailles.
Patronage laïque, Courbevoie.
Ligue Antituberculeuse de Dôle.
Colonie Enfantine de Vacances des Travailleurs municipaux, Paris.
Solidarité familiale, Beauvais.
La Maison des Enfants de Salies-de-Béarn, Paris.
Les Œuvres sociales du nouveau Clichy, Clichy.
Œuvres des Voyages scolaires et des Colonies de Vacances, Reims.
Œuvre des Enfants à la Campagne de Denain et environs, Denain.
Patronage Gambetta, Sèvres.
Caisse des Ecoles du XIIIe Arrondissement, Paris.
Caisse des Ecoles du Ve Arrondissement, Paris.
Caisse des Ecoles du IVe Arrondissement, Paris.
Atelier de patronage de Jeunes Filles, Paris.
La Ville de Clichy.
Société Annonéenne des Enfants à la Montagne, Annonay.
Le Bol d'Air, Paris.
Colonie de Vacances Maracci, Lille.
Caisse des Ecoles de Saint-Germain-en-Laye.
Colonies Sainte-Lucie et Sainte-Marguerite, Paris.
Le Petits Oranais à la Montagne, Oran.
La Clé des Champs, Dijon.
Union scolaire des Bouches-du-Rhône, Marseille.
Ville de Suresnes, Suresnes.
Ligue du Nord contre la Tuberculose, Lille.

Assistance aux Malades, Paris.
Lazaret de Cette, Cette.
Œuvre des Enfants à la Campagne, Rouen.
Colonie de Vacances de N.-D. des Victoires, Suresnes.
Œuvre des Enfants à la Campagne, Saint-Quentin.
Œuvre des Bains-Douches à bon marché, Bordeaux.
Œuvre des Petits Parisiens aux Champs, Paris.
Colonie de Vacances de Chaillot-Porte Dauphine, Paris.
Société de patronage des Ecoles Nansouty et Espagne, Bordeaux.
Colonie des Bambins, Paris.
Caisse des Ecoles d'Enghien-les-Bains.
Caisse des Ecoles d'Argenteuil.
Colonie de Moyenmoutier, Moyenmoutier.
Caisse des Ecoles du VIIe Arrondissement, Paris.
Hameau familial de Monbricon-Yien, Paris.
Colonie de Vacances des Tuileries, Paris.
Colonie enfantine scolaire, Montfermeil.
Œuvre Hâvraise des Colonies scolaires de Vacances, Le Hâvre.
« Verrières » Colonie Lyonnaise de Vacances, Lyon.
La Clé des Champs, Limoges.
Maison Michelin et Cie, Clermont-Ferrand.
Union Saint-Victor, Paris.
Ville de Nogent-sur-Marne, Nogent-sur-Marne.
Colonie Anna-Marie, Le Hâvre.
La Maison Verte, Paris.
Association des Patronage scolaires laïques, Agen
Œuvre municipale des Enfants à la Montagne, Vienne.
Colonie de la Vattay (Ain), Ferney.
Œuvre Mutuelle des Colonies de Vacances, Paris.
Ligue Meusienne contre la Tuberculose, Bar-le-Duc.
Les Petits Tarn-et-Garonnais à la Montagne, Montauban.
Œuvre Parisienne des Colonies Maternelles scolaires, Paris.
Œuvre Universitaire des Enfants à la Montagne et à la Mer Mazamet (Tarn).

Ligue de Défense contre la Tuberculose de la Vienne, Poitiers.
Ville d'Asnières, Asnières.
Comité Bordelais de Vigilance, Bordeaux.
La Brouette à la Mer et à la Forêt, Tourcoing.
Comité des Œuvres de Saint-Séverin, Paris.
Colonie Saint-Jean à l'Hay (Seine).
Caisse des Ecoles de Cambrai (Nord).
Association des Publicistes Français, Paris.
Caisse des Ecoles du XVIe Arrondissement, Paris.
Œuvre des Enfants à la Montagne de Saint-Fons (Rhône).
Caisse des Ecoles du VIIIe Arrondissement, Paris.
Fraternité ouvrière des Jardiniers de la Ville de Paris.
Œuvre des Enfants à la Montagne, Roanne.
Œuvre des Petits Lozereaux, Alais (Gard)
Institution Jeanne d'Arc, Corbeil.
Comité départemental et Ligue Antituberculeuse des Enfants à la Montagne à Tarbes.
— Institut social de l'Enseignement, Paris.
— Œuvre Lyonnaise de Préservation de l'Enfance contre la uberculose, Lyon.

Œuvre des Enfants à la Montagne de l'Eglise Féformée (Lyon).
Société des médecins inspecteurs des Ecoles (Ville de Paris et Seine).
Les Enfants à la Montagne de la Libre Pensée (Lyon).
Union Française pour la Préservation de l'Enfance (Paris).
Saint-Louis de la Mulotière (Paris).
Alliance nationale des Unions chrétiennes de jeunes gens (Paris).
Fédération des amicales de Tourcoing.
Sanatorium maritime d'Arcachon (Dr Armaingaud).
Vacances scolaires du faubourg Montmartre (Paris).
Colonie de Vacances (fondation de l'oncle Tinder) (Vincennes).
L'Antituberculeuse de l'Enseignement primaire (Paris).
La Vie Intense (M. Louis Jean à Toulouse).
Œuvre des Enfants à la Montagne de Rives-de-Gier.

Souscriptions et Adhésions individuelles

Ministère de l'Instruction Publique et des Beaux-Arts : 500 francs.

M. Auscher, Trésorier du Congrès, Paris............ 200
Conseil général de l'Oise...................... 100
La Prévoyance 100
La Préservatrice 50
La Foncière Transports et Accidents.............. 20
L'Union Industrielle du Nord................. 10

Mme Maillard (Dieppe) Mme J. Artigau (St-Bertrand-de-Cominges)
Mme Maltaux (Laken-lès-Bruxelles) Mme Hélène François (Lyon)
Mme A. Vincent (Moyenmoutier) Mme Mieg (Paris).
Mme Jules Laîné (Saint-Mandé) Mme Ferdinand Dreyfous (Paris)
Mme Desparmet-Roello (Lyon) Mme Lavollée (Cambrai)
abbé Pradel (Bonnefond-d'Aubrac) M. le baron Merlin (Paris)
M. Louis Cantorel (Saint-Jean-du-Gard) M. Aubert (Lyon)
M. Maltaux (Lacken-lès-Bruxelles) M. Alfred Bonzon (Paris)
M. l'abbé Marcel Bodet (Poitiers) M. Delpérier (Paris)
M. Théodore Chenal (Bourg-la-Reine) M. Jacquet (Orange)

Mme Bacharach (Lyon)
Mlle Milliard (Paris)
Mlle Emm. d'Harcourt (Paris)
Mlle M. Jardin (Le Hâvre)
Mlle Bacholle (Paris)
M. Lemonnier (Nancy)
M. Aug. Faivre (Vermondans)
M. Louis Bonnet (Paris)
M. Charles Risler (Paris)
M. Alfred Kullmann (Paris)
M. J.-B. Pey (Lyon)
M. Dutheil (Lunel)
M. le pasteur Gonin (Reims)
M. Roques (Cahors)
M. Moulin (Saint-Chamond)

Mme Armand Gommès (Biarritz)
Mlle Grœbitz (Bordeaux)
Mlle Anne de Seynes (Paris)
Mlle Gascuel (Le Hâvre)
M. Juteau (Thaon)
M. Pierre Bodereau, Paris
M. Foulquier (Paris)
M. Léon Schlosser (Epinal)
M. Edmond Rheims (Paris)
M. Arthur Delpy (Paris)
M. Henri Duchêne (Paris)
M. René Dreyfus (Paris)
M. Drancourt (Reims)
M. Demaille-Gahéry (Paris)
M. Gaudier (Clichy)

M. Frugère (Clichy)
M. Gustave Patot (Paris).
M. Edmond Dussauze (Paris)
M. Guex (Lyon).
M. Amédée Jullien (Paris)
M. le pasteur Wagner (Paris)
M. le chanoine Barotte (Epinal)
M. A. Dubosc (Paris)
M. H. Desparmet (Lyon)
M. Paulin Enfert (Paris)
Docteur Armand Delille (Paris)
Docteur Dulau (Cap Breton)
M. Pons (Baugy)
M. Paul Hunziker (Saint-Cloud)
M. J. Bouchard (Bordeaux)
M. l'abbé Legendre (Bordeaux)
M. F. Prayer (Paris)
M. Dewez (Clichy)

M. le Docteur Paquet (Douai)
M. le Docteur Triboulet (Paris)
M. Ernest Petit (Trazignies)
M. Monloup (Paris)
M. Paul Blanchon (Arles)
M. F. Morel d'Arleux (Paris)
Mme L. Georges (Paris)
M. Ferdinand Buisson (Paris)
M. l'abbé Jalabert (Albi)
M. Neau (Les Sables-d'Olonne)
M. le Docteur Mayet (Lyon)
M. Debacq (Paris)
M. l'abbé Costedat (Pau)
Docteur Neelemans (Bruges)
M. Pourésy (Bordeaux)
M. le Docteur Meyer (Laon)
Oncien de Chaffardon (Chambéry)
M. Wilfrid Roskill (Le Hâvre)

Mlle E. Proy, à Saint-Quentin M. le Docteur Henrot, à Reims
M. Fontaine-Souverain, Mme Fontaine-Souverain, Dijon (Côte-d'Or)
M. Dupau, Paris. M. Bonnier, manufacturier, à Vienne (Isère).
M. et Mlle Ezibard, Nice.

M. et Mlle Russier (Saïgon); M. Léon Tredolat (Alfortville); Mme A. Moll-Weiss (Paris); M. Raoul Dorman (Tunis); M. Abel Fichet (Lyon); M. Deshayes (Méru); Mme Simon, Paris.

MM. Arthur Hirsch (Paris), Dr Bonnard (Mont-Dore), Pasteur Soulié (Paris), A. Bouquerel (Paris), Dr Cayla (Paris), Mlle Kuss (Paris), Mlle Zélinski (Paris), M. Weber (Enghien), M. Mouchet (Enghien), Frère Agilbertin (Paris), Mlle Arnold (Annecy) Mme Henry May (Paris), Mme Luders (Paris), l'Abbé Depierre (Lyon), Colonel Rouch (Paris), M. Bureau (Paris), Mlle Kromayer (Paris), M. Doubre (Paris), Mlle Hélène Michéa (Meulan-Hardricourt), Dr Rœderer (Paris), Mme Membrard-Jard (Paris), Mlle Thévenay (Paris), M. Dorizon (Paris), M. Morel (Josselin-Morbihan), M. Plantet (10 fr.) (Montmoret Jura), M. Conrad Shlumberger (Paris), M. Toussaint (Rives-de-Gier).

BUREAU DU COMITÉ ÉXÉCUTIF

Nommé à la suite du Congrès

Président

LOUIS COMTE, fondateur des Enfants à la Montagne

Vice-Présidents

Dr BEAUVISAGE, sénateur

PLANTET, auteur des "Colonies de Vacances"

PARIS, conseiller municipal de Paris

Administrateur-Trésorier : F. GIBON,
5, Rue de Beaune, Paris

Secrétaire général : Raoul VIMARD,
39, Avenue des Bruyères, Courbevoie (Seine)

Le Comité se réunit le 1er Vendredi du mois
26, Faub. St-Jacques (Médical-Hôtel 2me étage)
8 h. ½ du soir

Secrétaires des Commissions :

1° **Transports :** M. SCLAFER,
20, rue de la Montagne-Sainte-Geneviève, à Paris

2° **Assurances :** M. l'Abbé MAINGUET,
13, rue d'Alsace, Clichy (Seine)

3° **Hygiène, Hivernage, Placement :**
M. le Docteur MADEUF,
26, Faubourg Saint-Jacques, Paris

4° **Propagande, Vœux divers :**
M. CONLOMBANT,
72, Avenue des Gobelins, Paris

N° .... **Nom de l'Œuvre :** ....

Nom et prénoms de l'enfant .... *N°* ....

Né à .... *le* .... *vacciné le* ....

Nom des parents ....

Adresse ....

RENSEIGNEMENTS ADMINISTRATIFS

ANNÉE		191 -191	191 -191	191 -191
Age (ans et mois)				
Situation des parents	Gains de la famille			
	Enfants de moins de ... à la charge de la famille			
	Etat de santé			
	Loyer ; nombre de pièces			
Ecole fréquentée				
Contribution des parents	Droit d'inscription			
	Somme promise			
	Somme versée			
Renseignements sur la santé de l'enfant				
Exercices religieux				
Lieu de séjour				
Parents nourriciers *				
Note administrative sur l'opportunité du départ				

FICHE MÉDICALE

DONNÉES ANTHROPOMÉTRIQUES			Date	Différence	Date	Différence	Date	Différence
	Poids	Départ						
		Retour						
	Taille	Départ						
		Retour						
	Périmètre thoracique	Départ						
		Retour						
	Coefficient de robusticité	Départ						
		Retour						

Infirmités et maladies à signaler			
Station à conseiller			
Soins et régimes spéciaux			
Note médicale sur l'opportunité du départ			
Observations pendant le séjour			
État de santé ultérieur			

RÉPARTITION DES SUJETS ENTRE LES DIFFÉRENTES STATIONS

(Enquête personnelle)

	Mer		Montagne Haute et moyenne altitude au-dessus de 800 mètres		Plaine et basse montagne	
	Indications	Contre-indications	Indications	Contre-indications	Indications	Contre-indications
Docteur Noir	*Scrofuleux* *Tuberculoses chirurgicales* *Lymphatiques légers.*	*Nerveux* *Herpétiques* *Affaiblis*	Comme la Mer. (Avec acclimatement nécessaire), et en plus : *Prétuberculeux. Convalescents de coqueluche. Convalescents de grippe. Asthmatiques. Emphysémateux. Bronchitiques.*			
Docteur Gourrichon	*Prétuberculeux* *Scrofule* *Adénopathies* *Tuberculoses chirurgicales* *Lymphatiques nonchalants*	(Comme ci-dessus) et fillettes à certaines époques	800 mètres seulement *Convalescents* *Lymphatiques* *Rachitiques.*	*Nerveux* *Arthritiques.*	(Convient à ceux qui ne supportent pas les climats précédents.)	
Docteur Bourbille	La région parisienne envoie trop à la mer) *Lymphatiques* *Ganglionnaires.*	*Nerveux*		*Nerveux*	(Convient au plus grand nombre d'enfants).	
Docteur Bonnard			1,200 mètres *Enfants surmenés.* (La haute montagne a un effet sédatif). *Tuberculeux non contagieux.* (La haute montagne est un stimulant puissant de l'appétit à condition d'avoir des organes sains. *Troubles cardiaques d'origine nerveuse.*	*Scrofule Cardiaques organiques. Tuberculeux avec fièvre et hémoptysies*		
Docteur Paquet	*Tuberculoses osseuses et ganglionnaires anciennes.* *Scrofule*	*Nerveux* *Congestifs* *Blessés cutanés* *Otites Conjonctivites.*		Contre-indiquée en général pour les colonies de Vacances.	Altitude moyenne *Ganglionnaires* *Bronchitiques* *Prétuberculeux* *Nerveux.*	Pas de contre-indication pour la plaine.
Docteur Monod		*Rhumatisants* *Nerveux*	800 mètres seulement *Anémiques* *Lymphatiques*	*Cardiaques.*	Enfant aux voies respiratoires délicates.	
Docteur Rouru	*Lymphatiques* *Strumeux* (au-dessus de 3 ans.) *Cholémiques* (La valeur curative de la mer tient surtout à sa luminosité et aux qualités aseptiques de l'air.) *Prétuberculeux.*	*Tr. jeunes enfants Adénoïdiens et amygdaliens avec poussées congestives.* *Tuberculose*	Bénéficie des contre-indications de la mer.			
Docteur Jaubert	Le climat marin améliore tous les sujets susceptibles de réaction suffisante pour surmonter la période d'amaigrissement qui accompagne l'installation au bord de la mer	*Tuberculose*	(La montagne offre de meilleures ressources au point de vue alimentaire.			
Professeur Baumel	*Lymphatiques* *Scrofule* *Adénopathies non tuberculeuses.*		*Hypotoniques* *Hyponutritifs.*		*Eréthiques* *Congestifs.*	
Professeur Curtillet	*Surmenés* *Tuberculoses externes* *Rachitisme.*		*Surmenés* *Prétuberculeux.*		*Surmenés*	
Professeur Courmont	*Scrofuleux.*				L'influence de l'altitude a été exagérée. Une contrée saine et non humide, à 4 ou 500 mètres seulement suffit. Un enfant bien portant profitera plus de la simple campagne que de la mer.	

Ligue Fraternelle des Enfants de France.

Ligue Fraternelle des Enfants de France.

Pourquoi et Comment on organise

DES COLONIES DE VACANCES

Œuvres d'enfance et de plein air

——o——

Essai de notice pour la propagande

Par F. GIBON

Rédacteur au Ministère de l'Instruction publique et des Beaux-Arts

Administrateur du Comité des Colonies de Vacances

Le Congrès national des Colonies de Vacances de 1910 (qui a réuni à Paris près de 300 délégués, organisateurs ou fondateurs de Colonies de Vacances pour la plupart anciennes et prospères), a été un grand succès et aura de très utiles résultats.

On y a discuté des questions intéressantes pour les œuvres présentes, mais peut-être trop techniques pour le grand public. Dans la recherche de ces perfectionnements, des remèdes aux inconvénients, de la protection contre les responsabliités, etc., il a souvent été dit des choses qui n'intéressaient pas tous les lecteurs, ou même qui à tort, pourraient effrayer des personnes ayant l'intention de créer de nouvelles œuvres de vacances.

Il faut souhaiter la progression de ces œuvres de *solidarité enfantine* et de *prévention hygiénique* et sociale, et je voudrais pouvoir faire profiter chaque lecteur des expériences faites, des indications rcueillies par toutes les œuvres de vacances ou de grand air que l'organisation de ce Congrès m'a permis de connaître, de fréquenter et d'apprécier.

Mais ces indications sont incomplètes, et je demande à tous les lecteurs de voudoir m'aider à compléter cet essai et m'adresser leurs critiques, leurs conseils, leurs renseignements pour le plus grand bien de tous.

Je prie surtout les œuvres de donner bien sincèrement toutes les indications pour favoriser la création d'œuvres nouvelles sans craindre une concurrence quelconque, car il n'y a pas de concurrence en philanthropie, et chacune des œuvres de vacances aimerait voir le plus grand développement de toutes les autres.

Extrait du compte rendu du Congrès 1910 : vol. 272 pages. Prix : 3 fr

L'Assistance Publique, qui envoie à la campagne une petite fraction seulement des écoliers qui en auraient besoin, doit encourager les œuvres particulières qui peuvent se charger d'une partie des refusés. Mais ces œuvres privées trop peu connues ou trop peu aidées ne peuvent pas accueillir tous les enfants indigents qui se présentent.

Si elle est réellement philanthrope, et il n'y a pas lieu d'en douter, chaque organisation d'œuvres de vacances sera donc heureuse de voir la création d'œuvres nouvelles même si elles ne procèdent pas des mêmes principes matériels, philosophiques ou autres.

***

Mais comment aviser toutes les personnes, œuvres, sociétés ou administrations que cette question peut intéresser ?

La publicité coût cher, et la plupart des œuvres existantes, qui ont peine à boucler leur budget, ne peuvent donner à notre propagande toute l'ampleur qu'il conviendrait et les autres libéralités sont rares.

Ah ! si les grands journaux voulaient bien accorder aux bonnes actions le centième de la publicité qu'ils prodiguent aux mauvaises, s'ils voulaient s'intéresser à l'âme des enfants avant d'en déplorer la criminalité, aider à répandre les œuvres de santé, au lieu de publier les cartes de la tuberculose, ils intéresseraient au moins autant la majorité de leurs lecteurs, ils feraient œuvre grandement utile à toute la société.

Puis, si chacun pouvait apporter aux œuvres son concours, ses conseils, ses lumières, son *contrôle*, il y aurait moins d'occasions de parler de bagnes d'enfants, de mère X., d'abbé Y.

Mais voilà; c'est peut-être plus facile de *déplorer* que de *prévoir*, de *critiquer* le passé que d'*élaborer* l'avenir, car depuis toujours « *la critique est aisée, l'art est difficile* ».

Pourtant le grand public est toujours de cœur avec les œuvres d'enfance et souvent un profane peut donner quelques conseils fort judicieux, faire part de remarques très intéressantes, il y a quelqu'un qui est plus savant, plus avisé, plus pratique, plus, etc..., que vous et nous : c'est Monsieur Tout-le-Monde. Je fais donc un referendum et le sujet en vaut la peine car il s'agit de préparer la société future ; l'enfant d'aujourd'hui est un citoyen de demain, c'est un capital... Or, comme disait M. Paris, si nos œuvres de grand air aident à la formation morale et physique des enfants, évitant à la société de demain les déclassés et les maladifs, elles auront beaucoup mérité de cette société qui trouvera des travailleurs utiles au lieu des scories dangereuses et coûteuses à entretenir.

HIVERNAGE DES ENFANTS.

HIVERNAGE DES ENFANTS. — **Départ de la Gare P. L. M.**

Moralement et physiquement, c'est à la période de formation qu'il faut surveiller l'enfant et qu'il est le plus facile d'avoir les plus grandes conséquences avec les moindres efforts : l'adolescent est en équilibre instable entre la vigueur et la maladie, entre le bien et le mal, entre toutes les philosophies, il est sur la crête entre les deux versants. Il est plus facile alors de l'aiguiller dans la bonne voie que d'essayer de lui faire remonter la mauvaise pente quand il l'a dégringolée, physiquement et moralement.

Les familles doivent donc s'intéresser aux Colonies de Vacances, pour en faire profiter leurs enfants, leurs petits parents ou protégés.

Les personnes charitables auront de belles occasions de faire le bien et matière à dévouement.

Les gens de cœur, patriotes et socialistes, altruistes et mutualistes, se trouveront d'accord pour bien préparer la jeune génération.

Il n'est pas jusqu'aux personnes égoïstes qui doivent s'intéresser aux *Colonies de Vacances.*

Les *grincheux* qui ne peuvent suporter les cris ou les facéties d'enfants voisins désœuvrés ; les promeneurs, automobilistes, chauffeurs, cyclistes, etc..., qui auront moins d'occasions d'accidents..., les hygiénistes à outrance qui craignent les occasions d'épidémies, et tous les peureux qui craignent la graine d'apaches, etc., ont intérêt à nous voir débarrasser la rue.

Car précisément c'est un des petits avantages des Colonies de Vacances d'être le remède à toutes les plaies de la grande Ville.

Dans la société actuelle, chacun est solidaire des voisins ; vous protégez votre santé en veillant sur celle des autres ; vous sauvegardez l'éducation de vos propres enfants en évitant à d'autres enfants pauvres la mauvaise école de la rue.

Les *Colonies de Vacances* sont utiles à tous les points de vue : hygiène, morale, science, sans compter la joie qu'elles donnent à de pauvres enfants qui n'ont pas eu leur part de bonheur dans la vie.

« *Je veux ma part de roses* », dit la maxime d'une société de vacances populaires. Les Colonies de Vacances voudraient donner leur part de toutes fleurs aux pauvres enfants des grandes villes. D'ailleurs, l'enfant est lui-même une fleur, et *de toutes les fleurs*, a dit Michelet, *c'est la fleur humaine qui a besoin le plus de soleil.* Les Colonies de Vacances veulent donner beaucoup de soleil à la fleur humaine, pour le plus grand bien du corps comme de l'âme.

Mais les seuls résultats constatés aux Colonies de Vacances sont ceux relevés plus ou moins médicalement : tonicité, amplitude respiratoire, forme musculaire, augmentation de la taille, mais surtout *augmentation de poids* souvent plusieurs kilogs par enfant (moyenne 1 kgr. 500), à telle enseigne que l'on a pu dire de Colonies de Vacances importantes que c'était une véritable *fabrication de chair humaine.*

Il n'y a qu'à voir les rapports (1) ou brochures publiés chaque année par les diverses œuvres, caisses, etc...

***

Mais comment organiser une Colonie de Vacances ?

Le mieux est de bénéficier de l'expérience acquise péniblement par d'autres, et d'étudier l'organisation d'une œuvre semblable à celle que vous voulez créer, surtout s'il en existe dans votre voisinage.

Il serait honteux de plagier une *invention* qui comporte « *droits* » mais je pense que le même sentiment d'honnêteté conseille d'étudier, de copier même ce que vous jugez le plus propre à remplir les *devoirs* de charité de solidarité sociales.

Je trouve très louable, par exemple, le bon mouvement de celui qui, méprisant le qu'en dira-t-on local, et passant pardessus de mesquines divisions politiques, philosophiques ou sociales, va prendre à l'officielle caisse des écoles, au patronage confessionnel, au syndicat ouvrier révolutionnaire, à la cantine patronale de l'usine, au comité antireligieux, à l'œuvre neutre ou médicale, etc..., toutes les indications possibles pour organiser de la façon la plus pratique, la plus rationnelle et la plus économique, l'œuvre charitable qu'il veut créer.

J'ai déjà dit qu'il trouverait en général bon accueil, et les concours de personnalités les plus diverses car de même que l'enfant réunit les parents dans les familles divisées les œuvres d'enfance peuvent réunir tous les citoyens.

Aux personnes qui ne connaîtraient pas d'œuvres voisines analogues, nous aurons toujours plaisir à communiquer les brochures de propagande éditées par les œuvres importantes qui ont pris part au dernier Congrès, et que la plupart m'ont adressées en plusieurs exemplaires.

J'ai d'ailleurs réuni une collection complète de ces brochures et imprimées au Musée Pédagogique qui est public. A cette occasion, je demande aux sociétés de vouloir bien me mettre à même de compléter cette collection, en adressant un double exemplaire de leurs nouveaux imprimés.

Certaines de ces sociétés importantes, qui pourront se charger de vos pupilles, les premières années, pourront même diriger plus ou moins complètement votre organisation jusqu'à ce que vous

(1) Je puis *communiquer* les brochures et une liste d'environ *800 Œuvres.*

puissiez prendre votre autonomie, et faire elles-mêmes les premières conférences de propagande.

CONSTITUTION D'UN COMITÉ.

Une personnalité même très riche, même très active et très populaire, ne réussira jamais aussi bien une Œuvre de vacances qu'un comité nombreux (quoique dans beaucoup de circonstances, moins il y a de têtes, plus il y a de résultats). Car il y a avant tout la question « *confiance* », qui est de beaucoup la plus importante.

La mentalité des familles françaises est telle que les parents même les plus pauvres ne confieront pas de bonne volonté leurs enfants à des personnes qu'elles ne connaissent pas parfaitement ; c'est le même préjugé qui existe contre l'hospice et contre toute œuvre purement administrative, quelle que soit la valeur matérielle de son organisation. Les caisses des écoles qui ont des Colonies de Vacances les plus prospères, le doivent beaucoup au zèle de personnalités qui s'en occupent depuis longtemps comme d'une œuvre personnelle. L'œuvre parisienne des enfants à la montagne (dont notre ami Conlombant est le fondateur) doit surtout son prodigieux essor à la collaboration des anciens élèves de l'Ecole normale d'Auteuil, tous instituteurs, chacun connu par des familles de son quartier qui ont toute confiance en lui, et c'est à leur instituteur qu'elles ont conscience de confier leur enfant en l'inscrivant à cette œuvre.

Il faut donc réunir dans votre comité des personnes aimant les enfants, cela va sans dire, mais surtout *sympathiques aux familles*, sinon populaires dans le public .

Des notabilités administratives, financières ou religieuses pourront ainsi très sérieusement vous aider de leur seule *autorité morale* et ces patronages d'honneur, membres honoraires... sont souvent utiles autrement que par leurs libéralités pécuniaires.

Il faut également des collaborateurs qui peuvent aider matériellement dans toute la besogne d'organisation d'une Colonie de Vacances, et pour cela il faut des personnes d'une certaine situation morale ou intellectuelle, qui disposent d'assez de *loisirs*, pour pouvoir travailler bénévolement à votre œuvre commune, des retraités encore actifs, sortis de l'enseignement, du commerce ou de l'industrie, des gens laborieux à qui l'inactivité pèse, seront des auxiliaires précieux.

Si vous voulez faire flèche de tout bois, votre œuvre pourra encore utiliser les services de personnes ayant plus ou moins une arrière-pensée d'ambition quelconque, ou même de commerce, la manie de vouloir *paraître*, et les formes nouvelles de la *réclame* pourront procurer à votre œuvro des dons ou des services importants. Certains esprits ne penseront peut être pas comme moi, mais j'accepterais de bon cœur pour une Œuvre de

Vacances les kilogs de chocolat X... et les costumes du magasin Y... même si l'on fait ces dons très ostensiblement au chapitre *publicité.*

J'aurais même soin de publier le plus possible ces bons exemples, et les rapports de l'Œuvre indiqueraient toujours tous les donateurs, même les plus modestes.

***

Les organisations toutes existantes, caisses des Ecoles, *municipalités, Sociétés provinciales à Paris*, sociétés *de secours mutuels, mutualités scolaires, sociétés sportives, syndicats*, peuvent créer le plus facilement des Colonies de Vacances sans connaître ce travail préliminaire très délicat qui consiste à organiser un comité. Il leur suffit d'une petite addition en faveur de l'enfance à leurs programmes et à leurs statuts.

En particulier, les sociétés *provinciales* à Paris, peuvent réussier d'emblée des Colonies de Vacances très prospères, car la question délicate de la *confiance* et de la sécurité du placement se trouve de suite résolue, puis le retour à la terre natale a beaucoup de partisans ; c'est ainsi que le cercle du Cher et de l'Indre, les Auvergnats et les Savoyards, ont fait des œuvres de vacances du plus grand avenir.

Supposons qu'il s'agisse de grouper entièrement un Comité.

Il faudra beaucoup de jugement, de tact, de modestie, de calcul, de prudence à l'organisateur pour concilier l'intérêt matériel de l'Œuvre avec la susceptibilité de certains collaborateurs pourtant indispensables pour une cause quelconque.

Que le protocole, la diplomatie, la psychologie, l'inspirent suivant les circonstances ; il n'est pas possible de donner d'emblée des indications quelconques, diamétralement variables suivant les circonstances.

Toujours est-il que très souvent par la réussite matérielle de son œuvre la personne qui en est réellement l'âme s'effacera dans le comité dans un tout petit rôle de secrétaire, mettant à la présidence, à la direction, etc..., les personnalités les plus notoires ou les plus ambitieuses, les plus riches ou les plus charitables...

Une seule personne ayant les ressources ou l'activité suffisantes peut quand même organiser une bonne Colonie de Vacances sans comité, et de belles fondations existent, dûes à des philanthropes. Par exemple si vous passez à Cayeux-sur-Mer vous verrez une magnifique *Colonie de Vacances* où Mme Groult entretient confortablement des enfants de Vitry-sur-Seine ; voir la fondation Maria Chauvière à Isches... mais j'ai déjà dit l'utilité de la collaboration.

Avec un organisateur se chargeant des responsabilités, il n'est besoin d'aucune formalité pour constituer un comité.

AUX COLONIES DE VACANCES. — *Cliché Photo-Magazine.*

AUX COLONIES DE VACANCES. — *Cliché Photo-Magazine.*

Mais si vous voulez que votre Œuvre ait une existence légale, il faut constituer votre association et en déposer les statuts (loi du 1er juillet 1901 et décret du 10 août 1901).

Loi du 1er juillet, art. V. — Toute Association qui voudra obtenir la capacité juridique prévue par l'art. 6 devra être rendue publique par les soins de ses fondateurs. La *déclaration* préalable en sera faite à la Préfecture du département ou à la sous-préfecture de l'arrondissement où l'Association aura son siège. Elle fera connaître le titre et l'objet de l'Association, le siège de ses établissements, et les noms, professions, domiciles de ceux qui, à un titre quelconque, sont chargés de son administration et de sa direction.

— Deux exemplaires des statuts seront joints à la déclaration.

— Les associations sont tenues de faire connaître dans les trois mois tous les changements survenus dans leur administration, ainsi que les changements apportés à leurs statuts.

Les modifications seront en outre consignées sur un registre spécial qui devra être présenté aux autorités administratives ou judiciaires.

Pour acquérir la personnalité juridique, les associations doivent être déclarées : elles peuvent alors posséder, ester en justice, etc., mais elles ne peuvent posséder que ls immeubles et meubles indispensables à leur but

Pour recevoir des subventions administratives, la déclaration est indispensable, et pour toucher au nom de l'œuvre une libéralité à une caisse publique le trésorier devra produire :

1° *Statuts imprimés* certifiés par l'un des membres du bureau dont la signature sera légalisée par le maire mentionnant le numéro de la déclaration à la Préfecture, ainsi que la date et le titre du journal dans lequel les statuts ont été publiés.

2° *Extrait* sur papier à 0 fr. 60 de la *délibération* qui a désigné la personne chargée de donner quittance. L'extrait devra être certifié par l'un des membres du bureau dont la signature sera légalisée par le maire. L'extrait devra porter un spécimen de la signature de la personne accréditée.

Toutefois, pour des subventions aux groupements désignés sous le nom de *Comités*, formés temporairement pour organisation d'une fête, érection d'un monument, etc., il peut être produit un seul certificat sur papier timbré, établi par le maire de la commune ou de l'arrondissement où siège le comité.

Ce certificat contiendra les mentions suivantes :

Objet et siège du Comité ;
Nom des membres du Bureau ;
Nom du trésorier ou de la personne chargée de recueillir les fonds ;

Fac-similé légalisé de la signature de ce trésorier.

* * *

La *reconnaissance d'utilité publique* qui permet à une Œuvre de recevoir dons, legs, de posséder des immeubles, revenus, etc., est une faveur accordée à des œuvres éprouvées après enquête administrative, rapports du Conseil d'Etat.

C'est par décret du Président de la République que cette reconnaissance est faite.

* * *

Fonctionnement. — Mais le Comité constitué n'est pas encore une Œuvre de Vacances :

1° Il faut trouver des *ressources ;*

2° Il faut trouver ou choisir les *enfants ;*

3° Il faut *installer* la Colonie des Vacances.

Ressources.

Ressources. — Quoiqu'on n'ait pas étudié la question *finances* au Congrès, c'est elle qui commande toutes les autres : pas d'argent, pas de Colonies de Vacances.

De même que pour la constitution du comité, les ***organisations administratives religieuses, politiques*** ou ***sociales*** peuvent par une délibération affecter une partie de leur ***budget*** à la Colonie de Vacances et les recettes sont faites.

En particulier, les ***mutualités scolaires*** peuvent l'indiquer dans leurs statuts pourvu qu'il s'agisse d'envoyer des enfants ***débiles*** et que l'état de débilité soit constaté par médecin.

Le Ministère du Travail et de la Prévoyance sociale a récemment approuvé des statuts de mutualités qui affectaient une partie de leur ***boni*** de fin d'année à la création d'une Colonie de Vacances.

(Pour exemple, demander le règlement de la Mutualité scolaire de Boulogne-sur-Mer, organisé par le maire, M. le Dr Aigre.)

Nous sommes persuadé que Mutualité et Colonie scolaire peuvent aller de pair, l'une préparant les moyens de l'autre, la seconde pouvant être un but de la première. Dans beaucoup de cas, nous ferons une ***propagande indivise*** pour la création de ***Mutualités*** qui prévoient la ***Colonie de Vacances***, et je tiens à la disposition de tous, des modèles d'organisation de mutualités scolaires ainsi complétées.

Mais comment va faire l'Œuvre spéciale de Colonies de Vacances, ou les sociétés provinciales, amicales, syndicales, trop pauvres pour trouver ainsi des ressources d'un coup de plume.

***

Les premières ressources sont les *dons* faits par les organisateurs qui donnent ainsi leur temps et leur argent, par les membres du Comité ou par les personnes charitables ou riches connues de certains membres de l'Œuvre et sollicitées par eux.

En même temps que l'on fera la propagande pour le recrutement, on recueillera le plus possible de recettes.

Fêtes. — Produits de fêtes organisées spécialement à ce bénéfice par des écoles, des sociétés artistiques et sportives ou simplement par des artistes ou amateurs charitables.

Ce dernier cas est maintenant très fréquent et beaucoup d'artistes renommés sont débordés par d'innombrables demandes de concours gracieux à des Fêtes de bienfaisance ; voyez dans les brochures sur les annonces de théâtre, programmes, etc..., l'organisation des fêtes que vous voulez imiter ; vous y trouverez les noms d'un grand nombre d'artistes qui *jouent* gratis au profit d'œuvres de bienfaisance, ou dont on paie tout au plus la voiture ou les fleurs,

D'ailleurs vous voyez à ces fêtes des artistes très célèbres, prêtant d'une façon toute désintéressée des concours que des *impresarios* ne pourraient avoir même en payant très cher,

Puis, des *amateurs*, appartenant plus ou moins à votre comité pourront être très goûtés et très applaudis,

Petit conseil : à Paris, demandez à l'Assistance Publique de vous faire remise ou réduction du droit de 10 % perçu par elle sur les spectacles publics. (Ecrire 3, avenue Victoria.)

Dans la première forme, il y a des cas de solidarité très réels : les garçons du Lycée de Rennes, les demoiselles du Lycée de Versailles trouvent ainsi les ressources pour envoyer aux Colonies de Vacances les enfants pauvres d'écoles primaires. Des fêtes à Paris produisent quelquefois des bénéfices importants, par exemple, rien que le bal de la Caisse des Ecoles du XVIIe arrondissement produit une vingtaine de mille francs. Par contre une fête organisée par le Syndicat des travailleurs municipaux pour sa Colonies de Vacances a causé un déficit de plus de 500 francs.

Tombolas. — Les petites loteries sont-elles aussi immorales que les grandes ? L'acheteur du billet de tombola n'a-t-il pas plutôt l'intention d'aider l'Œuvre que de jouer un lot ? En tout cas des tombolas bien organisées à l'occasion de belles fêtes ont souvent plus profité que certaines loteries à scandales.

En principe, les *tombolas de bienfaisance* peuvent être autorisées jusqu'à concurrence de 5.000 francs. (Les frais ne doivent pas atteindre 1/10, et les lots doivent être autant que possible offerts gratuitement par les donateurs). Demandez l'*autorisation* à la Préfecture de votre département (ou à Paris à la Préfecture de Police). Pour constituer vos *lots*, voyez les listes de tombolas analogues avec leurs bienfaiteurs, puis notez dans les *journaux locaux*, sur les affiches, etc., les maisons qui font de la *publicité* pour leurs produits ; écrivez également *aux chefs de publicité* des grandes entreprises commerciales ou industrielles : beaucoup en contribuant par quelques dons à votre bonne œuvre, feront une réclame à leurs produits. Les éditeurs, libraires ou auteurs, pourront aussi vous donner un certain nombre de volumes plus ou moins vendables.

Vous pourrez ainsi constituer un nombre assez considérable de lots qui donneront une véritable valeur à votre tombola. Si vous pouvez encore y ajouter quelques *lots artistiques :* objets d'art, Sèvres ou estampes offerts par les ministères, par des administrations, des notabilités ou des particuliers, le succès est assuré et le placement des billets sera beaucoup plus facile.

A cette occasion vous pourrez faire la publicité de votre Œuvre en faisant la propagande pour votre tombola il faudra *exposer les lots* au siège de votre Œuvre ; il faudra annoncer toutes vos opérations dans les *journaux locaux*, ou même si vous faites les choses en grand, faire une petite publicité par *affiches.*

Le placement des billets par les kiosques à journaux, bureaux de tabac, commerçants divers, ne vaudra jamais le placement fait par les *intéressés* de votre Œuvre, collaborateurs ou enfants.

Ces derniers réussissent parfaitement, surtout s'ils ont contribué à la fabrication des lots, comme par exemple aux tombolas des « *Feuilles d'Etain* » ; ces œuvres mettent en tombola une œuvre d'art, statuette ou plaquette qui a été *fondue* avec des débris *d'étain*, *feuilles* de chocolat, capsules de flacons, etc.... recueillis par les enfants. Si un *artiste* connu (ou local) s'intéressant à la Colonie de Vacances compose un beau modèle, ou permette de mouler en étain une réplique spéciale d'une de ses belles œuvres qu'il signe, vous avez ainsi un lot d'une grande valeur qui permettra à votre tombola de faire le maximum.

J'ai dit qu'on n'autorisait plus les tombolas que jusqu'à concurrence de 5.000 francs, mais une sorte de souscription à votre Œuvre avec un numéro donnant droit à un tirage *de prime* n'est pour ainsi dire plus une tombola limitée.

Les lots *non réclamés* peuvent faire le noyau d'une *vente de charité.*

Exemple. — Une forme originale de billets de tombola a été essayée à Dijon : chaque billet était une carte postale (numérotée) illustrée d'une scène de l'Œuvre. (Il s'agissait de la Colonie de Crepey installée dans un vieux château.)

Il fut vendu 97.000 billets-cartes à 0 fr. 25. Calculez le bénéfice pécuniaire en même temps que la magnifique propagande pour l'Œuvre.

— Les fêtes-tombolas de la Ville de Lyon donnent chaque année un bénéfice d'une trentaine de mille francs pour les Enfants à la Montagne.

COLONIES DE VACANCES. — *Ecole de Plein air.*

COLONIES DE VACANCES. — *Ecole de Plein air.*

Quêtes. — Un moyen que, peut-être à tort, je trouve inefficace ? Pourtant c'est le moyen employé en tous temps que les religions et c'est encore le moyen habituel administratif de beaucoup de bureaux de bienfaisance.

Quelques sociétés le pratiquent en ce moment à Paris ou en province, mais c'est sujet à beaucoup d'aléas, d'autant plus qu'aux quêteurs professionnels il faut abandonner 25 à 50 % de la recette.

Un autre moyen de trouver des *ressources* espèce de quête est celui qui m'a été indiqué par M. Lucien Descaves comme réussissant parfaitement dans divers pays étrangers, et que je viens de voir appliquer pour la première fois en France, avec plein *succès* d'ailleurs : *La Société protectrice de l'Enfance de Nice* a organisé le 9 février dernier une « *Fête des Marguerites* » : les membres de l'œuvre et d'autres dames ou jeunes filles du monde offraient des *marguerites* aux passants ou aux personnes installées dans les établissements publics : casinos, théâtres, gares, etc., en échange de l'*obole* qu'on voulait bien leur donner.

Les vendeuses étaient munies d'une *carte* délivrée par la mairie pour éviter la fraude et le public avait été *prévenu* de tous les détails d'organisation, du but de l'œuvre, etc., par de gentils *entrefilets* insérés avec bienveillance par *tous les journaux locaux*, de tous partis.

On avait même fait une petite publicité par voie d'*affiches*. J'ai vu Mme Malgat, la Présidente, avant cette fête : elle savait que cela existait à Lausanne, à Cologne, en Danemark, etc ; mais ne l'avait jamais vu elle-même, elle a donc *improvisé* son organisation : un magasin a fourni à bon compte plus de 70.000 fleurettes artificielles simples ; des propriétaires de jardins donnèrent un même nombre de *marguerites* naturelles. Elle choisit ensuite près de 300 vendeuses et quelques douzaines de commissaires de bonne volonté, entre lesquels les *postes* de toute la Ville furent *partagés*, désignés d'avance.

Le résultat fut merveilleux : on escomptait une recette de 20.000 francs, — elle dépassa de beaucoup 30.000 francs, car cette fête obtint un grand succès — les vendeuses avaient un *zèle inlassable*. La plupart du public contribuait de bonne volonté aux achats ; il était fait de belles recettes dans certains *groupes riches* où le besoin de *paraître* secondait les sentiments charitables ; enfin, même les passants les plus indifférents achetaient une marguerite quelques sous et l'arboraient à leur boutonnière pour « *avoir la paix* » car, sans marguerite, ils étaient harcelés à chaque coin de rue par des vendeuses *tenaces*, auxquelles la *bonne cause* donnait une audace inouïe.

Il n'y avait que les camelots professionnels qui voyaient avec une tristesse un peu envieuse cette fructueuse concurrence d'un jour.

Perfectionnée dans ses détails (1), *connue d'avance* et devenue classique chaque année à la Côte d'Azur, cette *fête de fleurs* pourrait produire une centaine de mille francs au bénéfice de cette œuvre.

Des organisations analogues peuvent réussir partout pour les *Colonies de Vacances* : le génie des organisateurs consisterait à les adapter aux circonstances. Cette quête-vente de charité pourrait non seulement s'exercer sur des fleurs, mais aussi sur des médailles, des cocardes, des gravures ou d'autres objets qui feraient en même temps une publicité permanente à l'œuvre.

Vente de charité. — Des personnalités très connues dans le monde aristocratique, artistique ou financier peuvent réussir des ventes de charité très productives. Les meilleurs salons, les salles de ministères, de mairies, locaux divers, ou halls privés sont à la disposition des organisateurs pour de grandes ventes.

La vente de charité organisée par Mme Poilpot, au ministère de la Justice, produit chaque année une belle somme à l'Orphelinat des Arts.

Pour de plus petites œuvres, des organisations comme le *Bazar de la Charité* mettent plus ou moins de comptoirs à la disposition de plusieurs œuvres qui peuvent faire une fête collective.

Kermesse. — C'est la vente de charité *populaire* celle qui était beaucoup employée autrefois et qui pourrait encore l'être avec beaucoup de succès, car elle peut se doubler d'une fête aimée du commerce local. En la combinant avec une fête de l'*Enfance*, dans un parc ou dans un jardin public, pendant la belle saison, les *colonies de Vacances* des villes de province obtiendraient à tous points de vue de magnifiques résultats car la propagande y gagnerait encore plus que la caisse, et les œuvres deviendraient aussi populaires que leur fête.

La Ville de Paris pourrait faire une grande Fête aux Tuileries, au bénéfice de toutes les Œuvres.

La Ligue de l'Enseignement pourrait penser aux Colonies de Vacances à l'occasion de la Fête des Ecoles : cette année sera le Trentenaire.

Subventions

Subventions. — Il y a les administrations, Etats, départements ou communes.

L'Etat donne peu de subventions aux Colonies de Vacances.

Les Départements s'y intéressent d'une façon très variable.

La Ville de Paris, en dépit des 250.000 francs qu'elle donne à ses caisses des Ecoles, donne plusieurs milliers de francs à des œuvres diverses dont on trouvera la liste dans le *Bulletin Officiel* de juillet 1910.

(1) Mme Malgat, ou le Dr Balestre, à Nice, pourront vous tenir au courant de leurs fêtes.

Les *subventions administratives* vont souvent aux œuvres anciennes connues ; en revanche, des œuvres *absolument nouvelles* peuvent recevoir des subventions particulières, comme celles accordées par *l'Association pour le développement des Colonies de Vacances* qui publie dans sa brochure l'avis ci-dessous :

« Nous continuons à offrir notre concours aux personnes désireuses de *fonder des Colonies de Vacances dans les villes où il n'en existe pas encore*, en y mettant les conditions suivantes :

« 1° L'œuvre sera absolument neutre et admettra tous les enfants, sans aucune distinction politique ou religieuse.

2° Au retour des enfants, un rapport sera adressé au Comité central de l'Association pour être résumé dans son rapport général. Ce rapport mentionnera d'une façon précise les recettes et les dépenses, le nombre d'enfants envoyés, le lieu et la durée du séjour, etc., conformément à un questionnaire fourni par le Comité central.

« Les subventions accordées à une œuvre locale ne sont payables qu'au reçu de son rapport.

« *Passé le 15 novembre*, l'œuvre qui n'aurait pas envoyé son rapport, n'aura plus à compter sur la subvention, le Comité central se considérant, du fait de ce retard, comme délié de sa promesse.

« *Les subventions ne seront payables que jusqu'à concurrence de la somme nécessaire pour permettre à l'œuvre subventionnée d'équilibrer son budget ;* le Comité central veut éviter par là de se voir obligé, pour tenir ses engagements de verser à des œuvres qui terminent leur exercice avec un encaisse quelquefois considérable, des sommes qui seraient plus nécessaires ailleurs.

Nous conseillons aux personnes désireuses de fonder des Colonies d'adresser leur demande le plus tôt possible à la Présidente ou à la Trésorière. Prière, en tous cas, *d'adresser les demandes avant le 1er juillet.* » (1).

Contribution des parents. — Beaucoup d'œuvres admettent au bénéfice de leur organisation l'enfant chétif d'une famille ouvrière qui ne pourrait pas le conduire à la montagne ou à la mer, mais qui pourrait entretenir l'enfant à la maison, et qui peut, par conséquent, verser à l'œuvre ce que l'enfant aurait coûté à Paris ; ce n'est pas toujours le prix qu'il coûterait à l'œuvre, mais c'en est réellement une grande partie.

Certaines œuvres même n'admettent que des enfants qui payent

---

(1) Mme de Félice, 6, rue Dufétel, Versailles.

tous une cotisation, si minime soit-elle : exemple : l'Œuvre parisienne des Enfants à la montagne.

Je crois que cette Colonie de Vacances est la plus populaire, la plus démocratique et du plus grand avenir. — Dans certaines œuvres ouvrières, comme le Syndicat des travailleurs municipaux, le Syndicat contribue pour la somme entière.

Les *organisations ouvrières* fondatrices des colonies de vacances ont remarqué que les parents qui avaient fait un effort appréciaient mieux les Colonies de Vacances, que la somme versée les relevait à leurs yeux. Leur enfant *va en villégiature à bon marché, il est vrai, mais il n'a pas reçu l'aumône; il n'a pas été hospitalisé.*

C'est surtout pour le recrutement de cette partie plus ou moins payante des Colonies de Vacances que la propagande est utile, puisqu'elle amène la recette en même temps que le recrutement.

Livret-Epargne. — Pour faciliter à des familles peu prévoyantes l'économie de leurs cotisations de vacances, certaines œuvres ont, sur le modèle des sociétés ouvrières, organisé le livret-épargne qui a donné des résultats satisfaisants. (Demander modèle à l'Œuvre des Enfants à la Montagne, 20, route de Fontainebleau, Saint-Etienne).

Dans le cas de contributions des parents, on doit organiser une propagande active dans le double but de trouver des recettes et de recruter les enfants.

Il faut une organisation très méthodique, car des organisateurs très philanthropes, mais peu administrateurs, ont beaucoup entravé leur action et quelquefois porté un préjudice moral à toutes les œuvres.

* * *

Propagande

Propagande. — Les caisses des écoles, les bureaux de bienfaisance peuvent organiser des Colonies de Vacances sur le modèle de tous les arrondissements de la Ville de Paris. La propagande est alors très simple et le *médecin* ou les maîtres n'ont alors qu'à choisir dans les rangs des élèves les plus anémiés, etc...

Conférences populaires. — Les conférences sont un des meilleurs moyens de propagande à l'occasion des réunions scolaires, artistiques, mutualistes, etc. Demandez à une autre œuvre modèle de venir avec vous, expliquer son fonctionnement, vanter les résultats du *grand air*, ou bien, même si vous n'êtes pas orateur, faites vous-même une causerie avec, si possible, des projections lumineuses pour vous aider. Le Musée pédagogique, rue

AUX COLONIES DE VACANCES. — *Cliché Photo-Magazine.*

AUX COLONIES DE VACANCES. — *Cliché Photo-Magazine.*

Gay-Lussac, Paris, a quelques collections de vues ; d'autres œuvres que je puis vous indiquer, se feront un plaisir de vous prêter leur matériel.

Un compte rendu d'une autre œuvre peut vous donner le thème de ces conférences de propagande, d'ailleurs le plan est simple :

1° La *grande ville* est mauvaise pendant les vacances pour les enfants chétifs : *dangers matériels* (accidents) ; dangers *hygiéniques*, dangers *moraux*....

2° Les *montagnes*, la *mer*, ou la *campagne* sont meilleures : repos physique ou moral, air pur, nourriture saine, agrément de la villégiature...

3° Les familles pauvres, d'ouvriers, employés, n'ont ni *temps* ni *argent* pour conduire leurs enfants dans des pays où ils ne connaissent personne ;

4° *Solution :* Les *voyages collectifs* d'enfants, à prix réduits, avec un accompagnateur d'enfants pour tout un groupe, un surveillant pour un village, et séjour salutaire dans des contrées un peu éloignées des grandes villes où les meilleures denrées agricoles sont *bon marché* est facilement réalisable pour tous, c'est la *Colonie de Vacances.*

***

Choix des Enfants

Comme le dit le docteur Calvet dans son rapport, l'ordre de choix devrait être ;

1° L'avis du médecin ;
2° Le plus grand nombre d'enfants ;
3° La plus grande misère ;
4° Ceux qui sont recommandés.

L'inverse, paraît-il, de ce qui se passe souvent.

Je crois que vous trouverez toujours des *médecins de bonne volonté* pour vous aider dans votre œuvre, faire les visites et le choix de vos pupilles, éliminer les contagieux à tous les points de vue.

La question médicale est au-dessus de la compétence de cette notice (Voir le rapport spécial Calvet et Paquet) présenté au Congrès de 1910, ou voir aussi le bon article du Docteur Mayet, dans le journal « *La Province Médicale* », n° du 25 septembre 1910.

D'ailleurs c'est le domaine de votre collaborateur médecin que vous pourrez voir à l'œuvre.

La *première visite*, très sévère, a lieu au moins une semaine avant le départ ; les enfants sont auscultés, etc., et ces indications sont portées sur la *fiche médicale*...

Par exemple, vous pouvez aider à cette visite en vous occupant des prescriptions d'une grande propreté; régler la question des *poux*, qui amène souvent des complications avec les parents nourriciers propres. Diverses colonies scolaires ont réglementé que les petits garçons auraient les *cheveux coupés ras*, que les petites filles auraient la chevelure propre, car les parents des fillettes ayant des poux devront autoriser l'œuvre à couper les cheveux de la fillette en récidive de malpropreté. A la visite du départ seront refusées des fillettes ayant des poux. (Vous pourrez d'ailleurs indiquer aux parents, même avant la première visite, les moyens de détruire la vermine.)

Trousseau

A la première visite, ce sera la *vérification du trousseau* que doit emporter chaque enfant.

En plus du *capuchon* et du *costume* que les enfants portent, il faut :

Pour les Jeunes Filles : 1° Deux paires de bas; 2° trois chemises ; 3° deux jupons, deux pantalons ; 4° un tricot de coton ou de laine ; 5° trois mouchoirs; 6° un fichu ; 7° deux robes et deux tabliers pour tous les jours; 8° une paire de chaussons, une paire de souliers ; 9° un peigne ; 10° un savon ; 11° deux serviettes.

Pour les Garçons : 1° Deux paires de chaussettes ou de bas ; 2° trois chemises ; 3° deux pantalons ; 4° trois mouchoirs ; 5° deux vestes et deux tabliers pour tous les jours ; 6° un tricot de coton ou de laine ; 7° une paire de chaussons et une paire de souliers ; 8° un savon ; 9° deux serviettes.

(Joindre un sac destiné à renfermer le linge sale.)

Tous ces effets doivent être en bon état et bien propres, mis dans un *sac* qui sera fermé après que les effets auront été visités.

Des dames charitables pourraient aider à cette vérification et compléter de temps en temps les *trousseaux* reconnus trop misérables par des raccommodages, par quelques pièces ou quelques complets suivant leur générosité ou les ressources de votre œuvre.

Seconde visite la veille du départ et inspection sommaire du docteur. A la seconde visite, les trousseaux complets seront apportés en un paquet ou un sac qui est ensuite fermé, après vérification ficelé, étiqueté aux nom et numéro de son petit propriétaire, ainsi que l'adresse (un carré d'étoffe blanche, écrit à l'encre et faufilé, est bien meilleur que du papier collé).

Préparez vous-même vos bagages de voyages scolaires, avec les diverses petites provisions, aliments ou autres, qui seront nécessaires en route, tenez à l'avance une liste des objets qui peuvent être très utiles à certains moments — faites composer par votre *pharmacien* un petit paquet des produits indispensables pour parer aux accidents ou malaises, etc.

Bagages. — Pour les nombreuses colonies, les bagages sont déposés à cette visite pour être conduits à la gare par camionnage.

Dans l'une des deux visites, il est très utile de distribuer aux parents, nombreux ou non, des instructions écrites qui leur indiqueront : Le lieu et l'heure du départ;

L'endroit du rendez-vous;

La manière et le signal des rassemblements;

L'adresse exacte de la colonie de vacances (gare, bureau de poste, etc.);

L'adresse du directeur ou surveillant à la colonie des vacances;

La durée du séjour;

La date et l'heure du retour;

Le lieu d'arrivée et les indications diverses pour la bonne distribution des enfants d'une colonie de vacances.

PLACEMENTS

Le Congrès a discuté sur le placement *familial* ou *collectif*. Les deux ont leurs avantages et leurs inconvénients; les deux demandent à être pratiqués dans toutes les meilleures conditions de sécurité et de moralité.

Les œuvres très nombreuses sont obligées de pratiquer le placement familial, car elles n'ont pas de casernes à leur disposition, mais une œuvre nouvelle peut pratiquer l'un ou l'autre.

D'ailleurs le plus simple pour votre nouvelle œuvre est de profiter de l'organisation et du placement familial ou collectif d'une œuvre ancienne et importante qui veut bien vous recevoir.

En surveillant vous-même vos petits colons parmi ceux de l'œuvre ancienne vous prendrez une utile leçon, sur le règlement d'une colonie de vacances et vous reviendrez avec une quantité de *renseignements économiques*, d'*adresses utiles*, de références puisées à la source pour le placement familial que vous pourrez faire vous-mêmes quand votre œuvre sera autonome et importante.

Voulez-vous des indications et des adresses? aux œuvres d'*Enfants à la Montagne, placement familial*, vous trouverez des pensions pour vos pupilles de 20 à 30 francs par mois :

Demander renseignements à M. Comte, 20, route de Fontainebleau, à Saint-Etienne, pour l'*Auvergne*;

A M. Coudurier, 123, rue Montmartre, Paris, pour la *Savoie ;*
A M. Creusat, à Raon-l'Etape, pour les *Vosges.*

Pour le placement à la *campagne :*
Voir Mme Lorriaux, 51, rue Gide, Levallois.

En placement collectif :

A la mer (env. 60 fr. par mois). Ecrire à M. Neau, aux Sables-d'Olonne ;
M. Robinot, à la Ville Theart, Henanbihen (Côtes-du-Nord) ;
Mme Lambla, à Bernières (Calvados).

A la campagne :

Voir M. Duchêne, à Vire (Calvados).
L'hivernage à la Côte-d'Azur, à Cette, à Dinard, env. 45 fr. par mois (V. Dr Madeuf, à Paris).

Si vous ne voulez pas utiliser une autre œuvre de placement, vous pourrez devenir autonome, en plaçant dans une autre région ; vos *confrères, collègues* ou *camarades* de cette région seront d'emblée vos correspondants bénévoles, même sans vous connaître. Que vous soyez médecin, instituteur, prêtre, inspecteur, syndicat ouvrier, à votre première demande vous recevrez pour votre œuvre d'enfance les renseignements sincères détaillés, sans mercantilisme.

Dès que vous aurez fixé vos projets, vous aurez déjà là-bas un directeur tout dévoué, connaissant bien le pays, un surveillant averti, un ami non vu, qui vous préparerait même une villégiature économique lorsque vous amèneriez votre petit troupeau. C'est ainsi que les petits Parisiens sont entrés dans le Cantal et le Puy-de-Dôme, que les Rennais ont trouvé des vacances sûres et économiques à la Côte d'Emeraude.

* * *

Voyages

Demande de *réduction de voyage.*

L'organisation des colonies de vacances est basée sur le transport collectif des enfants à prix réduits (quart de place sur la plupart des réseaux par application favorable du Tarif *G. V. n° 8* (le demander à votre gare).

Voici un résumé des conditions actuelles, d'application du Tarif spécial G. V. n° 8 sur les Chemins de fer de l'Etat (étendu par bienveillance au réseau racheté).

§ 1er. — *Sociétés constituées d'une manière permanente :* So-

AUX COLONIES DE VACANCES. — *Cliché Photo-Ma a-ti*

COLONIES DE VACANCES. --

ciétés agricoles ; — Sociétés d'anciens élèves des lycées, collèges, écoles et pensionnats ; — Sociétés artistiques ; — Sociétés littéraires ou scientifiques ; — Sociétés musicales ; — Sociétés philanthropiques ; — Sociétés de sport ; — Compagnies de sapeurs-pompiers, 1/3 des prix des billets simples à place entière, soit 66 % de réduction.

§ 2. — *Elèves des lycées, collèges, écoles, pensionnats et patronages en promenade ou en excursion*, 1/3 des billets simples à place entière, soit 66 % de réduction.

§ 3. — *COLONIES SCOLAIRES ; Groupes d'enfants ou de jeunes gens envoyés à la campagne ou au bord de la mer aux frais d'œuvres philanthropiques ; Enfants des Orphelinats en promenade ou en excursion*, 1/4 des prix des billets simples à place entière, soit 75 % de réduction.

CONDITIONS D'APPLICATION

... Au retour, le voyage peut avoir lieu isolément.

Chaque membre d'une des Sociétés désignées au paragraphe premier doit être muni d'une carte justifiant de sa qualité. Les sapeurs-pompiers doivent être en uniforme.

Les membres honoraires sont admis à bénéficier du présent tarif sous la double condition d'être munis d'une carte individuelle justifiant de leur qualité et de voyager en corps, à l'aller, avec les membres actifs.

Le présent tarif n'est applicable aux groupes d'*enfants* et de *jeunes gens* envoyés à la campagne ou au bord de la mer par des *œuvres philanthropiques* qu'à la condition expresse que la majeure partie des frais de toutes sortes nécessités par le voyage ou le séjour à la campagne ou à la mer soit supportée par ces œuvres, qui doivent en fournir la preuve au réseau de l'Etat, si ce dernier le juge utile.

Les professeurs, maîtres ou surveillants accompagnant les élèves, enfants et jeunes gens visés aux paragraphes 2 et 3 sont admis au bénéfice du présent tarif, à raison d'un professeur, maître ou surveillant par dix ou fraction de dix.

La gratuité du parcours pour un maître est accordée, à la double condition que le nombre des élèves et maîtres payants soit de vingt au minimum et que le parcours à effectuer atteigne 150 kilomètres (300 kilomètres aller et retour). Ce maître peut précéder de quinze jours au plus le groupe des élèves pour la préparation des étapes, le choix des hôtels, etc.

Les élèves, enfants et jeunes gens désignés aux paragraphes 2 et 3 doivent être porteurs d'un certificat du Chef de leur établissement ou de l'œuvre à laquelle ils appartiennent, constatant qu'ils font partie du groupe bénéficiaire du présent tarif. Il en est de même pour les professeurs, maîtres ou surveillants qui les accompagnent. Si le retour par chemin de fer doit s'effectuer en un groupe comprenant les mêmes personnes qu'à l'aller, il peut n'être délivré qu'un certificat collectif désignant nominativement les membres de ce groupe. Deux enfants de trois à sept ans ne comptent que comme un voyageur. Un enfant de trois à sept ans seul ou en excédent d'un nombre pair d'enfants du même âge compte également pour un voyageur.

Les cartes des Sociétaires ne sont valables, pour obtenir au retour des billets à prix réduits, qu'à la condition d'être utilisés dans un délai de *huit jours* à partir de la date du départ, cette date comprise.

Les certificats relatifs aux bénéficiaires des paragraphes 2 et 3 ne sont valables, pour obtenir au retour, selon le cas, des billets avec réduction des deux tiers ou des trois quarts, qu'à la condition d'être utilisés dans un délai de *deux mois* de la date du départ, cette date comprise.

Consultez ce tarif à votre gare, ou mieux, réclamez longtemps à l'avance quelques formules de demandes de Billets collectifs G. V. 8.

En tout cas, au moins un mois avant la date du départ, vous solliciterez de la Direction du réseau employé la réduction de 75 % en indiquant :

1° Le *trajet* demandé ;

2° Le jour et l'heure (ou le numéro du train) ;

3° Le nombre approximatif des enfants que vous conduirez ;

Cette première autorisation est la plus importante à obtenir. Peut-être la Compagnie fera-t-elle une petite enquête sur l'œuvre pour s'assurer que c'est bien une Société de bienfaisance, prenant à sa charge *la plus grande partie des frais*, ou prendra des renseignements à diverses sources, différentes suivant les cas ; à vous de présenter des *références* sérieuses, de montrer très sincèrement une situation très claire, *sans* confusion possible avec une *agence de voyages* ou *de tourisme*.

Quelques jours avant le départ (au moins 24 heures), vous faites la demande de *billet collectif*, en présentant votre bon de réduction à la gare de départ, avec le chiffre exact des enfants et de leurs accompagnateurs (il peut y avoir un accompagnateur par groupe de 10 enfants ou fraction de 10, 12 sur le P.-L.-M.).

Détail : le *billet collectif*, comme tous les *billets réduits*, doit porter des *timbres quittance* : 0,05 par voyageur de 3e classe ; 0,10 par voyageur de 2e classe ; 0,20 par voyageur de 1re classe.

Prière de vous en procurer d'avance pour ne pas vous exposer à manquer le départ par défaut de cette petite formalité : J'ai vu un soir, en gare d'Austerlitz, une colonie d'environ 50 enfants menacée de ce danger pendant que diverses personnes couraient tous les débits de tabac du quartier, sans trouver suffisamment de timbres-quittance et l'heure arrivait !

Prendre de suite des billets *aller et retour* pour la grande majorité des enfants et des billets *simples aller* pour une petite quantité. C'est sur ce billet aller que vous pourrez tenir compte des changements opérés au retour.

Assurances

En même temps que la formalité des billets de chemin de fer, vous pouvez régler la question *assurance contre les accidents.*

Le double de la *liste nominative* établie pour les billets peut être envoyé à la *Compagnie d'assurances.*

Diverses Compagnies importantes font spécialement l'*assurance* des œuvres, parmi celles qui se sont intéressées au Congrès, voici quelques adresses :

La Prévoyance, 19, rue de Londres, Paris.
La Préservatrice, 18, rue de Londres, Paris.
La Foncière, 46, rue Notre-Dame-des-Victoires, Paris.
L'Union industrielle du Nord, à Lille.

Les œuvres adhérentes à la Ligue de l'Enseignement (3, rue Récamier, Paris) peuvent profiter de son *interassurance* des œuvres *complémentaires* de l'*Ecole laïque*, pour couvrir toutes les responsabilités civiles (art. 1382 à 1384 du Code civil).

La *Ligue de l'Enseignement* traite ensuite avec la Compagnie d'assurances *La Union et Phénix espagnol*, qui a pu consentir à son groupement d'œuvres des conditions très modiques :

1° La garantie va jusqu'à 50,000 fr. par accident, quel que soit le nombre des victimes ;

2° La prime est calculée à raison de 0 fr. 15 par garçon et 0 fr. 10 par fille (même quand il s'agit de tir à la carabine et de promenades à bicyclette) ;

3° Pour les sociétés sportives qui font le *tir à l'arme de guerre* et l'*équitation*, les primes sont de 0 fr. 30 et de 0 fr. 50 L'interassurance « couvre les *responsabilités civiles* des *Directeurs,* « *Directrices, Présidents, Présidentes, Surveillants* et *Surveil-* « *lantes* des diverses Associations, à *l'égard des membres des-* « *dites Associations ou des tierces personnes, à l'occasion des* « *accidents corporels subis ou occasionnés par leurs membres.* »

Elle concerne également les Patronages, Amicales, Sociétés de Tir, Sociétés Sportives, Promenades à Bicyclette, Sociétés d'Exercices Physiques, Voyages Scolaires, Cantines Scolaires, Enseignement Ménager, etc., etc.

Mais elle s'applique surtout aux *Colonies de vacances.*

L'Union Nationale, 8, rue Jouffroy, Paris, et les Fédérations Régionales font également l'assurance collective de leurs *colonies de vacances* à des conditions d'autant moins onéreuses que l'on groupe davantage d'assurés pour traiter en bloc avec telle ou telle Compagnie, mais exigent ordinairement les contrats de plusieurs années.

Enfin il est question d'établir définitivement une *Assurance mutuelle* des Colonies de vacances qui permettrait de payer l'assurance à sa véritable valeur. M. Alfred Bonzon, qui a fait avec succès depuis huit ans un *Essai de Caisse mutuelle*, adresse un appel à toutes les œuvres :

Écrire à M. Alfred Bonzon, Directeur au Crédit Lyonnais, Boulevard des Italiens, Paris. Cette police d'assurance modèle qui est élaborée par le commissaire spécial du Congrès, garantirait tous les cas de responsabilité dont beaucoup ne sont pas prévus dans les contrats actuels, comme maladies contractées ou causées par les enfants; accidents reçus ou faits par les surveillants, tous dommages causés par les colonies, tous frais médicaux et pharmaceutiques.

*

Train spécial, wagons réservés.

Il faut une œuvre importante ou un groupage habile de petites œuvres pour organiser un train spécial (au moins 450 voyageurs ou payant pour) ; ce serait pourtant l'*idéal* pour le transport des colonies de vacances qui entreprendra le *groupage* des œuvres allant au *Massif Central* ou de celles allant à l'Océan, aux Vosges, au Jura, etc., ce serait la tranquillité pour tous, et surtout pour les Compagnies de chemin de fer.

Quelques conseils aux œuvres parisiennes :

Ne quittez pas la capitale un *samedi soir* ni un *dimanche matin*, un 31 juillet ni un 1er août : il y a trop de voyageurs dans les gares, et votre troupeau serait très embarrassant et trop embarrassé.

Si vous allez loin, choisissez au contraire un train du soir en *semaine* pour arriver au pays dans la matinée du lendemain. Allez à la gare tête de ligne (par exemple Orsay), où le train est formé presque une heure à l'avance.

Voyez les chefs de train, soyez un peu généreux et faites réserver dans la partie du train *qui ne dételle à aucun embranchement* les compartiments ou wagons qui vous ont été promis : une ficelle est passée tout le long du wagon et des pancartes « *Réservé* » pendues aux poignées.

Rassemblement. — Pour un grand nombre d'enfants, le mieux est de faire la concentration dans un *préau d'école* voisin de la gare, à moins que la gare ne vous prête un local spécial. Vos diverses sections se groupent autour de *pancartes*, de drapeaux de *fanions* de couleurs diverses suivant le quartier habité par les enfants, ou suivant les numéros ou couleur de leurs cartes ou cocardes.

Chaque *section* est vérifiée par l'organisateur, surveillant, ins-

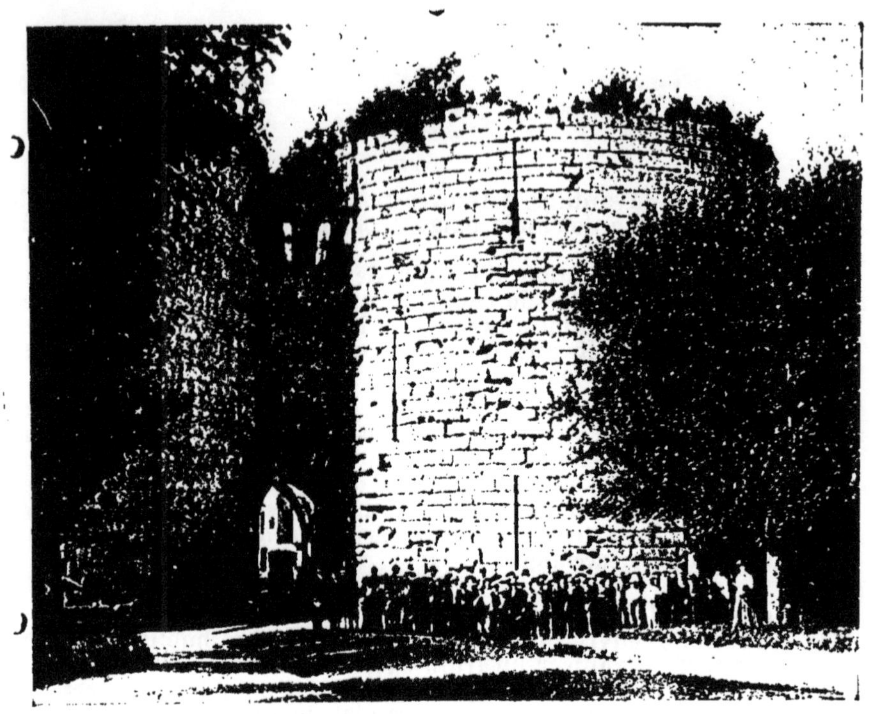

COLONIES DE VACANCES. — Voy ges Scolaires de ...ms

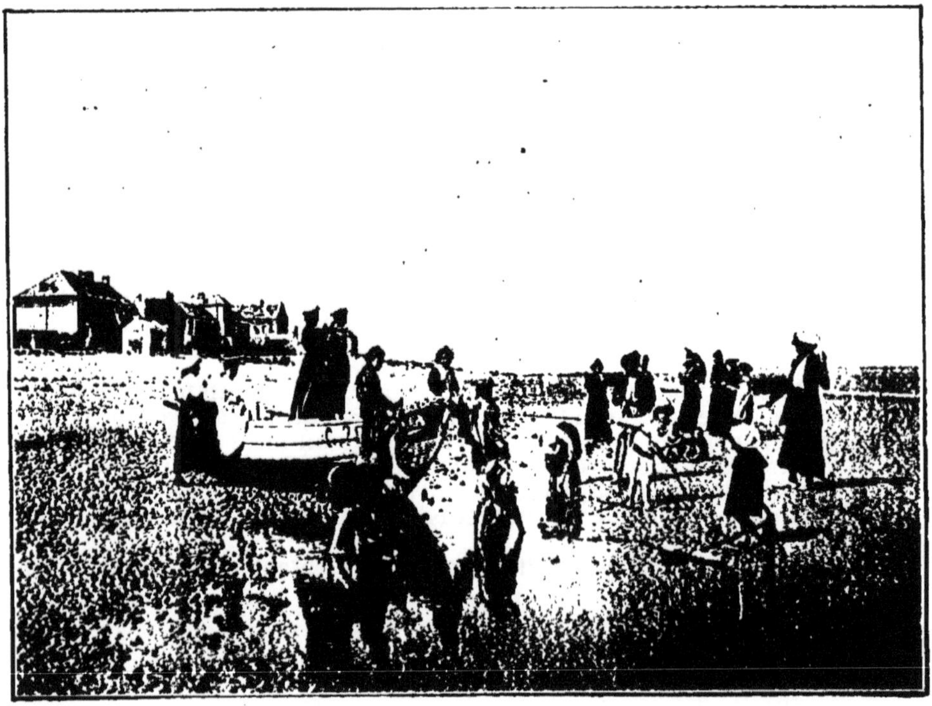

I... DE VACANCES. — (3 *Semaine*.

COLONIES DE VACANCES EN AUTRICHE. *Cliché Revue Internationale.*

Les enfants vivent au camp, sous la tente, et travaillent utilement.

tituteur, qui la connait le mieux, et quand tout le monde est arrivé, c'est alors le moment pénible ou difficile : il faut beaucoup insister auprès des parents, les prier, les raisonner pour qu'ils donnent là les baisers de séparation et ne viennent pas sur le quai de la gare compliquer l'*embarquement*.

Un petit groupe n'a pas à prendre ces précautions, les parents peuvent installer leurs enfants dans les compartiments, et même, avec un billet en règle, les accompagner jusqu'à la première station pour leur ménager une bonne place.

Faire attention que vos *bagages* vous suivent !

Puis, dans l'attente du départ, vérifier les fermetures de vos portières, les *loqueteaux* extérieurs, les *ressorts* des poignées. Avec des wagons à compartiments qui vous sont entièrement réservés, vous ficelez la moitié des portières de chaque côté, plaçant un de vos surveillants près de chaque portière libre.

Une bonne précaution, si le wagon ou le compartiment vous sont *régulièrement réservés* et si vous employez la totalité des places, procurez-vous avant de partir, ou faites des grandes étiquettes : RÉSERVÉ, que vous collez vous-mêmes sur les vitres, à l'intérieur, car dès le départ on enlevera les pancartes mobiles qui étaient aux portières du train en formation.

Cela vous évitera de repousser une invasion de voyageurs à chaque arrêt ; de discuter vivement avec des intrus en surcharge ; de trouver vos portières souvent ouvertes, repoussées violemment avec danger pour les mains des enfants, incomplètement refermées, etc. Notez que les ficelles que vous avez pu mettre aux poignées ne serviront souvent à rien et que je les ai vues souvent brisées par de vigoureux militaires, retardataires affolés au moment du départ, dans les diverses gares ou vous passerez.

Recrutement des accompagnateurs. — Offrir les mêmes avantages aux accompagnateurs qu'aux enfants. Des personnes sérieuses, en qui vous avez confiance, pourront être heureuses de voyager à quart de place, par exemple, en surveillant vos colons pendant le trajet.

***

Le Voyage, avec des accompagnateurs expérimentés est agréable et instructif pour les enfants. Il est *confortable* dans les wagons modernes à couloirs.

Les enfants n'auront aucun *malaise* si on ne les a pas laissés trop manger avant de partir, ou dans le train.

L'*installation* de la colonie est un plaisir pour tous si tout est bien organisé d'avance.

Surveillance

Si les enfants sont en placement collectif, l'inspection est vite faite du dortoir à la cuisine. (Voir les règlements des grandes colonies à *internat*, et leurs budgets, menus, emploi du temps.)

Mais si votre œuvre emploie le placement familial, la surveillance devient d'autant plus difficile et importante.

Au Congrès, on signalait précisément comme un inconvénient du placement familial cette difficulté de la surveillance d'enfants très dispersés dans un pays à communications difficiles.

Pourtant cette surveillance indispensable pourra être complète économiquement et de beaucoup de manières.

1° Les *collègues* du pays, médecins, instituteurs, prêtres, etc., vous représenteront toujours volontiers et dans leurs tournées habituelles pourront visiter les enfants et tenir les parents en éveil.

2° Les *autorités locales*, maire, conseillers, garde champêtre pourront s'intéresser à votre œuvre.

3° Pourquoi le service des *Enfants Assistés* ne serait-il pas votre collaborateur si vous avez les mêmes endroits de placements.

4° Mais la meilleure surveillance sera faite par vous-mêmes et par les amis dévoués à l'œuvre qui seront venus passer leurs propres vacances avec la Colonie, et qui en seront enchantés pour peu que le pays soit accidenté, pittoresque, historique, etc. Les nombreux instituteurs parisiens qui accompagnent en Auvergne *les Enfants à la Montagne* passent ainsi de bonnes et belles vacances tout en faisant de merveilleux surveillants bénévoles.

Naturellement cette surveillance est établie dans le but de contrôler le placement qui doit être fait dans toutes les meilleures conditions de moralité et d'hygiène, et aussi dans le but d'entretenir le zèle des parents nourriciers.

Mais il a quelquefois pour but de sévir contre des enfants turbulents, désobéissants, vicieux ou méchants en remontant l'autorité de leur famille adoptive.

Il faut veiller à ce qu'on ne fasse produire *aucun travail utile* aux enfants pour éviter une critique possible, car il y a une telle mentalité, dans un certain public, qu'il faut prendre des formes pour dire cette vérité médicale : *l'exercice est très salutaire à tous et surtout aux enfants, même en colonie de vacances.* Et je me rappelle n'avoir pu convaincre tout le conseil municipal d'une très grande ville ouvrière de banlieue qui, par crainte chimérique d'un travail possible en placement familial, a préféré attendre la fin d'une série d'un grand internat pour y envoyer fin août (et seulement trois semaines) des enfants qui, pour la même dépense (55 fr.) auraient pu passer toutes les vacances à la Montagne.

La *visite* sera l'ocasion de leçons aux enfants, et aussi aux parents nourriciers : si vous êtes médecin, professeur, instituteur, clerc ou laïque, quelle belle propagande hygiénique, instructive ou sociale pour pouvez faire. Pour ne parler que de la question *hygiène*, en surveillant celle de vos enfants, quels bons conseils, ne pouvez-vous pas expliquer aux paysans : sur la bonne *respiration* (cube d'air, fenêtre ouverte) sur la *propreté* (soins divers des enfants — bain dans des baquets d'eau chauffée au soleil) ; sur l'alimentation saine (bons et mauvais aliments ; bons et mauvais fruits, etc.). Pour cette partie très importante, voir le Rapport des Drs Paquet et Calvet, Beauvisage, etc., car c'est là que le manuel d'hygiène pourra vous aider à être utile à tous, parents nourriciers et enfants. Les surveillants ont d'ailleurs remarqué le résultat de cette propagande et ils y constatent d'année en année des améliorations dans la vie paysanne. Double bénéfice social des colonies de vacances. Dans cet ordre d'idées, l'Œuvre parisienne des Enfants à la Montagne a voulu, l'été dernier, faire œuvre plus durable : elle a acheté plusieurs centaines d'exemplaires d'un livre d'Hygiène pratique, de médecine populaire et chaque volume apporté par les petits Parisiens a été laissé dans chaque famille de parents nourriciers : on verra l'effet après l'hiver, l'an prochain.

Le surveillant fera ainsi avec les paysans :

1° Le *tour de la chambre* où il prescrira *propreté, air, soleil* : aérage des lits, ouvertures des fenêtres.

2° Le *tour de la cour*, où il désignera les fumiers malsains trop voisins, les instruments aratoires, les bestiaux trop dangereux.

3° Dans les *environs*, il interdira aux enfants les puits non fermés, les coins de *rivières profonds, les plantes ou arbustes vénéreux, les ruches*, etc.

Commercialement, il pourra donner aux paysans des indications ou adresses très utiles pour l'écoulement de leurs petits produits sur Paris, et la vente par correspondance, mais qu'il ne s'étonne pas de constater l'an prochain le renchérissement des denrées dans ce même pays perdu : le bon conseil est quelquefois nuisible à 'intérêt de celui qui le donne.

Excursions et Écoles de Plein air

Ces visites sont la véritable récompense de l'organisateur de Colonies de vacances, et au bout de quelques jours, quand les enfants habitués à la nourriture indigène ont pris un peu de mine et de force, elles deviennent des *excursions collectives, de petits voyages scolaires* et peuvent y participer aussi bien les enfants en placement collectif que ceux dispersés chez les paysans, à qui on a donné rendez-vous ou que l'on prend au passage.

D'ailleurs, les *enfants du pays* y prennent eux-mêmes un plaisir extrême et que la promenade soit dirigée par vous ou par leur instituteur, c'est pour tous une véritable fête ces voyages *à la découverte* avec causeries tout le long du chemin.

Et chaque fois, la petite caravane veut se charger davantage et vos enfants en arrivent à vouloir emporter tout un matériel de cordes, filets, jeux, appareils photographiques, etc., etc., comme si on devait faire le tour du monde. Je me rappelle ainsi un déménagement complet de tous les appareils bruyants, sifflets, tambours, cors de chasse que les enfants avaient pu trouver au bourg... Ah ! la grande forêt n'était guère silencieuse en vacances.

Ce sont des courses, des jeux, des chants à pleine voix qui occupent longtemps les plus *diables* puis, le groupe qui vous entoure devient de plus en plus nombreux et en plus du *bon air* des forêts qui refait les poumons, du bonheur et de la gaîté qui refont l'âme, ce sont les bonnes *leçons concrètes* de la *vie réelle* qui font une pratique instruction, un développement de l'esprit d'observation, du jugement, etc., que ne peut donner, même à l'élève le mieux doué, aucune des leçons en classe. Et ces leçons dans la nature, faciles, même à des non pédogagues, sont profitables même à des enfants arriérés.

Vous pourriez excursionner des mois et des mois sans épuiser votre programme, que vous traversiez des contrées industrielles ou agricoles, que vous rencontriez des lieux historiques ou simplement de beaux paysages.

Si vous êtes étranger au pays, à ses industries, à ses cultures, les passants, contremaîtres ou fermiers, conférencieront de bon cœur devant un petit auditoire qui écoute, bouche bée, la leçon intéressante faite par un paysan ou un ouvrier.

Ah ! les parents de Paris reçoivent *quelquefois* des lettres bien curieuses après ces promenades !... Je dis *quelquefois*, parce que les enfants écrivent trop rarement à leurs parents, pour qui c'est un vrai chagrin, mais la montagne, les jeux, les empoignent tellement qu'ils ne pensent plus à leur famille.

Mettez-vous à la place des parents et vous comprendrez que c'est de votre devoir de faire écrire, rappelez leur devoir aux enfants, provoquez des sujets de lettres ; faites même, comme j'ai vu aux *Dames françaises*, à Marseille, pour les petits Parisiens qui allaient à l'hivernage et comme j'ai fait moi-même à quelques sociétés de vacances : faites une distribution de cartes postales toutes timbrées, avec les crayons pour les écrire... Si vous vous imaginez la joie des familles, vous êtes remboursé de votre peine.

Les petits Parisiens s'acclimatent très vite en colonies de vacances, quelquefois même ils prennent trop vite la couleur locale, et singent quelques travers des paysans, tout en prenant leur bonne santé.

AUX COLONIES DE VACANCES. — *Cliché Photo-Magazine.*

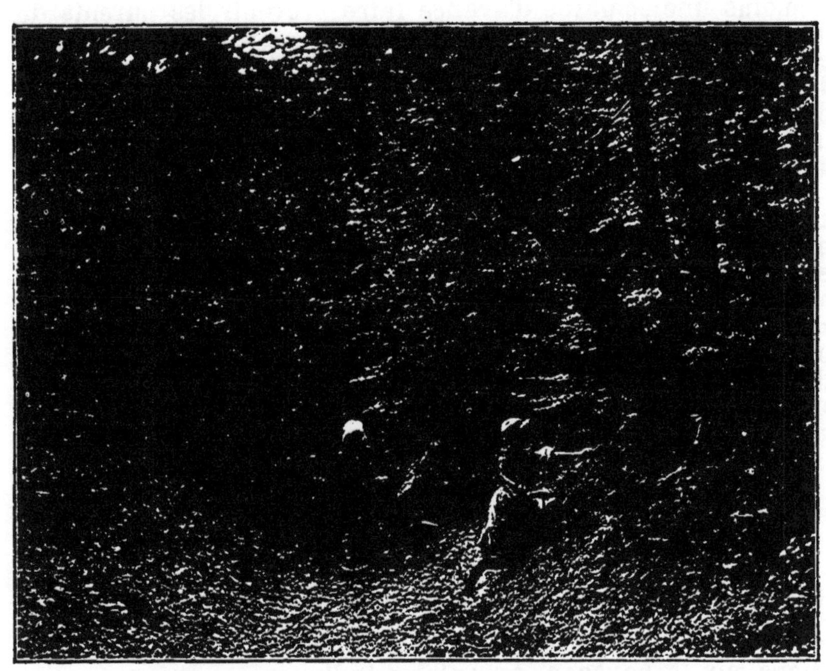

AUX COLONIES DE VACANCES. — *Cliché Photo-Magazine.*

Mais ils aiment tous leurs familles adoptives, et c'est un bon résultat social de faire fraterniser des ouvriers et des paysans, de leur apprendre à se mieux connaître, à s'estimer, à s'admirer même en voyant réciproquement le savoir et le labeur de chacun.

Puis, c'est l'organisation des *jeux*, les chants, etc., si l'on ne veut pas essayer un peu l'école de plein air.

C'est l'école du ***plein air*** qui peut mettre d'accord les partisans de l'***internat*** avec les champions du ***placement familial***, les pédagogues et les médecins.

Retour des Enfants

Au moins une semaine d'avance faire prévenir les parents du retour, par leurs enfants, car ils ont déjà reçu les indications : *gare, jour, heure* exacte, et... en donnant toutes indications pour la distribution des enfants.

Les bagages sont souvent bien plus lourds qu'à l'arrivée : beaucoup de paysans envoient des denrées aux familles de Paris. — C'est d'un bon sentiment, mais cela vous créera souvent des ennuis à l'octroi. (Pour les coquillages de mer, les fruits, les fleurs, aucun inconvénient.)

Dans les dernières visites, vous avez réglé les parents nourriciers et donné les ordres précis pour le rendez-vous du départ, avec heure *fixée assez en avance* pour ne pas craindre qu'un incident quelconque empêche un enfant d'arriver pour le train.

Pour rentrer à Paris, mêmes recommandations que pour en partir (v. wagon réservé, demandé en tête de ligne, portières étiquetées, peu de provisions de bouche, etc.).

Mais vous pouvez rentrer dans la journée, de manière à faire voir aux enfants le spectacle du voyage.
voir aux enfants le spectacle du voyage. L'arrivée dans la soirée à Paris n'ayant pas le même inconvénient que pour la distribution de la campagne. D'ailleurs, pour Paris, cette heure est la meilleure pour les parents ; dans la journée, ils pourraient être attachés au travail ; le grand matin, les tramways ne circulent pas, etc.

Octroi. — Pendant le voyage de retour, les enfants, entre deux questions sur le paysage, auront pu indiquer aux accompagnateurs le contenu de leurs bagages, et cette inscription sur un bout de carte accélérera la sortie à l'octroi.

Ah ! cet octroi ! qui donc fera abandonner les droits dus pour les deux pommes ou les trois poires rapportées par ces enfants ! Quel journaliste prenant à sa charge les quelques sous dus par quatre châtaignes ou cinq noix évitera l'encombrement provoqué avant la sortie de la gare par l'ouverture des paquets, l'interrogatoire d'enfants ahuris par l'arrivée, appelés et attendus par les parents.

C'est la partie la plus désagréable de toute *Colonie de va-*

cances, aussi bien pour vous et les enfants et que pour les parents dont vous pouvez jugez l'impatience, pour peu que vous tardiez à paraitre. (Avoir soin d'annoncer aux parents l'arrivée un quart d'heure après l'arrivée exacte, pour vous permettre de grouper les enfants, préparer les sacs, etc.)

Pourtant ce devrait être, comme les moments d'après, une heure délicieuse ; or c'est une rude corvée d'abord, car les parents ne sont pas raisonnables, et se pressent tous, encombrant la porte de sortie, permettant très difficilement le passage des enfants un à un, empêchant le passage des autres voyageurs, gênant tout le service ; et des agents ne peuvent guère vous aider : les sentiments *maternels* sont si excusables.

Vous auriez les meilleurs résultats :

1° Si vous pouviez donner rendez-vous et distribuer les enfants seulement à l'école voisine par exemple (comme au départ).

2° Si, ayant du temps avant l'arrivée du train suivant, vous pouviez, après distribution des bagages, ranger les enfants avec leurs colis dans l'intérieur des salles, faire entrer successivement les parents, qui sortent par une autre porte avec leur enfant et ses bagages.

Pour l'arrivée d'un train spécial de colonies nombreuses ou *groupées*, la même méthode peut être appliquée dans une cour à deux issues ; vous accélérez le groupement des enfants, en les faisant rassembler par quartier ou commune, suivant *placement* ou *recrutement*, auprès de fanions et drapeaux, ou par des personnes (concitoyens ou surveillants), connus de chaque groupe, comme au départ d'ailleurs.

Il ne vous reste qu'à contempler le spectacle émouvant, attendrissant, des mamans qui donnent, dans un extraordinaire baiser, tout l'arriéré de plusieurs semaines de caresses contenues...

Il semblerait que toutes les mamans retrouvent leurs enfants que l'on aurait crus perdus !...

Est-ce par esprit plus *casanier* que les petits Français voyagent moins délibérément que les étrangers — ou ne serait-ce pas plutôt les mères françaises qui seraient plus aimantes, plus sensibles !

Ce n'est qu'après beaucoup de baisers et souvent des larmes de joie que la maman voit son enfant et constate la mine tonique, superbe, qu'il rapporte de la colonie de vacances.

Oh ! alors ce sont des compliments à l'enfant sur son séjour, à l'œuvre sur les résultats, à vous sur votre dévouement... aux parents nourriciers sur leur bonté... et l'enfant broche sur le tout, crie le plaisir et les détails du séjour... veut *déballer* ce que les fermiers lui ont donné à rapporter et ceci ! et cela !

Ce sont de joyeuses exclamations de tous côtés, c'est la joie générale qui gagne tous les assistants, qui étreint tous les cœurs d'une bonne émotion, qui tire des larmes à des profanes pourtant peu sensibles.

Ah ! si on pouvait présenter dans une conférence de propagande ce spectacle *après l'arrivée*, tous les auditeurs seraient gagnés *aux colonies de vacances*, les plus riches auraient l'âme de philanthropes.

Je conseille donc de faire partager cette joie aux bienfaiteurs de votre œuvre, en les invitant à assister à l'arrivée.

D'ailleurs, ces collaborateurs pourront vous être utiles, pour peu que, dans votre nombreuse colonie, quelque parent n'ait pas été exact au rendez-vous ; après quelques quarts d'heure d'attente vaine, une de ces personnes connue pourra reconduire à domicile l'enfant que l'on n'est pas venu prendre.

***

La campagne est finie : vous en ferez aussitôt que possible constater médicalement les résultats. — Vous réglez les comptes de l'œuvre, — et, si vous n'avez pas été administrateur très méthodique et prudent, vous payez encore de votre poche une foule de petites notes présentés très tardivement.

Il ne nous reste plus qu'à publier le résultat de votre colonie en faisant la propagande pour l'année suivante.

Vous aurez la complaisance de renseigner toutes les bonnes volontés que la question de *solidarité sociale* intéresse, et vous-mêmes vous vous documenterez chaque fois que l'occasion s'en présentera.

Par exemple, dans l'hiver prochain, vous faites incrire votre œuvre en adhérant au prochain congrès des colonies de vacances qui aura lieu à *Lyon* vers PAQUES 1912.

Brochure

— La brochure compte rendu sera votre bon moyen de propagande, elle sera adressée à tous les collaborateurs ou donateurs, ou familles ayant contribué.

— Certaines colonies de vacances ont fait des brochures très complètes *vendues*, ou profit de l'œuvre, mais la vente est souvent restreinte et la propagande en souffre :

Ainsi l'Œuvre stéphanoise des Enfants à la Montagne avait édité, dès 1902, une substantielle brochure de 72 pages, par M. Comte, avec préface du Dr Landouzy, au prix de 1 franc.

L'Œuvre parisienne des Enfants à la Montagne, sur le même principe, avec une brochure bien faite de 48 pages, vendue 0 fr. 25, et présentée dans de nombreuses conférences, n'a fait qu'une centaine de francs de recettes. La vente de ces brochures n'empêche pas la diffusion, elle permet seulement de couvrir les frais d'impression et d'envoi.

Il serait préférable de réaliser une brochure économique, quoique illustrée, cédée à prix coûtant, ou donnée gratuitement (surtout si un peu de publicité payée en atténuait le prix de revient), ou même vendre à prix coûtant des cartes postales illustrées, en vue de la propagande.

Imprimés

Et à ce sujet *impression*, est-il utile de donner des indications aux profanes : ceux qui ont l'amitié de journaux trouveront indications et aide ; pour les autres, j'indique qu'une brochure dans la moitié de ce format (in-16 *couronne)* coûte, papier commun :

Composition, la page, 65×120 environ 1 fr.

16 pages	16 fr.
Le mille de livraisons à 16 pages environ	16 fr.
Total	32 fr.

Les mille suivants, environ 12 à 15 francs.

Si vous illustrez cette brochure, la gravure d'après dessin vaut environ 0,03 le centimètre carré, le simili d'après *photo*, vaut environ 0 fr. 10 le centimètre carré. Mais des revues ou des syndicats d'initiatives vous prêteront leurs zincs.

Ces prix sont très réduits ; mais vous pouvez encore économiser Par exemple, si un journal, une revue, etc., s'intéressent a votre œuvre et en publient le compte rendu :

1° Si tout passe dans un même numéro, vous pouvez demander à cette publication de tirer en plus, pour votre œuvre, un certain nombre d'exemplaires, que l'on vous cèdera au prix de revient de même que les *bouillons (*un journal quotidien 4 pages, genre *Presse*, revient à 12 ou 15 fr. le mille). Un journal *hebdomadaire*, genre revue illustrée 21×28, 30 pages, revient à 42 fr. le mille.

Nota. — Pour l'expédition par poste, la forme *journal* est très économique, car l'affranchissement est, suivant les cas, de 1 ou 2 centimes par numéro.

2° Si le journal ami publie une *série d'articles :* on peut vous conserver toute la composition qui vous intéresse, et, le dernier numéro paru, votre brochure est toute composée gratis, il ne reste qu'à disposer les pages, les titres, etc.

Dans d'autres circonstances, toutes ces économies seraient jugées *avarice sordide* par les imprimeurs et typographes, syndiqués ou non ; mais comme il s'agit de *prendre le moins* possible sur de faibles ressources fournies par la charité et destinées à donner de la santé et du bonheur aux enfants les plus chétifs et les plus malheureux de la classe *ouvrière* ou pauvre, j'espère que tout le monde comprendra que cette économie ne porte préjudice à personne, car :

AUX COLONIES DE VACANCES. — *Cliché Photo-Magazine.*

AUX COLONIES DE VACANCES. — *Cliché Photo-Magazine.*

— Ou bien une brochure ordinaire coûteuse ne pourrait être éditée, et ce serait dommage pour la propagande et le succès de l'œuvre.

— Ou bien, en éditant cette brochure à grands frais, on empêche plusieurs enfants nécessiteux d'aller à la *Colonie de Vacances*, c'est peut-être dommage pour les enfants même d'un ouvrier typographe.

Il serait à désirer, au contraire, que les connaisseurs, les typos, les journalistes, les agents de publicité et leurs clients les commerçants qui font des annonces nous aident de leurs conseils et fassent de bonnes actions tout en faisant leurs affaires, ce qui est une coopération très possible.

Par exemple, pour beaucoup d'articles, quelques pages de publicité à la fin d'une brochure d'œuvres de vacances seraient peu coûteuses et aussi bien placées que n'importe quel catalogue ou prospectus, plus lues par les personnalités, donateurs, philanthropes à qui sont adressés ces rapports. Les commerçants ou industriels qui font distribuer par poste ou autrement catalogues ou prospectus pourraient sans frais y encarter le prospectus de la Colonie de Vacances de leur corporation, de l'amicale de leur syndicat, de leur mairie ou de leur église, ou de leur société provinciale.

— Je serai toujours heureux de mettre en rapport les intérêts qui se cherchent, d'indiquer à des annonceurs les brochures de vacances qui leur feraient une bonne publicité, ou, réciproquement, d'indiquer aux sociétés les journaux ou imprimeurs qui peuvent favoriser leur propagande.

Mais je demande aussi aux plus expérimentés de me donner leurs conseils, de me mettre à même d'être le plus possible utile à toutes les colonies de vacances, et de tout cœur je les remercie.

F. GIBON.
5, rue de Beaune, Paris.

***

Les clichés qui illustrent cet ouvrage ont été fournis par les Sociétés adhérentes et par les Revues amies des œuvres d'enfance d'après des photographies d'*amateurs* prises aux colonies de vacances :

Photo-Magazine de M. Charles Mendel, l'*Amateur du Kodak*, la *Revue du Touring-Club* et d'autres nous ont été offertes par les *Annales*, *Touche à Tout*, la *Revue Internationale*, l'*Annuaire Photographique*, etc.. et divers *Syndicats d'initiative* (Vivarais, Bourgogne, etc.).

Remerciements à tous.

Referendum S. V. P.

CONSEILS, CRITIQUES OU OBSERVATIONS DU LECTEUR

Un nouveau volume sera adressé, avec remerciements, en échange de tout exemplaire annoté envoyé à M. Gibon, 5, rue de Beaune, Paris.

Je demande à chacun de m'indiquer bien sincèrement :

1° Ce qu'il supprimerait dans l'essai de notice ci-dessus ;

2° Ce qui n'est pas clairement exposé ;

3° Ce qu'il ajouterait à tel ou tel chapitre (surtout à l'article « Ressources des œuvres ») ;

4° Comment éditer et propager cette notice.

Je demande aussi aux œuvres qui placent des enfants recrutés par d'autres dans quelles conditions elles les acceptent.

NOUVEAUX PLACEMENTS DE COLONIES DE VACANCES

1° Votre Colonie accepte-t-elle des enfants recrutés par d'autres œuvres ?
2° A quelles conditions ?
3° Acceptez-vous leur surveillant ?
4° Quels nouveaux pays proposez-vous pour les colonies scolaires d'été ? d'hiver ?
5° A quelles personnes, à quel syndicat d'initiative peut-on s'adresser pour renseignements ?

Pharmacie portative

1° Composition ?
2° Prix ?
3° Quels médicaments, produits, etc..., avez-vous *utilisés* pendant votre dernière colonie de vacances ?
4° Que vous a-t-il manqué ?

* * *

Qui veut aider à publier un Manuel pratique des Vacances : *jeux, hygiène, culture physique, gymnastique suédoise*, etc...

IMPRIMERIE MODERNE
A. BASOLE

www.ingramcontent.com/pod-product-compliance
Ingram Content Group UK Ltd.
Pitfield, Milton Keynes, MK11 3LW, UK
UKHW020206250726
13967UKWH00003B/1299

9 782011 950109